학 교 체 육

무엇이 문제인가?

세종대학교 국민건강증진연구소 편저

JINSAEM 진샘미디어

서문

최근 미국에서 가장 존경 받는 기업인 빌 게이츠와 워런 버핏이 컬럼비아 경영 대학원에서 대담 프로그램에서 젊은이들의 성공 비결에 대해 이야기를 했습니다. 버핏은 지금 당장 돈벌이 보다는 좋아하는 일을 하는 것이 성공비결이다라고 했습니다. 이에 빌 게이츠도 성공비결은 건강한 자신감(healthy self-confidence)이라고 지적했습니다. 이 건강한 자존감은 신체활동을 통해 얻어지는 것입니다. 땀을 흘린 노력의 댓가에서 생기게 되는 것입니다. 신체활동을 통해 작은 성취감들이 건강한 자신감을 만드는 씨앗이 되는 것입니다.

어린이나 청소년들에게 가장 중요한 것은 신체적, 사회적, 정신적, 감성적, 그리고 영적으로 발전시켜 나가야 합니다. 이러한 요소들이 균형을 이룰 때 건강한 자아상을 민들어 주는 것입니다. 이것이 바로 빌 게이츠가 이야기 한 성공비결의 핵심입니다. 왜? 빌게이츠가 건강한 사신감을 가장 강조했을 까요? 건강한 자심감은 또 건강한 사회를 만들어 주기 때문입니다. 자신이 모은 전 재산을 사회에 환원할 수 있는 용기, 그리고 사회에 대한 감사함과 타인들을 배려할 줄 아는 인격체가 되기 때문입니다. 우리 아이만 생각하는 편협된 생각은 건강한 인격체가 되기 어렵습니다.

신체적인 발달은 그냥 자연적으로 이루어지는 것은 아닙니다. 청소년들이 신체활동을 통해 노력과 땀의 대가를 지불해야만 체력이 튼튼해지는 것입니다. 그래서 이러한 활동을 통해 행복감을 느끼는 경험과 함께 긍정적 사고를 길러 줍니다. 또한 그들은 팀 플래이를 경험하면서 더불어 살아가는 공통체 의식을 배울 뿐만 아니라 노력에 대한 대가를 경험하면서 성취감을 얻는 좋은 기회를 가지게 되는 것입니다. 이러한 요소들이 우리 청소년들을 건강하게 만들어 주는 것입니다.

체육 수업의 가치는 다른 교과와 비교되어서는 안될 것이다. 체육수업은 인간의 정신적 발달이 육체적 발달에 선행될 수 없음이 운동 발달(motor development)영역에서 수없이 입증되었으며, 철학, 의학, 심리학에서 정신과 육체의 분리는 구시대의 유물이 된지 오래입니다.

운동은 성장 호르몬과 엔돌핀 호르몬의 분비를 촉진하여 청소년기의 신체적 성장을 왕성하게 함은 물론 정서적, 사회적 인격 함양을 도모할 수 있습니다. 많은 과학 논문들이 운동에 의한 체력의 증강, 정서 불안과 우울증 완화, 그리고 비만, 당뇨, 심장·혈관 질환, 골다공증 및 요통과 같은 성인병 예방과 치료 효과들을 밝혀왔습니다.

서문

우리나라 청소년들은 미래의 우리 사회의 리더이자 구성원들입니다. 이러한 학생들이 올바르고 건강한 자아상을 가질 때 우리나라의 미래가 건강한 사회가 된다는 것은 주지하는 사실입니다.

우리나라 교육의 목적은 지 · 덕 · 체 함양이 교육의 근본 목적임에도 불구하고 각 학교는 입시위주의 교과목을 운영되고 있습니다. 이로 인해 학교 체육은 학교 교과목임에도 파행적으로 운영되고 있으며 이는 어제 오늘 시작된 것이 아닙니다. 그럼에도 불구하고 아직까지 변변한 해결책은 물론 전체적인 방향설정마저 마련되지 못하고 있습니다. 그 동안 역대 정권마다 학교체육의 정상화를 위해 노력하고자 했지만 이런저런 현실적 난관에 부딪쳐 단 한 번도 뚜렷한 성과를 거두지 못한 채 현재에 이르렀습니다.

이 책은 한 사람에 의해 만들어 진 것이 아닙니다. 공교롭게도 본 연구소 소장님이 대한체육회와 서울시체육회에 편집위원으로 참여하면서 양쪽 다 “학교체육”을 특집으로 다루었습니다. 학교체육 특집의 집필에 참여한 여러 대학의 중견교수님들과 서울시 체육회 “시민체육”에 참여한 체육선생님들이 논의한 내용들을 그냥 소멸시키기 아까워서 하나의 책으로 모아 보았습니다.

1장에서는 학교체육의 문제점을 여러 시각으로 제시한 학교체육 무엇이 문제인가?라는 제목을 필두로 좌담회 및 인터뷰 등으로 엮어졌으며 2장에서는 체육교사가 바로서야 학교체육이 산다라는 제목으로 체육교사의 책무성을 강조하였습니다. 3장은 해답은 실천, 수업현장에서 풀자. 라는 제목으로 갈수록 작아지는 체육수업의 비중에 관하여 다루었으며 4장 선진학교체육의 현장을 가다. 라는 제목으로 현재 선진국들의 학교체육을 엿볼 수 있는 장으로 구성되었습니다. 5장은 청소년 건강, 미래가 달려있다. 라는 제목으로 날로 증가하는 비만과 생활습관병으로 아이들의 건강이 위협 받고 있는 실태를 강조한 장입니다. 6장은 신나는 학교, 그 현장 이야기라는 제목에서 보듯이 현재 바람직한 학교체육의 모습을 보여주고 있는 학교를 소개하는 장이며 마지막 7장 학교체육의 문제점과 개선방안으로 엮어졌습니다.

물론 이 책이 우리나라 학교체육의 활성화를 위해 기여하리라는 보장은 없지만, 이 글을 읽는 체육교사나 체육관련 지도자들에게 우리가 처해있는 현 주소를 인식하여 더 좋은 학교체육을 위해 작은 실천이 필요하지 않을까 합니다.

세종대학교 국민건강증진연구소

차례

차례

I

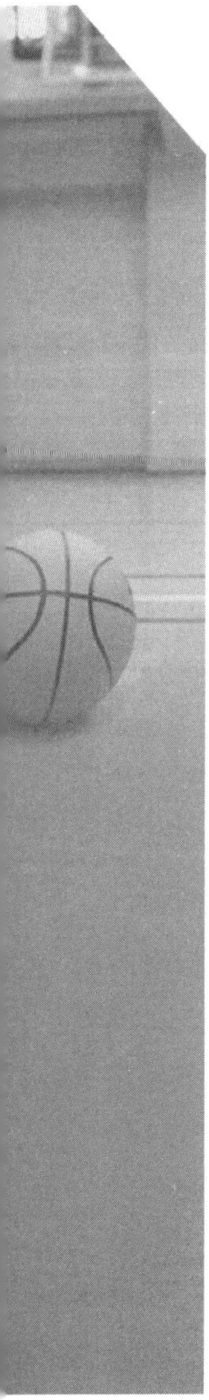

학교체육 무엇이 문제인가?

- 학교체육 무엇이 문제인가?
- 나이 10대, 몸 40대, 그저 바라보고만 있어야 하는가?
- [학교체육 좌담회(上)] 무너지는 학교체육, 그 대안은 없는가?
- [학교체육 좌담회(下)] 무너지는 학교체육, 그 대안은 없는가?
- 학교체육시설 확충, 어떻게 할 것인가?
- 평생 체육의 바탕이 되는 학교체육의 요람
- 학교체육 정상화를 위한 체육시설의 구축
- [INTERVIEW] 열심히 공부하는 학생이 검도도 일등합니다
- 운동과 공부, 이제 균형과 조화를 찾아가자
- 신체활동과 청소년 라이프 스타일
- 한 · 중 · 일 청소년 체력비교, 한국이 꼴찌! 국가가 나서야 한다
- 학교체육을 살리기 위한 방안

학교체육 무엇이 문제인가?

김상국 · 세종대학교 교수

흔히들 작금의 우리나라 학교체육을 가리켜 “19세기 시설과 20세기 교사들이 21세기의 학생들을 길러낸다”란 말이 있다. 오늘날 학교체육의 문제들을 함축적으로 잘 드러내는 말이다. 학교체육시설은 필자의 학창시절이나 지금이나 변화한 것이 없어 보인다. 이러한 낙후된 학교체육시설도 그나마 7차 교육과정으로 넘어가면서 학교마다 정보화센터 설립으로 인하여 학교 운동장이 점점 줄어들고 있다.
최근 몇 년 동안 각종 언론 매체를 통하여 학교체육의 심각성을 확인할 수가 있었다. 우리나라 주요 언론에 소개된 칼럼 중에서 “학교체육 이대로 둘 수 없다”라는 H신문사의 주제와 “학교체육을 살리자”라는 J신문사의 논제가 문제의 심각성을 확인해 주고 있다. 우리는 이러한 학교체육의 붕괴에 대한 문제의 심각성을 가진다면 문제의 근본 원인이 무엇인가 하는 것에 논의 초점이 있어야 하며, 또한 이 문제를 해결하는 주체는 누구여야 하는가를 논의할 필요가 있다고 본다.

학교체육의 위기 ‘공감’에서 ‘실천’으로

최근까지 우리나라의 학교체육에 대한 문제점은 지금까지 여러 학자들이나 언론에 노출된 학교체육의 공통된 문제점들을 살펴보면 첫째, 체격은 과거에 비해 성장되었으나 체력은 급격히 약화, 둘째 열악한 학교체육 시설로 인하여 운동장 자리다툼 등으로 비효율적인 체육수업 운영, 셋째 입시위주의 교육제도로 인한 학교체육교육의 중요성에 대한 인식결여, 넷째 제6차 교과과정(1997~2001)과 제7차 교과과정 실시로 인한 줄어든 학교체육시간, 다섯째 정규 학교수업에 불참하는 운동선수들의 특례입학과 같은 비교육적 엘리트 학교체육 운영, 여섯째 학교체육수업을 가르치지 않는 안아볼(볼이나 몇 개 던져주고 놀라고 하는 것) 체육수업 현상, 여섯째 20년 전과 같은 수준의 학교체육예산, 일곱째 초등학교 교사 대부분이 여교사로 채워져 내실 있는 체육수업의 부재, 여덟째 열정이 없는 수업운영, 마지막으로 지역사회와 연계성이 없는 학교체육 운영 등으로 지적되고 있다.

그 동안 역대 정권마다 학교체육의 정상화를 위해 노력하고자 했지만 이런저런 현실적 난관에 부딪쳐 단 한 번도 뚜렷한 성과를 거두지 못한 채 현재에 이르렀다. 체육교육은 건강한 생활을 통한 삶의 질적 향상에 기여하며, 특히 성장기에 있는 청소년의 건강유지 · 증진, 체력향상과 운동능력 증대, 그리고 사회성 발달 및 도덕성 함양에 매우 중요한 역할을 한다. 그러나 이러한 체육교육의 중요성에도 불구하고 학교체육 관련 당사자들의 입시위주의 파행적 운영 속에 그 역할을 상실하고 있는 추세이며, 이는 결국 직 · 간접적으로 운동부족으로 인한 급격한 체력저하와 영양섭취로 인한 비만아 증가를 초래하고 있을 뿐만 아니라 심각한 사회 문제로 대두되고 있다.

체육의 진정한 의미 되살려야

학생이나 학부모들은 체육수업을 입시준비로부터의 스트레스 해소를 위한 놀이나 휴식시간 정도로 생각하고 있고, 체육교사는 열악한 수업 환경과 과중한 업무 핑계로 정상적인 체육수업을 하지 않고 있다. 결국 이러한 이유들로 인하여 체육은 학생과 학부모에게조차 외면당할 위기에 처해있다. 이러한 체육의 위기는 체육부의 축소나 교육과정에서의 체육수업 시 수 감소, 체육예산의 삭감 등을 통해 직접적으로 나타나고 있다. 현재와 같이 학교체육의 역할과 책임이 제대로 이행되지 않고 체육의 내 · 외적 가치가 올바르게 전달되지 않는다면 체육교육은 학교 교육과정으로부터 추방당하는 날을 맞이하게 될지도 모르는 현실이다.

최근 학생체력검사에 의하면, 우리나라 중 · 고등학생 남녀의 발육과 영양평가의 지표가 되는 신장과 체중은 과거 1970년과 비교하여 모두 크게 향상되었다고 한다. 이러한 현상은 1980년대를 기준으로 급속한 경제성장과 더불어 서구화된 식생활 및 학교급식을 통한 체계적인 영양관리가 이루어졌기 때문이라고 볼 수 있다. 그러나 남녀별 중 · 고등학생의 오래달리기능력의 변화 추이를 보면 1985년도를 기점으로 하여 급격하게 감소하고 있는 경향을 나타내고 있다. 이는 급격한 전신지구력의 저하로 인한 소아 성인병에 걸리기 쉬운 상태에 놓여 있었던 1985년도 이후의 청소년들이 성인으로 되어서도 만성적 운동부족과 과다한 영양섭취로 인해 허혈성 심장질환, 고혈압, 당뇨병, 비만 등 생활습관병 증가와 무관하지 않을 것이며, 이것은 곧 의료비 지출과 관련성이 높은 것을 시사하고 있는 것이다. 따라서 운동부족과 과다한 영양섭취로 인해 신체활동량이 감소하고 있는 청소년기의 학생들이 장래 성인으로 성장하였을 때는 국제경쟁력의 저하는 물론이고 막대한 사회적 비용을 초래하는 생활 습관병 시대로 더욱 이행하게 될 것으로 보인다.

청소년기 체력저하 국가 장래의 적신호

국가의 장래는 청소년의 정신적 · 신체적 능력에 달려 있으며, 따라서 청소년을 바르게 지도하고 육성하여 사회의 건전한 일원이 되도록 교육하는 것은 국가의 중요한 책무 중의 하나이다. 특히, 체력은 신체적 능력을 대표하는 요인으로서 일생 중 청소년기에 가장 현저하게 발달하며, 이 시기의 체력 수준은 성인기의 건강에 지대한 영향을 미친다는 점에서 그 중요성이 부각된다. 이에 따라서 현행 교육과정에서도 학교 체육 수업 시간에 체력 증진을 위한 운동을 하도록 규정하고 있으나, 한 학기에 일부 체력요인만을 다루고 있어 체계적인 체력 향상을 위한 운동에 미치지 못하고 있는 실정이다.

과거에는 학생체력검사 결과를 1972년부터 고등학교 입시성적에, 그리고 1973년부터는 대학교 입시성적에 반영하기 시작하면서 모든 학생이 전 학년에 걸쳐 체력 증진에 많은 노력을 경주하였으나, 1994년 이후 체력검사 성적이 대학입시에서 빠지면서 체력 증진의 중요성이 매우 희석되고 있다. 학생 시절에 향상시킨 체력 수준과 체력의 중요성에 대한 인식이 향후 평생체육에 지대한 긍정적인 영향을 미칠 수 있다는 점을 고려할 때, 이는 매우 심각한 문제라 아니 할 수 없다.

체육수업의 일차적 목표는 학생에게 체육수업의 결과에 대한 신뢰를 심어줌으로써, 수업 후에 가치 있는 경험이나 결과를 얻었다는 생각을 갖게 하는 데 있다. 따라서 체육교사는 학생들로 하여금 어떠한 내용이든 간에 성취감과 만족감을 가질 수 있도록 수업을 운영해야 한다. 그러나 우리의 학교체육 현장에서는 여전히 학생의 흥미나 요구, 개인차, 교육여건 등이 무시된 채 체육교사 중심의 전통적이고 권위주의적인 체육수업이 전개되고 있으며, 체육시설 및 공간의 부족과 일부 단원중심의 수업 집중화, 과밀학급, 교육계획의 비합리성 등과 함께 체육교사의 전문성 부족의 문제가 학교체육 활성화의 저해요인으로 지적되고 있다. 일반적으로 전문성이나 책무성의 부족이라는 문제로 대변되는 학교체육 교사의 문제는 수업 시수 및 업무량의 문제, 직전 교사교육 및 현직 교사교육의 문제, 학교체육 개선을 위한 상호협력체제의 문제 등과 같은 내 · 외적 요인들과 구조적 · 제도적 요인 등이 복합적으로 작용하여 발생된다고 볼 수 있다.

학교체육 문제 해결의 열쇠는 체육교사

앞서서 논의된 여러 가지 학교체육의 문제점들 살펴보면 학교체육의 문제를 해결하는 근본 주체는 체육교사이다. 문제 해결의 주체인 체육교사의 임용제도를 살펴보면 선진국과 판이하게 다르게 운영된다. 선진국에서의 체육교사가 임용되는 과정은 체육교사가 되는 과정은 전적으로 적성에 기반을 두는데 반하여 우리나라 교사임용은 학업성적 순이다. 우리나라는 교사의 임용과정에서 적성에 상관없이 대학성적과 순위고사 성적 위주로 선발하는 된다. 적성에 따라 교사가 된 사람은 소명의식과 함께 수업시간에 항상 열정이 있다. 열정 있는 교사는 수업의 질을 항상 높이며, 문제해결에도 항상 긍정적이다.

학생들의 건강한 신체활동과 여가선용을 위해 학교체육을 실시하거나, 최근 약화되는 학생들의 체력향상을 위해 일련의 조치를 취하는 것은 학교체육정책에 해당한다. 그리고 학교체육정책은 이를 전담하는 행정 부서에 의해 수립되며, 운영과정에서의 문제점 개선을 동해 새로운 정책을 마련하는 것도 학교체육전담 행정부서의 역할이다. 이러한 학교체육전담 부서의 존재 여부는 학생들의 체육활동을 유지 및 발전시켜나가는 데 있어 핵심적인 요소라고 볼 수 있다.

그러나 2001년 2월 정부조직개편의 결과 직제 및 업무조정으로 학교체육업무는 학교시설환경과에서 학교정책실 학교정책과로 이관되었다. 학교정책과의 7가지 주요 업무 사항 중 '학생체력검사 등 학생체육 관련 사항'을 포함 하면서 중앙부처내에서 학교체육행정을 다루는 기능이 상당히 위축되고 있다. 학교정책과에는 정책과장 외 교육행정사무관 1명, 교육연구관 4명, 교육연구사 8명으로 구성되어 있는데 이 중 학교체육을 담당하는 1명의 체육교사출신 교육연구사가 있다. 교육인적자원부 전체 직원 중 단 1명만이 우리나라 학교체육 전반을 다루고 있다는 사실과 학교체육의 위기는 결코 무관하지 않다. 결국 교육인적자원부내 총 430명의 직원 중 학교체육행정 담당자가 단 1명에 불과하다는 사실은 체육 전담부서의 부재가 초래한 결과이며, 이러한 행정토대에서 학교체육의 발전은 기대하는 것은 무리이다.

학교와 지역사회의 연계 절실해

학교와 지역사회에서 체육의 인프라가 부족한 현실에서 두 영역이 상호연계를 가지고 보완하는 것은 매우 절실하다. 그러나 선진국과 우리 체육을 비교할 때 가장 두드러지게 나타나는 차이 가운데 한 가지가 선진국에 비해 학교체육과 사회체육의 연계가 미흡하다는 점이다. 두 영역간의 연계가 미흡한 이유는 우선적으로 학교체육과 사회체육의 연계의 필요성에 대한 인식의 부족에서 기인한다. 특히, 학교체육과 사회체육을 담당하는 행정부서가 중앙 및 지방으로 2원화되어 있는 현실도 두 영역간의 원활한 연계를 저해하는 요인이다. 그리고 학교체육과 시회체육의 연계를 위한 시설의 부족, 두 영역간의 연계를 위한 지도자 지원 체계 미흡, 그리고 학교장과 교사의 소극적 자세 등으로 대변할 수 있다.

* 위의 글은 서울특별시체육회 "시민체육"에 게재된 글입니다.

◉ 기획시리즈 학교체육 정상화

나이 10대, 몸 40대, 그저 바라보고만 있어야 하는가?

김상국 · 세종대학교 교수

나이 10대, 몸 40대, 그저 바라보고만 있어야 하는가?

우리 청소년들의 체력이 심각한 위기 국면에 있다. 키와 몸무게는 많이 커지고 늘었지만 기초체력은 31년 전에 비해 오히려 현저히 저하되어있다. 나이는 10대인데 비해 몸은 40대로 각종 성인병이 유발되고 있다. 미래 한국사회의 주인공이 될 청소년들의 체력향상을 위한 다양한 프로그램 개발이 시급한 실정이다.

필자는 2001년 한국체육학회 학술이사를 역임할 당시 국민체육진흥공단 체육과학연구원으로부터 '학교체육 실태조사 및 개선방안'이라는 연구용역을 의뢰 받았었다. 이 과제의 주제가 너무 광범위해서 12명의 현직 대학교수와 함께 14차례의 세미나와 두 번에 걸친 인터넷을 이용한 사이버 공청회 그리고 2,300명의 학생 설문지와 400명의 현직교사들의 설문지를 통하여 우리나라 학교체육의 전반적인 문제가 무엇인지에 대해 심도 있게 분석하고자 했다.

오래달리기능력 70년대 비해 30% 저하

이 연구용역을 마무리 할 무렵 나는 하나의 큰 충격적인 사실을 발견했다. 청소년들의 오래달리기 능력이 70년대에 비해 무려 30% 가까이 현저하게 저하되었다는 사실이다. 그렇다고 70년대의 우리나라 청소년들의 체격이나 체력이 그 당시 다른 나라의 청소년과 비교해서 우수한 편이 아니었는데 말이다. 특히 유산소성능력(심폐지구력)은 청소년들의 현재 건강상태와 직접관련이 있다.

왜 우리는 지금 '청소년 체력 약화'에 주목해야 하나? 한마디로 우리나라 청소년들의 체력과 체질은 심각한 위기 국면에 직면해 있기 때문이다. 키와 몸무게는 많이 커지고 늘어났지만, 기초체력 테스트인 제자리멀리뛰기와 턱걸이, 오래달리기 윗몸일으키기 등의 기록은 30년 전에 비해 현저하게 떨어지고 있다. 또한 초등학교 10명 중 3명은 비만, 20명 중 한 명은 고도비만이라는 결과가 보고되고 있으며, 그와 동시에 성인병의 발병연령은 점점 낮아지고 있다는 사실은 심각한 현실이다.

필자가 각종 청소년들의 체력 및 체격에 관한 자료를 이용하여 컴퓨터 시뮬레이션을 해보니 우리나라 청소년들의 나이는 10대 인데 몸은 40대처럼 나타났다. 바로 이 사실에 우리는 주목해야 한다. 이러한 현상은 초등학생일수록 더 심각하게 나타났다. 잘못된 생활습관은 소아비만을 낳고 그 소아비만의 80%는 성인비만으로 연결되어 당뇨병, 고혈압, 동맥경화, 심근경색, 돌연사를 낳는다.

청소년 체력 향상 통해 국민의료비 지출 절감

심장질환으로 인한 20대 돌연사, 10대의 당뇨합병증까지 등장하고 있다. 그리고 해마다 증가되는 국민건강보험 수혜자의 1인당 의료비 지출 변화 추이를 보면 1990년도에 1인당 의료비 지출은 67,000원 정도였으나 1995년에는 약 135,000원으로 증가하여 2001년도에는 무려 약 384,000원으로 1990년도에 비해 약 6배정도 증가한 것으로 나타나고 있다. 이러한 추세로 지속적으로 진행된다면 앞으로 10년 이내로 1인당 의료비 지출은 2백 만원이 넘을 것으로 추정된다.

이처럼 날로 증가되고 있는 국민의료비 지출은 개인의 경제손실뿐만 아니라 국가경제 손실에도 막대한 영향을 미친다. 1996년 우리나라 국민의료비 지출이 국내총생산(GDP)에 차지하는 비율은 6.0%로 나타났다. 이 통계는 전년도(95년)에 비해 무려 약 20% 증가한 것이다.

이대로 가다간 국가경쟁력의 저하는 물론이고 막대한 사회적 비용을 초래하는 생활습관병(life style disease) 시대로 빠르게 이행하게 될 것으로 보인다. 이러한 국가 경제손실을 예방하는 길은 청소년 체력향상에 대한 방안은 무엇인가?

필자는 이러한 사실의 심각성을 깨닫고 솔직히 체육학을 전공하는 엘리트 체육을 경험한 사람으로서 매우 부끄러움을 느끼고 있다.

현재 나타나고 있는 청소년들의 체력저하의 심각성은 올림픽과 월드컵이 열린 나라라는 명성에 전혀 맞지 않는 모습이기 때문이다. 이런 사실로 인해 느끼는 부끄러움을 약간이나마 덜어보기 위해 필자의 홈페이지에 학교체육과 청소년체력에 관한 사이트를 마련하고 있다(http://wellness. sejong.ac.kr).

학교체육 정상화

우리나라 청소년들의 체력이 여기까지 온데에는 여러 가지의 요인이 작용했다.

첫째, 원인은 생활문화의 변화로 인해 생활습관의 변화 때문이다.

이러한 현상은 1980년대를 들어서면서 급속한 경재성장이 이루어지고 더불어 서구화된 식생활 및 급식을 통한 체계적인 영양관리가 이루어졌기 때문이라고 볼 수 있다. 또한 컴퓨터의 이용이나 TV시청처럼 왕성하게 활동을 해야 하는 청소년들에게 활동을 제약하는 생활습관이 자리를 잡고 있기 때문이다. 그리고 섭취한 만큼의 칼로리의 소모를 제약하는 엘리베이터 사용이나 자동차 타기 등 문명의 이기도 한 몫을 하고 있다.

둘째, 이러한 문제는 학교체육을 포함한 교육 전반의 구조적 요인과 학교체육의 내부적 요인에 의해서 발생한다고 할 수 있다.

즉, 청소년들의 체력저하의 원인으로는, 사회 전반의 과도한 성취지상주의(成就至上主義), 입시위주의 교육 풍토 등을 꼽을 수 있지만, 학교체육의 가치를 제대로 드러내고 현실화시키지 못하고 있는 학교체육 관련 주체(agents)의 책임 역시 가벼울 수 없다. 학교체육은 전인 양성이라는 교육 이념을 바탕으로 하여, 인지적·정의적·심동적 발달을 지향하고 있다.

특히, 학교체육이 추구하는 목표의 핵심은, 학생이 건강 및 건강 체력을 유지·증진하고, 즐거운 삶을 영위할 수 있도록 하는데 있다. 그러나 학생의 건강 및 체력은 약화되고 있으며, 체육수업 중 즐거움을 경험하는 학생은 많지 않은 실정이다. 그 결과, 학교체육의 존재 이유 자체에 대한 부정론(否定論)까지도 제기되고 있기도 하다.

셋째, 청소년들의 체력약화의 현상을 야기 시킨 원인은 새로운 문화 패턴에 적응할 수 있는 대처능력이 없었기 때문이다.

새로운 문화 양식이라는 것은 앞서서 필자가 언급하였듯이 물질문명 지향주의로 인한 청소년들의 신체활동의 제약을 만들어내는 새로운 문화패턴을 이야기하는 것이다. 90년대가 이러한 문화의 피크라고 본다면 왜 우리는 이러한 현상을 미리 대처하지 못했는가에 대해 교육당국과 체육에 관련 있는 우리 모두에게 책임을 따져보아야 할 것이다.

사실 청소년 체력약화를 제외하고도 우리나라 학교체육의 문제점들은 얼마든지 산재해 있다. 학교체육의 환경적인 여건은 30년 전이나 지금이나 변화가 없다. 평균 3~4

개 학급이 좁은 운동장에 한꺼번에 몰려 수업을 하고 있으며, 체육시설 보유현황도 OECD국가 중에서 가장 꼴찌에 놓여 있다.

또한 학교체육의 또 하나의 심각한 현상은 가르치지 않는데 있다. 중・고등학생들은 체육시간을 '노는 시간' '자율시간' '스트레스 해소시간' 등으로 인식하고 있다. 이러한 것을 알고 눈치 빠르게 선생님들은 '안아 공'으로 수업을 진행한다. 물론 체육수업에 열정을 쏟는 교사가 많이 있으며, 나는 그들에게 진정으로 존경을 표한다.

청소년 체력 이대로 둘 수 없다

우리는 이제 청소년 체력저하에 있어서 방관하지 말아야 한다. 왜냐하면 한 국가의 미래는 청소년의 정신적・신체적 능력에 달려 있기 때문이다. 청소년을 바르게 지도하고 육성하여 사회의 건전한 일원이 되도록 교육하는 것은 국가의 중요한 책무 중의 하나이다. 특히 청소년들의 체력은 신체적 능력을 대표하는 요인으로서 일생 중 청소년기에 가장 현저하게 발달하며, 이 시기의 체력 수준은 성인기의 건강에 지대한 영향을 미친다는 점에서 그 중요성이 부각된다. 따라서 학교 체육교육의 가치 중에서 가장 실용적이고 중요하게 다루어져야 할 부분은 청소년의 체력 향상에 있다.

왜냐하면 규칙적인 체육활동은 이제 여러 가지 질병들을 예방하는 효과나 치료의 효과가 있기 때문이다.

체육활동은 청소년들에게 보약과 같은 것이다. 청소년들에게 신체활동은 청소년기의 각종 질병들을 감소시킬 뿐만 아니라 성인기의 만성적 질환의 위험수위를 감소시킬 수 있다.

청소년기의 비만은 성인의 경우와 동일하게 당뇨병, 호흡기 질환, 피부질환, 관절 등에도 비만과 관련된 문제들이 유발된다.

그렇다면 이러한 심각한 문제를 어떤 식으로 해결해야 할 것인가에 대해 방안을 제시하고자 한다. 학교체육의 문제점들을 살펴보면 학교체육의 문제를 해결하는 근본 주체는 체육교사이다.

체육을 담당하고 있는 일선 교사부터 새로운 마음가짐으로 시들어가고 있는 우리들의 내일인 청소년을 건강하게 만들 수 있도록 노력해야 한다.

체력향상을 위한 다양한 프로그램 운영 시급

필자가 분석한 우리나라 청소년 체격과 체력의 가장 큰 문제점 중에 하나는 유산소(심폐지구력) 능력이 70년도에 비해 약 80%가량 떨어진다는데 있다. 유산소성 능력은 비만과 소아성인병을 유발할 뿐만 아니라 이로 인해 고지혈증과 고혈압, 당뇨, 심혈관계질환과 같은 질병을 유발하는 원인이 되고 있으며, 이로 인해 발생되는 의료비 지출은 국가 경제에 막대한 손실을 초래하고 있다. 이러한 현상을 예방하기 위해서는 다각적인 체력 향상 프로그램을 운영할 필요성이 있다. 이러한 대안의 첫 번째로서 전교생 달리기부터 시행해 보자.

매월 1회 전교생 건강달리기 실시해야

첫 번째로 제안하고 싶은 것은 전교생 건강달리기 대회이다. 이 전교생 달리기 대회는 매월 1회 정도 실시하되 초등학생은 5~6학년생만 참가하는 것이 바람직하며, 중·고등학생들은 전교생이 참여하여 기록에 도전하는 것보다 전원이 개인의 능력에 맞게 완주하도록 유도하는 것이 바람직하다고 사료된다.

- 초·중·고에서 2~4Km 범위에서 경쟁달리기가 아닌 전원이 완주 목표로 실행한다.
- 순위 결정전보다는 목표 심박수에 맞춰 달리기 한다.
- 능력에 따른 목표 심박수를 이해하고 스스로 할 수 있는 능력을 기른다.
- 자신의 능력에 따라 속도를 조절하며, 안전사고 예방에 유의한다.

전교생 집단체조 실시 바람직

건강체력요소 중에 또 하나 중요한 것은 유연성이다. 필자의 연구 분석에 의하면 건강체력과 관련하여 유연성은 86년도에 비해 15%정도 현저하게 떨어지고 있다.

유연성 향상은 매주 3회 정도 전교생이 운동장에서 5~10분 정도의 집단체조를 실시하는 것이 적절한 방법이다. 이를 실행하기 위해서는 학교장의 적극적인 추진력이 필요하며 각 담임 선생님들은 체조의 필요성에 대한 적극적인 홍보가 필요하다고 본다. 이러한 집단 체조 활동은 점점 개인주의화되어 가는 청소년들에게 협동정신 같은 것이 길러질 것으로 본다.

‘대통령청소년체력향상위원회’ 운영해야

우리나라 청소년 체력 향상을 위해 중요한 제안을 하고자 하는 것은 가칭 “대통령청소년체력향상위원회(President’s Council on Youth Physical Fitness Promotion)”의 설립이다. 이 안은 국가가 청소년들에게 ‘건강증진’이라는 선물을 줄 수 있는 최고의 대안이며,

청소년 체력 향상에 가장 큰 영향력을 발휘할 것으로 본다. 이 조직은 별도 대통령산화 특별위원회 형식으로 각종 전문가들을 포함하여 운영하는 것이 필요하다고 본다.

이미 미국은 오래 전부터 미국국민들의 체력 향상을 위하여 미체육회(AAU)나 미올림픽위원회(USOC)와 같은 조직 이외에 미국의 대통령체력스포츠위원회(PCPFS)가 설치되어 있다. 이 대통령위원회는 미국인들이 모든 연령을 초월하여 국민체력 향상 및 바람직한 스포츠 활동을 하도록 장려하고 있다.

특히, 이 위원회는 청소년 체력 향상을 위해 각종 프로그램을 개발하여 보급하고 있으며 각 부분에서 우수한 학생들에게 대통령이 직접 사인한 각종 증서를 수여하여, 청소년들이 체력 향상에 동기를 극대화 하고 있다.

이 위원회에서는 체력 향상을 위한 도전프로그램(President's Challenge)이 제공되며, 대통령체력상(Presidential Physical Fitness Award), 국가체력상(National Physical Fitness Award), 체력참가상(Psrticipant Physical Fitness Award), 건강체력상(Health Fitness Award), 대통령우수생활습관상(Presidential Active Lifestyle Award) 등이 주어진다. 여기서 국가체력상이란 학생들에게만 주어지는 상인데 5가지 건강체력 중 50% 이상 합격하면 주어지는 상이다.

94년 폐지된 '체력장' 다시 실행해야

학교체력장은 1972년도에 도입하여 실시하여 오다가 단 두 가지의 이유로 인해 1994년도 폐지되고 말았다. 그 이유 중에 하나가 첫째, 체력장 실시종목 중 오래 달리기를 하던 중의 안전사고로 인한 언론으로부터의 비판여론과 둘째, 체력장 실시에 대한 변별력이 문제시되어 중단되고 말았다. 또 하나의 가장 큰 폐지된 이유 중에 하나는 체력장을 이끌어 가는 현장교사나 학생들 사이에 체력장에 대한 가치인식이 결여되어 맞물린 결과라고 사료된다. 체력장 부활은 점점 약화되어가고 있는 청소년 체력을 향상시키는데 가장 효율적인 방안이라고 본다.

운동관련 체력검사보다는 건강관련 체력의 5가지(심폐지구력, 유연성, 신체조성, 근력, 근지구력) 중심으로 측정하여 대학입시에 반영할 수 있도록 각 대학에 장려하여 실시할 수 있도록 유도한다. 봄 학기나 가을학기 중 자율적으로 실시하게 하고 변별력을 높여 차등화하는 방안을 고려하여야한다. 체력장 부활에 대한 대대적인 홍보를 통하여 가치 인식을 높여 나가야 할 것이다.

체력 향상 방안	기대효과
1. 전교생 달리기	1. 소아 성인병 예방
2. 전교생 집단 체조	2. 국민 의료비 지출 감소 (국가 경제손실 감소)
3. 대통령청소년체력향상위원회 운영	3. 청소년의 자신감 형성
4. 체력장의 제도의 재도입	4. 기초체력 향상
5. 등산대회	5. 청소년 비만 감소
6. 기타	6. 전인적 교육 효과
	7. 청소년의 건강 체력 인식 고조
	8. 청소년 체력 실태 파악

이상과 같이 청소년 체력약화의 문제와 원인 그리고 방안에 관하여 논의하였다. 우리 속담에 '소 잃고 외양간 고친다'란 말이 있듯이 미래를 짊어질 우리 청소년들을 위해 그러한 우를 범하지 말아야 한다. 새로운 생활양식에 잘 대처해서 청소년들을 활발히 움직여야 한다. 체육공원 같은 것을 도심 곳곳에 만들어 그곳에 소풍 오는 것이 아니라 건강 달리기나 각종 스포츠를 즐길 수 있도록 장을 마련해야 할 것이다. 따라서 국가의 미래를 좌우할 현재의 청소년들의 건강은 국가차원에서 다루어야 할 중대한 문제라고 본다.

지금이야말로 정부 당국은 우리나라 청소년들의 체력 저하현상을 방치해서는 안된다. 선진국처럼 대통령청소년체력향상위원회 같은 조직이 하루 빨리 설치되어야 한다. 그리고 이 조직의 위상을 더 높이고 통제력을 보다 높일 수 있는 방법이 필요하다. 청소년 체력의 급격한 약화로 인해 '속빈 강정'이라는 오명을 하루 빨리 벗어나기 위해 새로운 조직이 요구된다.

지금 우리의 현실에선 어떤 좋은 방안이 나와도 실천하기 어렵고 설사 실천한다 하더라도 성공하기 어렵다. 실은 많은데 바늘이 없어서 못 꿰고 있는 안타까운 현실인 것이다. 오직 바늘 격인 대통령 직속기구의 발족만이 청소년들의 심각한 현상을 조금씩 해결해 나가리라 믿는다. 그 전에 미리 말해두고 싶은 것은 아무리 좋은 해결 방안이라도 실행하지 않는다면 돌아오는 메아리에 불과하다.

* 위의 글은 대한체육회 "체육"에 게재된 글입니다.

◉ 학교체육 좌담회(上)

무너지는 학교체육, 그 대안은 없는가?

- 학원 엘리트스포츠 활성화의 길 -

- 일 시 : 2002. 12. 27(금)
- 참석자 : 조동표(시민체육 편집위원장, 스포츠평론가)
  김상국(세종대학교 교수, 한국체육학회 학술위원장)
  임재홍(천호중학교 교장)
  이원태(대원고등학 교장, 서울시하키협회부회장)
  유창완(영남중학교 체육교사, 전국체육교사모임)

우리 청소년들이 즐겁고 재미있는 수업으로 학교체육이 다시 태어날 그 날을 기대하며, 학교체육 활성화를 위한 좌담회를 마련하였다. 신년호에서는 교과 과목으로써 학교체육의 바람직한 방향을 모색하고, 2월호에서는 침체된 학원 엘리트스포츠의 활성화 방안을 다루고자 한다.

조동표 : 올 한해 <시민체육>의 최대 이슈로 '학원체육의 정상화'라는 기획으로 오늘 이 자리를 마련했다. 각 현장에서 그동안 보고 느끼신 것들을 말씀해주시기를 바란다. 한국체육학회에서 학교체육에 대해 오랫동안 연구를 해오신 김상국 교수님께서 먼저 한국의 학교체육은 어떠한 현실에 직면하고 있는지, 우리 학교체육의 문제점을 제시해 주시기 바란다.

김상국 : 2001년에 연구 위원으로 일년 동안 연구한 자료를 말씀드리면, 우리의 학교체육 현실은 여러 가지 문제가 뒤엉켜 있다. 우선 1)입시위주의 교육풍토, 2) 흔히 하는 말로 19세기 시설에 21세기 학생이란 말이 있을 정도로 낙후된 시설, 3) 자질이 부족 한 교사, 4)기타 주위의 무관심 등 이러한 이유들 때문에 한국 학교체육이 무너지고 있다고 본다. 그 중에서 가장 놀란 것은 청소

년 체력문제이다. 체격은 옛날보다 커졌으나 체력은 25% 하락되었다는 결과가 나왔다. 2000년대 청소년들의 체력은 30대 수준이며, 이러한 상태로 간다면 2020년대는 40대 초반의 체력이 예상된다. 20, 30년 후 이러한 청소년들이 우리의 국가를 이끌어 나가야 하는데, 국가경쟁력과도 관련이 있다.

조동표 : 학교체육이 제대로 이루어지지 않고 있다는 것에 초등학교 선생님들의 상당 부분이 여자 선생님이란 것에는 문제가 없는가?

임재홍 : 굉장히 심각한 문제이다. 초등학교의 70% 이상을 차지하는 여자 선생님들이 체육에 대한 전문성이 결여되어 있으며, 남자 선생님들에 비해 비활동적인 면이 있어 체육수업이 위축되고 있다는 것도 하나의 문제이다.

조동표 : 초등학교의 경우, 체육수업을 담임이 가르치나 전담교사가 가르치나?

임재홍 : 담임 선생님이 대부분 가르치고 있다. 교원수가 줄어들면서 체육 전담교사 제도가 제구실을 하지 못하게 되었다. 종합적으로 볼 때 교사들의 전문성 부족, 시설 부족, 여건 환경 부족 등의 문제로 인해 초등학교는 체육 교육에 많은 위축을 받고 있는 게 사실이다.

김상국 : 여선생님보다도 전담제 교사에 대한 문제 인 것 같다. 외국 같은 경우에는 초등학교에서부터 체육전담교사가 따로 있다. 우리 초등학교의 경우 전과목을 다 가르치고 있는 것이 문제점이다.

체육수업, 학생들의 의욕은 강하나 현실은 입시에 밀려

이원태 : 중 · 고등학교는 7차 교육과정으로 넘어가면서 체육시간이 줄어들었다. 3학년에는 일주일에 1시간만 해도 된다. 체육수업시간을 최소단위로 해서 더 줄일 수 있도록 교육과정이 개편되어 있다. 인문계고등학교의 경우 3학년 2학기 정도 되면 교실에서 아이들을 자율학습 시키는 경우가 많다. 체육수업시간에 무리한 운동이나 격렬한 운동을 하고 나면 다음 수업시간에 영향을 받기 때문에 3학년들은 격렬한 운동이나 힘든 운동은 하지 않는다. 결국은 그것도 하나의 올바른 시간을 운영하지 못한 한 예가 되고 체력의 저하를 가져올 수 있는 한 예가 되어 있다.

조동표 : 요컨대 스포츠와 체육에 대한 즐거움을 심어주는 것이 바람직하지 않는가 생각해 보는데… 예전에 일제시대부터 체육교사와 지도자 생활을 해 온 조영하 선생님이란 분이 계셨다. 그는 교장선생님께 양해를 얻어 축구시간을 만들었다. 전교생이 한 40분 동안 운동장에서 축구공만 찼다. 그런 가운데 보성중학교에서 뛰어난 축구선수들이 많이 배출됐다. KBS 전 축구해설위

원 고 장경환 씨도 있었고 신화적인 존재 정남식, 국가대표 감독 코치를 지낸 김규한 씨. 그들은 조영하 선생님 밑에서 축구를 하다가 재미를 붙이게 되었다. 현재 우리 학생들이 자발적으로 체육을 하고 싶다, 우리에게 공놀이를 시켜달라는 요구는 없는가?

유창완 : 그런 요구는 굉장히 넘치고 있다. 우리 학교에서는 영남컵 축구대회란 것을 한다. 학생들은 축구부실이 조그맣게 만들어져 옷도 갈아입고 얘기도 하고 아침에 와서 축구를 한다. 오후에는 학원에 가야하니까, 아침에 7시부터 8시까지 하고 8시 30분부터는 수업준비를 한다. 2학기 중간고사 끝나면 보름 정도 3학년만 15개 학급이 토너먼트로 경기를 한다. 체육선생님들이 기획을 하고 체육선생님들이 한 명 정도 관전하고 아이들이 심판을 본다. 넷볼도 다른 시도에 있는 학교에서 홈스테이로 교류하고 있다. 원래 여학생들도 체육을 잘 안하는데 아침, 점심, 저녁으로 넷볼을 한다. 그런 적절한 환경을 조성해 주고 교사가 노력을 하니까 굉장히 활성화가 되고 있다. 점심시간에 움직임 시간이라고 운영하고 축구, 농구 등을 할 수 있도록 공을 마련해주고 있다. 체육교사가 그런 환경들을 조성해주면 그런 활동 공간들은 얼마든지 열려있고 학원을 가야한다는 문제가 있지만, 그것을 피해서 조건을 만들어 계획을 짜면 충분히 가능성은 있다. 여건을 조성해 주는 교사의 역할이 중요하다고 생각을 하고 있다.

임재홍 : 교육과정의 계열성, 그밖에 프로그램을 다양화해서 체육수업을 즐겁게 만들어 내는 것은 교사의 책무성이라고 본다. 실질적으로 많은 체육교사들은 책무성이 결여되어 있다.

이원태 : 우리 학교는 1학년 체육수업 2시간 중에 1시간은 태권도를 하고 있다. 교과과정 위반이라고 교육청으로 부터 지적을 받아야 할 만큼 체육활동 자체를 틀에 짜 맞춰야 하는지 의문이 든다. 우리 학교는 태권도 교육 때문에 교육청에서 지적을 받았다. 하지만 학생들이 좋아해 계속하고 있다. 봄철에는 성남실내체육관에서 전교생 체육대회를 하는데 대회 시작 2~3주전 점심시간에 연습을 한다.

유창완 : 학생들이 체육에 대한 즐거움을 느끼는가에 대한 얘기가 나왔는데 과거의 체육은 기능 위주의, 예를 들어 농구면 아이들을 쭉 세워놓고 농구 패스연습을 시키고, 다른 수업으로 넘어가는 그런 과정으로 했는데 이제 많이 바뀐 게 학생들이 어떤 운동에 대해 몰입을 하고 즐거움을 느낄 수 있는 것은 경기를 통해 즐거움을 느낄 수 있도록 하는 방식이다. 그 경기 자체에 푹 빠져서 경기를 하고 끝나고 나서서 즐거움을 느낀다. 그 단계를 넘어 체육

이 하나의 축제문화로 발전되는 계기를 마련해야 한다. 1학년 핸드볼, 2학년 농구, 3학년 배구 등을 하면서 중간고사 끝나면 구기대회를 개최해 하나의 대회를 통해서 자신이 수업 시간에 배운 것을 표현해 내고 체육 자체의 즐거움을 느낄 수 있다.

조동표 : 임 교장님께서 교과과정에 대해서? 교육청의 지시가 있는지 말씀해 주시기 바란다.

체육 수업에 타격을 준 7차 교육 과정

임재홍 : 저희 교육과정이 1955년도에 1차를 시작했는데 2000년도 7번째 개정을 했다. 그 과정에서 체육단위 수가 엄청나게 줄어들었다. 중3은 세시간 하던 것을 한 시간을 줄이고 두시간씩 하게 되어 있다. 고등학교 2, 3학년은 학생이 선택했을 경우에만 한다. 만일 선택을 하지 않으면 안 해도 된다. 이것은 국가 교육 과정이 엄청나게 잘못되어 있다는 것이다. 아이들이 왕성한 발육발달 시기에 다양한 체육활동을 함으로써 체력향상 뿐만 아니라 사회성 정서 함양 공동체의식을 함양하는데, 그것을 못하게 끔 교육과정이 되어있다. 선진국은 아이들이 매일 체육을 하도록 되어 있고, 오후 2시 이후에는 집단적으로 스포츠활동을 하고 사회성도 기르고 스포츠맨십을 기르게 되어 있지만, 우리나라는 모두 학교수업을 마치고 모두 학원에 간다. 입시 때문에 체육이 엄청난 피해를 보고 있는데 입시 위주의 교육체계가 근본적으로 변화되어야겠고, 교육과정을 개정하여 아이들의 체육활동의 여건조성이 이루어져야 한다.

이원태 : 7차 교육 과정은 2002학년도 고등학교에서 실시되었다. 국민 공통 과목으로 정해진 과목만 하게 되어 있게 되었는데, 이 학생들이 2, 3학년 올라가면 선택을 하게 되어 있다. 대학을 가려고 하는 아이들이 체육을 얼마나 선택하게 되어있는가? 7차 교육 과정은 그 부족한 체육시간 마저 더욱 줄이고 있어, 학생들의 전반적인 학생 전체의 체육 활동 시간이 타격을 가져올 것이라 생각된다.

유창완 : 선진국에서는 사회체육시설이나 프로그램이 있어서 참여할 수 있는 기회도 많다고 하지만, 우리의 경우 미국식의 교육과정을 그대로 수용하게 되니까 학생들이 학교에서 하지 않아도 방과 후에 할 수 있는 시설과 프로그램이 마련되어 있는 상황이라면 굳이 학교 체육의 중요성을 강요하지 않아도 된다. 그러나 방과 후 거의 99%의 학생들이 학원을 가는 현실에서 학교에서 이뤄지는 체육 활동은 중요하다.

김상국 : 외국에선 운동 팀에 몇 번 참여했는가에 따라 이점이 있는 교육제도가 있긴 하지만 우리나라 중・고등학교의 문제를 보면 학생들의 스포츠에 대한 욕구는 굉장히 높지만, 교육 내용이 따라 가질 못하고 있다. 체육수업에 대한 만족도를 설문 조사해본 결과 초등학생의 43%, 중학교가 34%, 고등학교가 35%정도가 만족한다는 결과가 나왔다. 학생들의 운동 욕구와 수준은 높은데, 현실의 체육 수업에 대한 만족은 낮은 상황이다. 7차 교육 과정에서 체육수업시간이 줄어들게 만든 것은 행정상 실수이다. 외국 체육 수업에서 학생들을 그대로 내버려두는 수업은 하나도 없다. 학생들끼리 노는 수업은 없다. 그렇게 볼 때 우리나라 체육교사들은 직무유기를 하고 있다.

우수 체육 교사를 양성할 수 있는 제도개선이 선행돼야

유창완 : 체육교사의 자질에 문제가 있다고 하지만, 그런 부분에 대한 대책이 없다. 체육교사가 처음 임용이 될 때 대학 교육 과정에서 다양한 종목들을 배운다. 체육교육과를 나왔지만 대학 때 학생들을 어떻게 가르쳐야 하는가에 대한 수업이 제대로 진행되지 않으며, 임용과정에서 실기를 연습해서 오게 되는데 임용이 된 이후에는 1급 정교사가 되기 위해서 한달 간 여름방학 때 받는 일정 연수 기간 말고는 연수의 기회가 없다. 예를 들어 핸드볼을 한 번 배웠다고 그것이 다 완성이 되었다고 볼 수는 없다. 새로운 기능 습득 방법이 나왔다면 교사가 새롭게 익혀서 수업에 적용해야 하는데, 새로운 연수의 기회가 별로 없다.

김상국 : 이런 문제도 있다. 제가 뉴욕의 고등학교를 많이 봐 왔는데 월~금요일까지 5번 수업을 하는데 매 시간마다 열정적으로 수업을 한다. 왜 그러면 미국 교사들이 열정적으로 가르치는가에 대해 생각을 해보니까, 미국 체육교사들은 자신이 선택을 한다. 자신의 적성에 맞는 일을 선택하기 때문에 아주 적극적이며, 열정적으로 학생들을 가르친다. 그러나 우리나라는 임용 과정부터 적성에 관계없이 대학 성적에 따라 현장에 나가게 되니까 열정은 찾아볼 수 없다. 다른 복잡한 문제도 있지만 먼저 체육 교사가 달라져야 한다.

유창완 : 지금은 그 체제가 바뀌어서 준비를 철저히 해야 하고 준비를 하지 않으면 교사를 못하게 되어 있다. 제가 1990년도 발령을 받았는데 최근 5~6년 전부터 신규교사들은 굉장히 의욕적이다. 여름과 겨울에 전국에 있는 체육교사들이 모여서 자율연수를 하는데… 인터넷에 보면 며칠 사이에 자비를 들여서 50여명이 신청을 했다. 그렇게 오시는 분들을 보면 4~5년의 교육경력을 가지고 있다.

조동표 : 그렇게 보면 교육학자들이 문제인데… 우리의 교육학자들 대부분 미국식 교육 풍토를 그대로 가져온 결과 때문에 빚어진 문제가 아닌가.

김상국 : 우리나라 전체의 교육을 다루는 사람들이 미국에서 공부를 하고 왔기 때문에 발생한 문제라는 것도 일리가 있는 얘기다. 미국이란 곳에 4~5년 있다 보면 미국 제도가 우리와 맞질 않는 것이 너무 많다는 것을 알게 된다. 전반적인 상황을 보면 미국에서 교육 행정을 전공한 사람들이 행정을 기획하고 정책을 잡아가는 것도 우리 학교 교육의 문제 가운데 한가지 요인이다.

임재홍 : 지금도 각 교육청별로 체육교과연구회란 것이 있다. 수업 방법 개선이나 수업의 질적 향상을 위한 개선방법을 가지고 있으며 노력을 하고 있다. 교육내용에 있어 세 가지가 중요하다. 첫 번째 계열성 문제이다. 어떤 내용을 선정하는가에 대한 문제, 즉 범주의 문제 두 번째는 내용의 목록을 정했으면 어떻게 쭉 나열할 것인가의 문제, 21세기 정보화시대에 맞게 체육이든, 모든 교육내용은 재구성해야 할 필요가 있다.

유창완 : 중학교에서는 좀더 다양한 스포츠를 접할 수 있는 기회를 만들어 주고 이를 바탕으로 고등학교에서 평생체육을 할 수 있는 하나의 종목을 신덱히어 개발할 수 있는 흐름을 타는 것이 중요하다. 중학교에선 가능하면 많은 스포츠를 접해보는 것이 중요하다. 평가를 위한 수업이 되어서는 안 된다. 또한 체육교사들에게도 3학년들은 시험이 끝나고 나면 체험학습을 많이 나간다. 연극을 본다든지, 영화를 본다든지, 관람을 많이 하는데… 스포츠 쪽에서 그런 프로그램이 하나도 되어 있지 않다. 실제 경기장에서 경기를 보는 것은 느낌이 다르다. 참여하는 스포츠에 대한 준비가 전혀 되어 있지 않다. 예로 영화관에서는 학생들과 함께 영화를 보러 가면 선생님들에겐 티켓을 무료 제공을 해주고 평소에도 와서 보라고 제공을 해주고 있다. 그러니까 선생님들이 좋은 영화가 있으면 가서 보게 되고 학생들에게 보여주고 그러면서 영화산업이 활성화되는데… 프로축구 경기 무료관람권이나, 할인티켓이다, 이런 것이 일선체육사들에게 제공이 되거나 정보가 알려진 게 하나도 없다. 그것은 남의 얘기고 체육선생님들은 좁은 공간에서 자신이 대학교 때 배운 것만 가지고 가르치게 되면서 시야가 좁아지게 되는 것 같다. 앞으로 서울시 체육회에서 가맹경기단체와 긴밀히 협조해, 체육수업에 관계된 선생님들과 협의를 해서 프로그램을 한번 마련해 본다면 체육수업을 진행하는데 많은 도움이 될 것 같다.

조동표 : 체육 교사 자질과 프로그램도 중요하지만 체육 활동을 할 수 있는 시설이 있어야 하지 않겠는가.

이원태 : 학교마다 정보화센터를 만들면서 운동장이 점점 줄어들고 있다. 100미터도 안나오는 운동장에서 기초체력 훈련 검사도 못하는 실정이다. "다른 어느 나라를 가도 운동장에서 체육을 하는 곳이 있는가, 대부분 지역의 체육시설에서 운동을 하지 않느냐"라고 서울시교육청은 주장하지만, 그것은 다른 나라의 실정이다. 우리나라의 실정에는 맞질 않다. 올림픽이나 아시안게임을 하면서 많이 지어놓은 그런 곳에서 체육 활동을 하지 않으면 되지 않겠냐고 하지만 그런 시설이 우리들에게까지 돌아오지 않는다.

유창완 : 저도 체육교사니까 시설에 대해서는 할 말이 많다. 이번에 정보화센터를 짓는 것은 나쁘지 않다고 생각하는데, 건물을 지을 때 지하에 수영장을 짓는다든지, 멘 윗층에 실내체육관을 짓든지 그래야 하는데… 어떻게 된 건지, 무차별적으로 건물만 학교에 지어버렸다.

임재홍 : 서울시교육청은 학교체육을 학교에서 하지 않고 지역 사회의 체육시설이나 클럽에서 할 수 있는 방향으로 나갔으면 하는 생각을 가지고 있다. 경기도의 경우는 어느 정도 실현이 되고 있다. 각 지역별로 지자체가 운영하는 사회체육센터에서 각 종목을 다양하게 육성하고 자발적으로 참여하고 있다. 복지국가와 선진국으로 가기 위해서는 바람직한 방향이라고 생각하고 있다. 하지만 그렇게 되기 위해선 많은 세월이 흘러야 될 것 같다.

---

* 위의 글은 서울특별시체육회 "시민체육"에 게재된 글입니다.

◉ 학교체육 좌담회(下)

무너지는 학교체육, 그 대안은 없는가?

- 학원 엘리트스포츠 활성화의 길 -

• 일 시 : 2002. 12. 27(금)
• 참석자 : 조동표(시민체육 편집위원장, 스포츠평론가)
김상국(세종대학교 교수, 한국체육학회 학술위원장)
임재홍(천호중학교 교장)
이원태(대원고등학 교장, 서울시하키협회부회장)
유창완(영남중학교 체육교사, 전국체육교사모임)

지난 호에 이어 2월호에서는 침체된 학원 엘리트스포츠의 현실과 문제점, 그리고 향후 대책 방안에 관한 내용을 다루고자 한다.

이원태: 우리 학교에는 하키부가 있다. 어려운 여건이었지만 시간을 쪼개서 중・고등학교에 팀을 만들어 전국체육대회에서 여러번 우승도 했다. 이는 학교측의 적극적인 지원이 있었기 때문에 가능한 일이었다. 그러나 하키부는 많은 어려움을 겪고 있다. 선수수급, 서울시에 하키구장이 없다는 것과 훈련시설이 턱없이 부족하다는 것이다. 특히 연습구장으로 쓰던 성남 하키경기장을 성남 일화에 내어 주면서 연습할 구장을 잃어버렸다. 이렇게 하키구장도 하나 없는 서울특별시에서 송곡여고라는 팀이 계속 전국대회 우승을 도맡아 하고 있는 것은 기적에 가까운 일이다. 우리가 자매결연을 맺고 있는 히로시마에 있는 고등학교는 인구 20만밖에 안 되는 작은 도시지만 도시 전체가 체육센터로 연결되어 있다. 여러 체육분야의 시설이 다 모여있고 시합을 할 수 있도록 시설여건이 잘 마련되어 있다. 현재 팀들이 성남에서 연습을 하다가 김해나 천안 등지로 내려가 연습을 하고 있다. 지방으로 전지훈련을 가려

면 엄청난 돈이 드는데 예산도 턱없이 부족한 실정이다. 단체종목 특히 비인기 종목을 육성하는 것에 대해 국가적인 지원을 해줄 수 있는 여건이 마련되길 바란다.

유창완 : 체육교사의 입장으로 운동부를 바라보면서 갈등이 이만저만이 아니다. 운동부를 육성하는 것과 학교수업 시간에 아이들을 가르치는 것이 균형있게 발전해 나가면 좋은데 우리나라 학교 실정상 한 쪽이 많이 나가다 보면, 다른 한 쪽은 상대적으로 위축되게 되어 있다. 예를 들어 학교에 축구부가 있다면 전용연습장이 별도로 있어 그곳에서 연습을 하면 되지만 대부분의 학교들은 학교운동장에서 방과후나 4교시가 끝나면 연습을 한다. 특히 시합이 가까워지면 대부분 4교시를 마치고 훈련을 한다. 그러면 체육수업시간 이지만 운동장을 못쓰고 자리를 비켜주는 일이 더러 생긴다. 다행히 우리 학교의 야구부는 다른 연습장으로 가서 훈련을 하고 있다. 예산 문제 또한 힘든 일이다. 예전에 있었던 학교에 럭비부가 있었는데 당초 예산이 200만원이었다. 그러나 점점 예산이 증액되면서 체육시설이나 체육교재를 사는데 필요한 체육과의 예산 비중이 상대적으로 줄어들게 되었다.

기적 같은 성과를 거둬온 한국 엘리트 스포츠

조동표 : 사실 우리나라 스포츠사에는 기적 같은 일이 많다. 하키가 올림픽에서 준우승을 한 거나, 어려운 환경 속에서도 여자 하키가 월드컵 대회에서 5등을 한 것 등등. 특히 전국의 고등학교 남자 축구 팀이 120개정도 밖에 되지 않는 여건에서 한국 축구가 세계 4강까지 올라간 것은 정말 경이로운 일이 아닐 수 없다.

임재홍 : 엘리트 스포츠가 국가에 기여하고 세계 만방에 국위를 선양하는 것은 정말 대단한 일임에도 불구하고 우리나라의 엘리트선수의 선수 수나 시설여건은 엄청나게 미흡한 점이 많다. 크게 몇 가지를 본다면 첫째, 선수가 부족하다는 것이다. 서울시만 해도 그동안 살펴본 결과 1만 2천 오백명 중에서 올림픽이나 아시아경기대회에서 메달을 따는 종목은 한정되어 있다. 이른바 정책종목이란 것인데 정책종목에서 육성하는 선수가 부족하다. 둘째, 체육시설의 문제도 상당히 심각하다. 특히 제7차 교육과정을 실시하면서 학교라는 체육의 뿌리인 학교운동장에 정보화센터를 만들어 각 운동장에다 정보화센터를 짓고 있다. 100M 규격이 나오는 운동장이 2~4%이고, 70~80M가 나오는 운동장을 가진 학교가 35%된다. 나머지 65%의 학교는 아주 손바닥만

한 학교운동장을 가지고 있다. 또한 체육관은 일만 사백여개의 전체 학교 중에 20%만이 보유하고 있는 시설이다. 세번째는 지도자의 문제다. 경기도와 서울시를 비교해 보면 서울시는 순회코치가 220명밖에 없고, 경기도는 460명이나 있다. 이렇게 지역 차이가 있는 것은 우리나라 엘리트체육의 구조적인 문제라고 볼 수 있다. 예산, 시설, 선수부족, 지도자 문제 등등 이러한 문제를 전담할 수 있는 국가 조직이 새롭게 만들어져서 국민체력향상을 위한 전반적인 계획을 세우고, 특히 학교체육은 근본적인 문제부터 짚어보고 계획을 세워 실천해나가야 한다.

유창완 : 미국 같은 경우는 학생들이 축구나 미식축구에 들어가려면 상위권 이상의 성적이 되어야 운동부에 들어갈 수 있는 조건이 된다. 그런 학생들은 어느 정도 실력이 되기 때문에 다른 학생들이 봤을 때도 부러움의 대상이 되며, 운동을 하는 학생들 본인도 굉장히 자부심을 느낄 수 있다. 그러나 우리나라의 경우 부모님들이 운동을 시키지 않는 것은 공부를 등안시 하고 운동만 하니까 그나마 인기 스포츠는 프로 팀이 있어 장래 프로선수로 뛰거나 코치로 활동한다는 것에 대한 기대감이 커 투자를 하는데 나머지 비 인기종목의 경우는 그런 전망조차 없다는 것이다. 선수들이 평생을 살아가면서 어떤 직업적인 전망을 가지고 운동을 할 것인가에 대해서 부모님들은 미래가 없다고 본다. 학교체육이 활성화되고 엘리트스포츠도 같이 살아갈 수 있는 방법은 아마추어 운동부를 학교에서 활성화시키는 것이라고 생각한다. 클럽 운동이 활성화되면 비인기 종목도 공부를 하면서 참여할 수 있을 것이다. 또한 전국 단위의 대회보다 오히려 소규모 단위로 시· 군· 구청 단위로 쉽게 참여할 수 있는 대회가 활성화되었으면 좋겠다.

김상국 : 우리나라 엘리트 운동부 선수 육성방식에 하나의 심각한 현상은 정규수업을 포기하는 경우가 대부분이라는 것이다. 대부분 학교 선수들은 학교 정규수업의 흥미를 느끼지 못하며, 오로지 중학교에 진학하면서 전국 규모 대회에서 8강에 들어야 고등학교 진학에 가능성이 있다. 고등학교 선수들은 대학이 그들의 유일한 목표이고, 대학에 들어온 선수들은 정규수업에 참여하지 않아도 학점이 보장된다. 유명 선수가 되지 못하는 선수들은 사회적응 능력이 떨어진다. 이러한 과정 속에서 금품수수, 기록조작, 심판매수, 스카우트 경쟁 등으로 많은 문제점을 경험했다. 지금까지 행해 오던 엘리트 선수육성 방식을 대폭 수정하여 스포츠 인구를 저변 확대하여 엘리트와 학교체육, 그리고 생활체육 등이 조화롭게 발전하는 것이 필요하다.

이원태 : 특히 고등학교는 중학교에서 고등학교로 올라오는 선수수급의 어려움과 고등학교 졸업 후의 진로 문제 때문에 이중고를 겪는다. 특히 고등학교 졸업 후의 진로문제는 운동을 하는 선수들에겐 사활을 건 문제다. 실업팀도 많고, 대학 진학의 기회도 넓다면 문제가 안되겠지만 현실은 그렇지 못하다. 여자 하키 팀이 88년도 올림픽에서 은메달을 땄지만 지금은 상황이 역전되었다. 시드니 올림픽에서 남자는 2등을 했고, 여자는 메달권에서 멀어졌다. 고등부 여자 하키 선수들이 갈 수 있는 여자 실업팀은 거의 없다. 어린 선수들의 미래가 불투명하다는 것이 가장 큰 문제가 아닐까 한다.

유창완 : 선수들 자체도 문제가 있다. 우리 학교에 야구 감독 선생님께서 그런 말씀을 하신다. 중학교에 오는 학생들을 보면 성적은 거의 꼴찌라고… 본인도 공부를 하지 않으려 하고, 주위에서도 공부를 시키려고 애쓰는 사람도 없다고 한다. 어떻게든 운동을 열심히 해서 프로 야구로 진출하는 꿈을 꾸고 있지만 모든 선수들에게 그런 기회가 다 돌아가는 아니다. 팀이 성적을 내야 한다는 압박감을 받는 것도 문제가 있다. 고등학교에서 대학교로 진학을 할 때 그 선수의 장래를 보지 않고 그 당시의 성적, 단지 대회에 입상한 성적이 좋아야만 진학이 된다. 물론 선발과정의 어려움도 있겠지만 다른 건 다 포기하고 무조건 성적만 잘 내면 된다는 생각을 다들 하고 있다.

학업과 운동을 병행할 수 있는 제도적 장치 마련돼야

조동표 : 공부와 운동을 모두 잘하는, 문무를 겸비한 학생들을 키우는 것은 현실적으로 불가능한 일인가?

김상국 : 외국의 올림픽 메달리스트들의 직업을 보면 우리 나라와 달리 그 직업층이 다양하다. 미국 같은 경우는 K-12에 속해있는 선수들은 철저하게 학교 정규수업을 받고 일정수준의 교과 성적을 유지해야 하는 규정을 만들고 실행해야 한다. 대학도 대학스포츠위원에서 규정과 각 대학 선수규정에 대해 일정한 학점 밑으로 내려가면 운동 선수의 자격을 박탈해 버린다. 코치는 선수들의 성적관리를 위해 성적이 떨어지는 선수에게 개별 지도할 수 있는 기회를 제공한다. 그리고 미국의 중학고등학교 시기에는 다양한 스포츠팀의 기회를 제공하여 선수들이 자유롭게 적성을 발견한다. 그들은 평생 그 종목을 즐기며 살아가기도 하며, 메이저 리그 같은 경기에 노장 선수들을 발견하는 것이 바로 스포츠를 즐기기 때문이다. 이제 우리나라도 기존의 행해오던 틀을 청산하고 우수선수와 초・중・고의 성적을 규정화해서 지

커나가야 한다. 그리하면 선진국 선수처럼 사회 적응도 빠르고, 다른 직업도 선택할 수 있는 폭이 넓어지지 않을까 생각한다.

임재홍 : 과거 체육고등학교에 근무할 때 학생들을 아이큐와 체력만(대한체육회에서 하는 정밀체력검사)보고 선발했다. 그 아이들이 학교에 들어와서 공부를 참 잘했다. 그 때 지도한 아이들이 올림픽에서 메달을 20여 개의 메달을 따냈다. 국제대회에서 큰 스타가 되려면 반드시 공부를 해야 한다. 공부를 하지 않으면 도저히 큰 스타가 될 수 없다.

유창완 : 중학교 때 경기도 대표로 소년체전에 출전을 할 당시의 일이다. 단체 합숙을 하라고 했지만 그러면 수업을 못 받을 것 같아서 합숙을 하지 않고 수업만 받고 대회에 나가겠다고 했다. 그런데 임시 학교에 배정을 해 줄 테니 수업을 받고 운동을 하라는 결정이 내려졌다. 결국 같이 합숙을 해야 하니까 혼자 수업에 들어가기가 곤란해지는 상황이 발생했다. 우리 학교 야구부를 보더라도 단체종목이라 학생들끼리 모여있으니까 공부를 할 수 있는 여건이 전혀 안되는 것 같았다.

이원태 : 개인운동과 단체운동은 차이가 있다. 고등학교의 경우는 어느 학교에서 학생들을 몽땅 데리고 오는데 중학교에서 공부가 안된 학생들을 고등학교에서 다시 시킬 수가 없다.최소한 오전수업을 하고, 오후에 운동을 하러 가는데, 시합이 임박하면 수업을 빼먹어야 한다. 그러다 보면 일반 학생들과 실력차이가 날 수 밖에 없다. 그런데 2~3년에 한번 공부도 잘 하면서 운동도 잘 하는 학생들이 있기는 하지만 그건 아주 드문 경우라고 볼 수 있다.

정부 주도의 중 · 장기적인 계획 마련이 급선무

조동표 : 뒤늦게 공부에 뜻을 두는 경우도 있다. 홍명보의 경우도 공부를 하기 위해 미국을 자진해서 가는 경우가 아닌가?

김상국 : 우리나라의 대회 개최 시기도 상당히 문제가 있다. 춘계 · 추계대회가 주로 학기 중에 있는데, 일본의 경우는 일년에 두 번 방학 때 대회를 개최한다. 일본이나 미국 같은 경우 학교 정규수업을 포기하는 경우는 없다. 그리고 우리나라는 각종 전국규모의 대회가 너무 많기도 하다. 일선의 지도자들은 기존의 정규학교수업을 포기해가면서 선수활동을 해야만 성공한다는 생각을 버려야 한다. 선수들이 학교수업을 포기한다면 운동기능은 향상될 지 모르지만 경기를 운영하고 판단하는 인지능력이 상대적으로 떨어진다. 앞으로 우리나라 학교체육도 각종 규모대회들은 정규수업에 지장이 없는 주말이나 방학 중에 개최될 수 있도록 규정을 만들어야 한다.

이원태 : 우리 학교 하키부의 경우를 보면 3월말이나 4월초부터 시작해 한 달에 한 번 정도 대회에 참가하는 것 같다.

조동표 : 각 대학에서 체육 특기자들을 몇 명 뽑는가? 전국체육대회나 권위 있는 경기 대회에서 우수 입상한 선수들을 뽑는 그런 제도가 있는가?

임재홍 : 특기자제도가 있긴 한데 규정이 학교마다 다르다. 학교별로 교육부에 별도 신청을 해야 한다.

유창완 : 어느 학교에서 체육특기자를 많이 뽑으면 그것이 또 문제가 되기 때문에 골고루 배정 받게 되어 있다. 성적이 좋으면 다른 학교에서 선수들을 데려가는데, 성적이 안나오면 선수들을 데려가 달라고 사정을 해야 하는 것 같다. 그래서 감독의 입장에서는 성적이 잘 내야 진학을 잘 시킨다는 강박관념을 갖게 되는 것이다.

임재홍 : 근본적인 문제는 동일계 진학의 문호를 대학에서 아주 확장해 주는 것이다. 문호가 좁기 때문에 좋은 선수들에게 대학 진학의 기회가 적어지는 것이다.

이원태 : 대학 정원보다 고등학교에서 배출하는 학생수가 더 많으니까 그게 문제다. 우리의 경우 한국체육대학을 첫째로 꼽는다. 옛날에는 체대에서 한해에 8명 정도를 뽑았는데 전국의 학생들이 다 몰리니까 진학에 어려움이 크다. 또한 학부모님들과의 갈등도 많다.

조동표 : 이제까지 학교체육의 정상화를 위해서는 어떻게 해야 하는지, 우리나라 엘리트 스포츠의 정상화를 위해서는 어떻게 해야하는지 등등에 대해서 여러 가지 얘기가 나온 것 같은데 김상국 교수님께서 마무리짓는 말씀을 해 주시길 바란다.

김상국 : 서두에도 말씀드렸듯이 우리나라 청소년 체력 저하 문제는 심각하다. 이런 청소년들이 향후 성인이 되었을 때는 그들의 체력문제가 곧 국가 경제 손실로 이어져 갈 것이다. 그렇다면 이런 문제를 어떻게 예방할 수 있을까? 우선 청소년 체력향상을 위한 목표를 세워야 한다. 각 학교의 사정과 공간에 맞게 개최하고, 가칭 대통령 청소년체력향상위원회 같은 것을 만들어 국가적인 차원에서 이 문제를 심도 깊게 다뤄야 한다. 또한 과거의 체력장 제도를 요즘에 맞게 새롭게 변화시켜야 한다. 엘리트체육을 위해서는 운동만 하지 않고 반드시 수업 할 수 있는 분위기를 조성해야 한다. 서울시나 협회차원에서 성적이 미달되는 학생은 선수 자격을 박탈하는 제도를 시행하는 등의 방법으로 선수들이 자연스럽게 학업에 신경을 쓸 수 있도록 해야 한다. 이 제도는 처음엔 다소 혼란을 겪겠지만 몇 년 만 꾸준히 시행하면 다들 적응이 될 것이다. 또한 제도적으로는 교사의 책무성을 지속적으로 강화할 수

있는 장치들이 마련되어야 한다. 체육교사 제도도 성적에 의해서가 아닌 교사란 직업 자체에 적성이 맞는 사람들이 선택해야 한다. 적성에 맞는 교사는 학생들에 대한 열정과 신뢰를 얻어낸다. 그리고 학교체육시설은 너무 열악한 편이다. 조그마한 운동장에서 4~5개 학급이 동시에 수업한다는 것은 체육수업의 질을 떨어지게 하는 요인이다.

이상과 같이 21세기 학교체육을 발전적인 방향으로 이끌어 내는 걸림돌로 작용하고 있는 현 문제점들을 과감히 수술하여 새로운 장기 전략이 필요하다고 본다. 학교체육은 교과과목 중 가장 중요한 비중을 차지한다는 것에 많은 사람들이 동감하고 있다. 결론적으로 우리나라 학교체육에 처해있는 문제점들은 앞서 여러 패널들이 지적한바 대로 청소년 체력저하, 엘리트 체육 육성 방법의 문제, 교사들의 책무성 문제, 학교체육 시설 확충문제, 체육수업시간 축소 등으로 꼽을 수 있다. 이러한 문제들은 하루아침에 해결될 문제라고는 보지 않는다. 그러나 지금부터 하나하나씩 이 문제들을 해결해 나가야 현재 죽어가고 있는 학교체육을 살리는 길이라고 본다.

* 위의 글은 서울특별시체육회 "시민체육"에 게재된 글입니다.

학교체육시설 확충, 어떻게 할 것인가?

- 학교와 지역의 효율적 연계시스템 확산돼야 -

안민석 · 중앙대 사회체육학부 교수

20년 전 체육수업에 대한 기억을 더듬어 본다. 학생들에게 축구공, 배구공, 농구공 몇 개를 던져 주고 교무실로 사라졌던 체육선생님. 그래도 젊은 선생님의 경우 심판을 보아주거나, 함께 운동을 하기도 했다. 학생들은 체육시간을 노는 시간으로 생각했다.

2003년 봄, 학교체육에 대한 관심과 이해를 돋우기 위해 체육학과 전공수업을 듣는 학생들에게 '2003년 봄, 학교체육 몰래 카메라'를 조별 과제로 부여했다. 학생들이나 교사가 눈치채지 못하도록 학교 울타리 너머에서 캠코더로 수업 장면을 녹화하여 감상을 발표하도록 하는 식이었다. 결과는 과히 충격적이었다. 여전히 운동장을 지배하는 '아나공' 수업!

아직도 아나공! 우리 체육수업의 현주소

공만 주고 노는 '아나공!' 우리 체육수업의 현실을 비판 내지 폄하하는 표현이다. 그리고 그 이면에는 체육수업의 책임은 전적으로 교사에게 달려 있다는 인식을 깔고 있다. 체육수업에 대한 반성 내지 평가에는 항상 교사의 책무가 핵심으로 등장한다.

수업에 대한 열의와 사명감은 체육교사에게 유독 강조되고 요구된다. 그런데 지난 오랜 세월동안 반복되어 온 이러한 학교체육에 대한 평가에도 불구하고 어제도 오늘도 교사에게만 책임을 전가하는 것은 재고되어야 할 문제이다.

인구 10만 명이 사는 도시에서 끼니를 해결하지 못하는 수 십 명의 가난한 사람들이 있다면 이것은 개인의 문제이지만, 수 천 명이 기아상태라면 사회구조적 문제이다. 이것을 구조적 모순이라고 한다. 구조적 모순은 개인의 노력이나 책임의 탓으로 해결되는 것이 아니라 제도적 변화와 개혁으로 해결된다. 체육수업에서 '아나공'의 현실이 소수 교사에게만 나타나는 것이 아니라면 이것은 교사의 문제가 아닌 구조적, 제도적인 문제가 도사리고 있다고 봐야 한다.

앞서 말한 과제발표에서 3월 중순에 몰카를 촬영한 조의 발표가 있었다. 학생들은 쌀쌀한 날씨에 발을 구르고 교사의 간단한 지시가 끝난 후 '아나공' 수업이 진행된다. 정상적인 수업이 가능할 수가 없다. 체조 운동을 할 수가 있을까, 배구나 농구를 가르칠 수 있을까? 교사나 학생 모두 추위에 떨기는 마찬가지인데 말이다. 누가 수업의 책임은 교사에게 있다고 말할 수 있겠는가?

4월, 날씨가 풀리기 시작하면서 황사바람이 불어온다. 5월에 비라도 오면 수업은 취소되고, 2~3일간은 운동장이 질퍽거린다. 또다시 수업 계획에 차질을 빚는다. 교내 체육대회라도 있으면 체육수업은 시합으로 대치된다. 6월 중순부터는 긴 장마가 시작된다. 장대비가 쏟아지는데 아무리 사명감이 투철한 교사도 어찌할 도리가 없다. 그리고 여름방학… 다행히 우리의 9월과 10월은 천고마비의 계절답게 체육활동을 할 수 있는 최적의 날씨이다. 대체적인 학교가 체육대회를 진행하고, 체육수업은 시합으로 대체되기 일수이다. 11월로 넘어가면 운동장은 추워지기 시작하고 당연히 '아나공' 수업이 진행된다. 이러한 학교체육의 현실은 지난 수 십 년간 있어왔던 일이고, 앞으로도 반복될 것이다. 그런데도 교사들에게 책임의 상당부분을 전가하면서 자질 내지 책무 운운한다면 문제의 본질을 간과하는 것이다. 손가락만 쳐다보되 달을 보지 아니하는 것이고, 나무를 보되 숲을 바라보지 못하는 것이다.

학교체육시설 문제의 핵심은 체육관 확충

'엘리트체육 선진국, 풀뿌리체육 후진국' 이것은 한국 체육을 단적으로 나타내는 말이다. 지난 시드니올림픽에서 한국은 양궁 3개, 태권도 3개, 펜싱 1개, 레슬링 1개 등 4개 종목 총 8개에 이르는 금메달을 획득하여 종합 성적 12위를 기록하였다. 금메달 12개로 세계 4위에 오른 88년 서울올림픽은 물론 금메달 12개로 7위를 기록한 92년 바로셀로나, 금메달 7개로 10위를 유지한 애틀란타올림픽에 이어 세계 10위권의 엘리트 경기력을 입증하였다. 반면 2002년 월드컵 공동 개최국인 일본은 시드니올림픽에서 금메달 5개 획득으로 종합 성적 15위에 그쳤다. 일본의 올림픽 성적은 우리보다 뒤지지만 생활체육과 학교체육은 우리보다 훨씬 앞서 있다. 학교체육만 보더라도 "일본의 초 · 중 · 고등학교에 체육관은 필수적으로 구비되어 있다. 그리고 이 체육관에서 밤이나 주말이면 지역주민들이 일상적으로 운동한다.

체육관 확충은 뭐니 뭐니 해도 학교체육 관련 제도적 개선의 핵심 사안이다. 추운 날에도 비오는 날에도 정상적인 수업이 가능하려면 체육관이 있어야 한다. 그런데 체육관 확충은 일개 학교나 교육청 단위의 노력으로는 가능하지 않다. 수 십 억 원의 예산이 필요하기 때문이다. 그래서 장기적이고 올바른 정책이 수반되지 않으면 학교체육의 핵심인 체육관의 문제는 해결될 수 없다.

그런데 학교체육과 생활체육이 상호연계성을 띄고 있다면 시설을 연계하여 확충할 여지가 얼마든지 있다. 생활체육시설의 경우 지방자치단체에서 주민들의 삶의 질 향상을 위해 체육관이나 수영장 등을 대규모 예산을 투입하여 설치하고 있지만, 항상 부지 확보의 문제가 따른다. 체육시설의 가장 중요한 요건은 근접성인데, 아무리 좋은 시설도 거주지로부터 멀리 위치하면 효용성이 떨어지기 때문이다. 사회체육 모범국가인 독일이 60년대부터 15년 간 실시했던 'golden plan'의 요지는 "모든 독일인이 걸어서 5분 거리에 체육시설을 만나게 할 것"이었다.

그런데 우리나라 도심지에 체육시설을 지을 만한 부지가 없거나 설사 부지가 있다해도 다른 수익성 높은 시설이 들어선다. 따라서 체육시설은 결국 도시외곽에 신설되는데 근접성의 문제가 당연히 제기된다.

학교와 지역의 연계모델 열린금호교육문화관

그러나 서울 성동구 금호초등학교에 운영 중인 문화관은 해결의 단초를 제공한다. 지상 3층, 지하 3층의 규모를 지닌 문화관은 체육관, 수영장, 에어로빅장, 소강당 등의 시설을 갖추고 있다. 이 문화관은 두 가지 면에서 시사 하는 바가 크다.

첫째, 학교는 부지만 제공하고, 서울시와 성동구가 공사비를 부담했다는 측면에서 새로운 모델이다. 예산타령만 하면서 학교 내 체육시설 확충을 꿈조차 꾸지 못하는 교육당국과, 도심지내 체육시설을 위한 부지확보에 애로를 겪는 지자체 양자에게 절묘한 타개책인 셈이다. 둘째, 애초부터 일과동안에는 수업용으로 방과 후나 주말동안에는 주민을 위한 시설로 공용하기로 전제하고 시작된 새로운 개념이다. 개별 주민들이 학교의 체육관을 사용하는 것이 쉽지 않은 우리의 현실에서 설사 아무리 학교체육관이 많이 확충된 다해도 지역주민들에게 폐쇄적이라면 효용성이 절반으로 떨어지게 된다. 금호초등학교 모델은 학교와 지역에 함께 하는 체육시설이라는 점에서 주목할 만하다.

만약 금호초등학교의 모델이 서울시내는 물론 전국적으로 확산된나면, 학교체육의 활성화는 물론 생활체육의 발전을 동시에 가져오는 획기적인 방안이 될 것이다. 이것이 현실화되려면 정책적 의지가 뒤받침 돼야 하는데 현재의 행정체계상으로 이것이 가능하지 않도록 되어 있다. 생활체육 담당 부서인 문화부는 학교체육에는 아예 염두를 두지 않고, 반면 학교체육을 관장하는 교육인적자원부는 생활체육을 소관 밖으로 치부해 버린다.

학교체육에 대한 정책마인드부터 달라져야

그러니 학교와 생활체육이 연계하면서 발전할 토대가 극히 취약하고 생활체육과 학교체육이 별개로 간주되는 현행의 행정 체계 하에서는 어떤 노력도 좋은 결실을 보기 어렵다. 진정 일반 국민과 학생들의 체육활동을 고려하는 행정체제와 정책마인드가 아쉽다.

결론적으로 부족한 예산을 효율적으로 집행하여 학교체육시설을 확충하려면 각각 연계 시스템을 확립해야 한다. 행정자치부, 문화부, 교육인적자원부, 지방정부, 체육단체가 하나의 연계체제를 확립하여 학교 안에 체육시설을 확충하면 일거에 세 마리의 토끼를 잡는 효과를 거둘 수 있다.

첫째, 지자체로서는 부지확보에 따른 예산을 절감할 수 있고, 근린성의 문제를 해결할 수 있다. 둘째, 학교로서는 엄두도 내지 못할 체육시설을 획보힐 수 있다. 셋째, 이른 아침시간이나 방과 후 또는 주말 및 방학에는 주민들이 사용하고, 낮 시간에는 학생들이 사용하므로 시설 활용도를 높일 수 있다. 패러다임과 시스템의 개선이 이루어지면 우리도 선진국 수준의 학교체육시설 확보가 충분히 가능할 것이다.

체육관, 수영장 등 체육시설 부족한 곳 많아

학생들이 올바른 체육교육과정 속에서 그들의 개성과 자율성에 바탕을 둔 교육목표를 제대로 실현해 내기 위해서는 적합한 체육환경 마련이 무엇보다 우선되어야 할 과제이다. 아이들이 체육시간에 맘껏 뛰고 구를 수 있도록 하기 위해서는 그에 적합한 충분한 시설이 있어야 한다. 그러나 우리 학교체육시설의 현실은 그러한 충분조건을 갖추고 있지 못하다.

지난 7. 20 교육여건개선 사업으로 인한 교실의 증축으로 인해 전국의 수많은 학교 운동장이 축소되어졌으며, 체육수업의 진행이 어려운 학교도 상당수 발생했다.

학교운동장이 줄어들 경우에는 체육관이 반드시 건설돼야 하는 대안으로 적극적으로 추진되어야 하나 정부 및 지방자치단체에서는 재정상의 이유로 적극적인 관심을 갖고 투자의 손길을 미치지 못하고 있다. 운동장, 체육관, 수영장 등의 대표적인 시설로 대변되는 우리의 학교체육시설 현황은 어떠할까? 서울시 학교체육시설의 주요 현황을 짚어보자!

표-1 서울시 초·중·고교 체육관 및 강당 보유현황(2003.02.01 현재)

구분	초			중			고			특수			기타			계
	국공	사	계	국공	사	계	국공	사	계	국공	사	계	공	국공	사	계
체육관 전용	16	1	17	8	3	11	12	42	54		1	1	2	38	47	85
강당 겸용	93	12	105	41	18	59	61	65	126	9	6	15	1	205	101	306
강당 전용	8	1	9	4	2	6	2	17	19				3	17	20	37
계	117	14	131	53	23	76	75	124	199	9	7	16	6	206	168	428

자료협조 : 서울시교육청

점점 줄어드는 운동장을 대체할 공간으로 우리 체육현장에서 체육관 건립은 무엇보다 시급하게 추진되어야 할 과제다. 그러나 체육관 건립은 결코 만만한 문제가 아니다. 무엇보다 비용이 많이 들기 때문이다.

초등학교 550개, 중학교 358개, 고등학교 284개, 특수학교 29개(2003년 3월 1일 현재)로 서울시의 초/중/고교는 총 1,221개가 있다. 그 중에 체육관 전용시설과 체육관과 강당겸용 시설을 모두 합쳐 체육관이 있는 학교는 총 388개로 전체 학교 수에 32%에 불과하다. 그나마 강당 겸용 시설의 제외하고 순수 체육활동만을 진행하는 체육관을 보유하고 있는 곳은 85개 학교로 그 비율이 10%에도 미치지 못한다(표-1 참고).

표-2 서울시 초·중·고교 수영장 보유현황(2003.02.01. 현재)

구분	실내	실외	계
초등학교	15	18	33
중학교	2	3	5
고등학교	6	3	8
특수학교	3		3
기타	5		5
계	31	23	54

자료협조 : 서울시교육청

초/중/고 학교별 체육관 보유현황(체육관전용, 강당겸용 포함)을 살펴보면 초등학교는 22%(122), 중학교는 20%(70) 고교는 64%(180)로 중학교가 가장 열악하다. 그러나 순수 체육관 전용 시설의 보유비율은 현저히 떨어진다.

수영장의 경우는 더욱 상황이 힘들다. 서울시 초/중/고교 1,221개 중에서 실내와 실외를 포함한 수영장을 보유하고 있는 학교는 54개로 4.5%에 불과하다(표-2 참고).

특히 체육관과 수영장 공통으로 서울시 중학교의 상황이 가장 열악하다. 수영장의 경우 서울 시내 358개 중학교 중 학내에 시설이 있는 곳은 몇 곳에 불과하다.

체육관과 수영장에 앞서 학교체육 시설의 가장 기본이 되는 것은 학교운동장이다. 점점 줄어드는 학교운동장은 최근 지역주민들에게 개방되면서 그 활용도를 높여가고 있다.

서울시 초/중/고교에서도 운동장 개방을 활발하게 추진하고 있다(표-3 참고). 아직 전 학교가 개방되는 것은 아니지만 운동장 개방뿐만 아니라 학교체육과 지역사회체육의 연계의 활용도를 높이기 위한 적극적인 계획과 대책이 마련되어야 한다.

위에서 살펴본 바와 같이 체육관과 수영장으로 대변되는 우리의 학교체육시설은 그 상황이 열악한 실정이다. 적극적인 투자, 기존 시설을 최대한 활용해 학생들이 맘껏 운동할 수 있는 여건이 마련돼야 한다.

표-3 서울시 초 · 중 · 고교 운동장 개방 현황(2002년 2학기)

학교 급별		사용 인원			미개방
		무료개방	유료개방	계	
초	국공	10,296	71,385	81,681	25
	사	208	0	280	5
	계	10,576	71,385	81,961	30
중	국공	66,874	68,959	135,833	17
	사	5,755	8,350	14,105	2
	계	72,629	77,309	149,938	19
고	국공	16,742	56,868	73,620	6
	사	45,900	16,850	62,750	18
	계	62,642	73,728	136,370	24
특수	국공	2,450	0	2,450	1
	사	100	0	100	0
	계	2,550	0	2,550	1
합계	국공	96,362	197,222	293,584	49
	사	52,035	25,200	77,235	25
	계	148,397	222,422	370,819	74

자료협조 : 서울시교육청

* 위의 글은 서울특별시체육회 "시민체육"에 게재된 글입니다.
* 위 글의 필자는 게재 당시 체육학과 교수였으나 현재는 국회의원 재직 중입니다.

평생 체육의 바탕이 되는 학교체육의 요람
– 열림금호교육문화관 –

이태환

4월 하순 오전. 봄비가 내리는 궂은 날이다. 이런 날 일반학교에서의 체육 수업은 보통 공치기 일쑤이다. 자습을 하던가 아니면 선생님의 옛날이야기 정도로 수업을 대충 때울 수 밖에 없을 것이다.

하지만 금호초등학교 체육 수업은 바깥 날씨와 상관이 없다.

날이 좋으면 좋은 대로 운동장 수업을 하면 되고, 날이 궂으면 궂은 대로 수영장에서 수영 강습을 받으면 되기 때문이다.

비가 오는 그 날도 금호초등학교 문화관 지하 2층 수영장 탈의실 입구에 길게 줄을 선 학생들이 소란스럽다. 즐거운 체육시간이기 때문이다. 이곳에서는 오전 10시와 11시 두 번에 걸쳐 학생들을 대상으로 수영 수업을 진행하고 있다.

금호초등학교 학생들의 수영 수업은 전교생을 대상으로 일주일에 기본 1시간을 하고 있다. 물론 방과 후에 수영을 하고 싶으면 개별적으로 등록하여 강습을 받기도 한다. 수영 수업은 두 반이 동시에 진행하는데, 수업을 가르치는 강사들은 전문적인 수영 강습을 하고 있는 금호문화관 수영 강사들이다. 강사 3명이 학생들을 가르친다. 학생들 중에서 처음으로 수영을 배우는 그룹, 어느 정도 영법을 익힌 학생들을 분류하여 가르치고 있다.

금호초등학교 내 열린금호교육문화관은 학교에서 부지를 제공하고 지방자치단체에서 체육 시설 예산을 지원하여 전문체육을 담당하고 있는 서울특별시체육회에서 운영하는 곳이다. 지역 주민들의 생활체육 참여율을 높이고, 학생들에게는 평생체육의 기회 제공이라는 측면에서 학교체육의 모범적인 사례의 하나로 평가되고 있다.

현재 생활체육의 대부분은 중・장년층 위주로 이루어지고 있는 형편이다.

하지만 열린금호교육문화관은 지역 중심의 학교 시설을 지역 주민들과 연계해서 잠재적인 생활체육 인구 저변 확대라는 순기능을 담당하고 있다. 앞으로 지역 주민들의 자발적인 체육 참여 내지는 학생들의 올바른 인성교육의 현장으로 발전하기 위한 하나의 바람직한 모델로서 열린금호교육문화관의 성공적인 사례가 생활체육과 학교체육의 발전에 새로운 대안으로 담당하게 될 것을 기대한다.

이곳은 "종합특기적성센터"입니다

류관주 금호초등학교 교장 "열린금호교육문화관이 생김으로써 우리 학교 이미지가 크게 올랐습니다. 학부모들 또한 우리 학교로 아이들을 보내려고 할 정도입니다. 실질적으로 이곳의 아이들은 큰 혜택을 누리고 있다고 볼 수 있습니다. 전교생이 체육 시간에 수영 수업을 할 수 있는 시설을 갖춘 곳이 드물기 때문입니다. 그 뿐 아니라 많은 학생들이 방과후 자기가 좋아하는 문화 강좌라든지, 체육 강좌에 곧바로 가입하여 아주 저렴하게 운동할 수 있습니다. 이 같은 것은 열린금호교육문화관이 학교에 들어서면서 우리 학생들이 누리는 구체적인 혜택입니다."

류관주 금호초등학교 교장은 학교 내에 시설이 들어서면서 학부모들이 학교를 선택하는 요인으로까지 작용한다고 말한다. 학교 내 열린금호교육문화관을 '종합 특기적상 센터'라고 말하는 류관주 교장은 학교 내에 시설이 들어서면서 학생들의 인성 교육에도 큰 도움이 된다고 한다.

또한 학생들에게 풍부한 인성을 심어주는 교육으로써 체육 교육의 중요성을 류 교장은 강조한다. 아울러 야외 교실로서 운동장은 반드시 있어야 하고, 개인의 특기를 살릴 수 있는 교육의 장으로서 열린금호교육문화관 같은 시설은 더 많이 만들어져야 한다고 강조한다.

---

* 위의 글은 서울특별시체육회 "시민체육"에 게재된 글입니다.

학교체육 정상화를 위한 체육시설의 구축

강현민 · 고려대학교 체육교육과 교수

교육시설은 그 안에서 이루어지는 교육의 성패를 결정하는 기본이 되는 까닭에, 교육과정과 프로그램을 올바르게 실현할 수 있는 활동공간을 마련하고, 이를 통해 학생들에게 질 높은 교육서비스를 제공할 수 있도록 구성하는 것이 중요하다. 그러나 국내의 학교체육 시설은 체육교육의 근본 목표 달성과는 거리가 먼 형태로 존재하고 있다고 해도 과언이 아니다.

학교교육의 근본 목적은 지(知) · 덕(德) · 체(體)를 겸비한 전인(全人)적 인격체를 육성하는 것이라는 부정할 수 없는 근본 명제가 마치 한국의 교육 현실에 대한 자조(自嘲)로 전해지는 이유는 무엇일까? 과연 우리 주변에 너무나 당연한 모습으로 존재하는 각급 학교들이 전인적 인격체 양성을 위한 노력들을 구체화 시킬 수 있는 제반 인프라를 충실하고 완벽하게 구비하고 있으며, 이를 토대로 건강한 청소년, 건전한 동량(棟樑)들을 육성하는데 매진하고 있는 것일까?

위의 물음에 대한 해답을 제한된 지면을 통해 제시한다는 것은 불가능한 작업일 것이며, 또한 일개의 논자(論者)가 해결할 수 있는 과제 역시 아니다. 따라서 이 글은 한국의 학교교육 가운데 체육교육의 현실에 대한 평가와 반성을 체육시설 보유현황과 운영이라는 관점에서 시도하고, 이를 통해 선진화된 학교체육의 지향점을 확인하고자 한다.

시설 보유 실태를 통해 바라본 한국의 학교체육

교육시설은 그 안에서 이루어지는 교육의 성패를 결정하는 기본이 되는 까닭에, 교육과정과 프로그램을 올바르게 실현할 수 있는 활동공간을 마련하고, 이를 통해 학생들에게 질 높은 교육서비스를 제공할 수 있도록 구성하는 것이 중요하다. 그러나 국내의 학교체육 시설은 체육교육의 근본 목표 달성과는 거리가 먼 형태로 존재하고 있다고 해도 과언이 아니다.

우선 학교체육시설의 근간이 되는 운동장의 경우, 교육인적자원부의 자료에 따른 2004년 기준 대형운동장을 보유하고 있는 학교는 전체의 약 12.0% 정도이며, 절반이 넘는 각급 학교가 소형운동장을 중심으로 체육수업이 전개되는 것으로 집계되었다. 뿐만 아니라 현행 체육과 교육과정의 완성을 위해서는 운동장은 물론 체육관과 수영장을 포함하는 복합적인 시설인프라의 구축이 선결되어야 하지만, 상대적으로 체육관과 수영장을 보유하고 이를 체육 학습의 공간으로 활용하는 학교는 극히 일부에 지나지 않고 있다는 점도 시급히 개선해야 할 부분이다. 이러한 사실은 초등학교 약 69.0%, 중학교 약 65.5%, 그리고 고등학교의 약 33.1%가 운동장만을 보유한 채 체육수업을 진행하고 있으며, 전국 초등학교의 약 1.3%, 중학교의 0.7%, 그리고 고등학교의 2.1%만이 수영장 시설을 보유하고 있다는 연구결과에서도 여실히 입증된다. 한편 상대적으로 각급 학교의 보유 비율이 높게 나타난 체육관은, 단일 목적의 체육시설로 활용되기보다는 교내의 다양한 문화행사들을 지원하는 강당과 복합된 형태로 대부분 존재하였고, 사후관리의 편리성만이 강조되어 학교체육을 위한 목적시설에 부합하지 않는 방식으로 사용되고 있는 경우도 다수인 것으로 나타났다.

위의 내용을 통해 확인할 수 있듯이 국내 학교가 보유한 체육시설은 교과 내용조차 수용할 수 없을 정도로 낙후된 경우가 대부분이었으며, 특히 대부분 운동장을 중심으로 수업이 진행되어 변덕스러운 기상 여건이나 하절기나 동절기의 기후 변화 등에 따른 수업 손실에 적절하게 대처하지 못하는 한계가 여실히 드러나고 있었다. 또한 획일적으로 구성된 시설과 교구의 배치 등도 학생들의 체육활동 참여에 대한 흥미를 유발하지 못하는 것으로 조사되었다.

다양한 체육 수업의 발현과 교육 내용의 충실화를 표방하는 현행 체육과 교육과정에 있어서 시설 환경적 측면에 대한 개선은 매우 현실적인 과제로서 학교체육의 정상화를 위해서 시급히 해결되어야 할 부분이다. 이는 체육시설이 단순히 학생들의 수업을 통한 체육활동을 수용하는 상징적인 건축물이나 공간이 아니며, 교육과정과 교사를 통해 전달되는 활동 경험이 직접적으로 학생의 성장과 발달을 지원하고 촉진하는 효율적인 학습과 건강한 생활의 장이 되어야 하기 때문이기도 하다.

구성원과 호흡하는 선진화된 학교체육시설을 기대하며

체육시설은 교사의 교육활동 지원을 전제로, 수업에 참여하는 학생들에 대한 올바른 교육의 최적 수단으로서의 역할이 그 존재 이유인 까닭에, 해당 시설 자체가 교육현장을 제한하는 요소로서 작용하는 경우에는 목표로 하는 성과가 성공적으로 달성될 수 없음은 자명하다. 또한 학교시설은 학습 자체의 성립 여부를 결정하는 요소로 작용하고 있으며, 학교시설을 어떻게 구성하느냐 하는 문제는 수업 참여에 대한 동기 부여를 자극하고 이를 통해 성공적인 교육을 완성하는 바탕으로 매우 중요한 의미를 갖고 있다고 할 것이다.

이미 지적한 것처럼 기존 학교들에 대한 체육시설 보유량이나 보유 공간 등에 대한 부족은 한국의 학교체육을 논할 때 항상 지적되어 왔기 때문에 제반 시설 여건과 관련한 현상적 언급은 논의의 대상에서 제외하고 싶은 것이 솔직한 심정이다. 반면 강조하고 싶은 사실은 이러한 외형적 시설 인프라의 규모나 보유량 등이 절대적으로 열악한 환경에 처해 있는 각급 일선 학교들이 현존하는 학교체육시설들을 어떻게 효과적이고 효율적으로 활용하여 체육수업의 내실화를 달성하고 있는가 하는 운영 방식의 선진적 대응이다.

저자가 최근에 학교체육시설과 관련한 연구 과제를 수행하면서 개별 학교 방문조사를 통해 확인하고자 의도했던 중요한 하나도, 학교 당국이나 일선 교사들이 적극적이고 창의적인 자세로 현존하는 체육시설의 한계를 효율적인 수업 공간 배분이나 다양한 프로그램의 적용을 통해 극복하고 있는지의 여부와 그 개선의 여지, 그리고 이를 토대로 향후 한국형 선진 학교체육시설이 지향해야 할 바가 무엇인지를 규명하는 것이었다.

열악한 시설 여건 속에서도 담당 교사의 창의력이나 열의, 그리고 학교 당국의 관심과 지원을 통해 해당 학교의 체육 수업의 장이 수혜자인 학생은 물론 지역 거주민을 위해 적극적으로 사용되고 이를 통해 시설 본연의 목표를 성공적으로 수행하는 학교도 있었고, 모든 시설을 초현대적으로 구비한 가운데 내적 구성원들의 노력이 부가되어 현장 경험 자체가 하나의 충격이고 희열이었던 학교도 존재하였다는 점은 연구를 통해 얻어진 중요한 성과였다. 하지만 상대적으로 완벽한 시설인프라가 학교수업의 내실이라는 근본 목적을 망각한 채 왜곡된 모습으로 운영되거나 교사의 열의 자체도 제대로 담을 수 없을 정도로 방치되어 있는 시설을 보유한 학교도 존재하고 있음은 향후 학교체육시설이 그 운영의 합리화라는 측면에서 심도 있게 논의되어야 할 부분임에 틀림없다.

학교체육이 정상화되기 위한 다양한 요소

아울러 체육교육의 질적 향상을 단순히 개별 학교가 보유한 시설을 통해서만 완성하고자 하는 폐쇄적 접근 방식의 개선도 필요하다. 즉 다양한 교육 프로그램이나 학습자의 요구를 단위 학교가 보유한 시설이 해결하지 못할 경우, 인접한 공공 혹은 민간체육시설 등에 대한 전향적인 활용도 고려되어야 한다. 현재 정부가 추진하고 있는 공공시설에 대한 민간자본투여 유도라는 정책적 접근이 학교체육 시설환경 개선의 실질적 계기가 될 것이라는 기대도 여기에 존재한다.

한편 학교체육시설을 통한 체육수업 내실화의 일차적인 완성은 일선 체육교사의 헌신을 통해 비로소 가능해질 것이라는 사실은 누구도 부인할 수 없다. 따라서 정규수업, 학생지도, 학교행사 주관 등의 과중한 업무 부담이 자칫 학교체육시설의 성공적 운영을 위한 체육교사의 적극적인 참여를 저해하는 요인으로 작용하지 않도록 하는 제도적 장치가 마련 되어야 한다. 물론, 초과 업무에 대한 실질적인 보상, 순환교사제에 따른 단위 학교별 학교체육시설 관리에 대한 항상성 유지 등을 위한 실효성 있는 방안 역시 시급히 마련되어야 할 것이다.

다음은 체육시설 운영에 대한 현장 조사 당시 획득된 어느 교사의 인터뷰 내용이다. 체육 수업의 주관자로서 시설을 바라보는 해당 교사의 언급은 교육현장이 요구하는 시설과 그 운영에 있어서 상당한 시사점을 전해주었던 것으로 기억된다.

현재 적용되고 있는 교육과정을 충실하게 반영할 수 있는 가장 완벽한 시설 모형이란 결국 모든 것을 완비한, 즉 운동장과 체육관 그리고 수영장이 두루 갖춰진 체육시설을 의미하지 않을까요? 그리고 결국 이렇게 구비된 시설들이 학생들의 흥미를 자극하고 자연스럽게 적극적인 모습으로의 수업 참여를 유발합니다… 하지만 좋은 목적물이 애초부터 사용자나 해당 시설의 직접적 관리자의 요구를 전폭적으로 수용하지 못한 채로 지어진다는 것도 아이러니가 아닐 수 없습니다… 전 제가 서 있는 이 공간이 살아있는 생명체와 다름없다고 생각합니다. 우린 이런 생명체가 정말 왕성하게 학생들과 더불어 호흡하기를 바랍니다. 이를 위해서는 주의와 관심 그리고 열정이라는 양식도 제공해야 하는데… 점점 과중한 업무에 대한 무게를 느낄 때면 자칫 소홀해지지 않을까 두렵습니다.

현재 한국의 학교체육은 단위 시설의 보유량 부족이나 후진성 등의 외형상의 문제를 놓고 끊임없는 논란이 지속되고 있다. 물론 좋은 시설이 풍족하게 제공되어야 함은 선결해야 할 중요한 과제이다. 하지만 현존하는 시설 속에서 창의력을 접목시켜 보유시설의 한계를 뛰어 넘고자 하는 노력이나 주변에 산재한 다양한 시설 인프라를 효율적으로 활용하고자 하는 열의, 그리고 이를 뒷받침하는 정책적 배려나 지원 역시 병행되어야 하며, 시설과 관련한 모든 고민의 중심에는 학습자인 학생이 존재한다는 사실이 간과되어서는 안 될 것이다.

---

* 위의 글은 서울특별시체육회 "시민체육"에 게재된 글입니다.

◉ INTERVIEW

열심히 공부하는 학생이 검도도 일등합니다

서병윤 · 대한검도회 전무이사

학원 엘리트 스포츠계에 작은 변화의 바람이 불고 있다. 학생 운동선수를 "운동밖에 모르는 기계"가 아닌 "지성과 실력을 골고루 갖춘 전인적인 사회인"으로 키워내고자 하는 움직임이 바로 그 것.

사단법인 대한검도회는 2003년부터 검도 선수 등록과 대회 출전시 학교 성적 증명서를 첨부하도록 하는 방안을 실시하기로 했다. 올해는 우선 중학교부터 실시하며 내년에는 고등학교와 대학교로 점차적으로 확대 실시할 예정이다.

이러한 방안을 실시하게 된 배경과 전망을 대한검도회 서병윤 전무이사로부터 들어보았다. "우리나라 대부분의 운동선수들은 공부와 담을 쌓고 지내는 것을 당연한 일로 받아들여 왔습니다. 이는 개인적인 불행일 뿐만 아니라 사회적으로도 큰 손실입니다. 올림픽에서 금메달을 많이 따고 성적이 우수하다고 체육이 발전하고 사회가 건강해지는 것은 아닙니다. 이제는 운동이 사회 발전에 기여할 수 있는 전인적인 인간 형성에 필요한 구체적인 수단이며, 실천적 교육의 한 방법이 되어야 합니다." 이러한 문제의 심각성을 고려해 대한검도회는 올해초 심의위원회와 대의원총회를 거쳐 중 · 고 · 대 학생들의 선수 등록시 성적제한을 둘 것에 의견을 모았다.

"처음 도입하는 만큼 신중한 판단이 요구되었습니다. 현실을 고려하지 않은 '제도를 위한 제도'를 만들지 않기 위해 학부모, 지도자, 학생들의 의견을 충분히 반영했습니다. 우선 점진적인 개선을 위해 중학교부터 이 제도를 적용하기로 했습니다." 처음에는 70%의 성적제한 가이드라인을 정했다. 그러나 당시 선수등록이 되어 있는 중학교 검도 선수들의 성적을 조사해 본 결과, 70%의 성적제한은 현재 활동하고 있는 다수 학생 선수들의 활동에 큰 타격을 줄 수 있는 규정이었다. 서병윤 전무이사는 이러한 결과만 놓고 봐도 "우리 선수들이 그동안 얼마나 공부를 도외시하고 운동에만 매달려 왔는지를 여실히 들여다 볼 수 있었다"고 말했다.

현실적인 상황을 고려해 제한범위를 유연하게 조절할 수밖에 없었다. 그래서 성적제한을 90%까지 낮추었다. 그나마 전체 학생 검도선수 85% 정도는 포함시킬 수 있는 범위였다.

"중학교에서 뛰고 있는 검도선수들은 90%란 성적제한을 이번 8.15대회 때부터 적용을 받게 됩니다. 이번 1학기 성적증명서를 제출해 성적이 미달일 경우 출전 자격을 박탈당합니다. 현재 일선 중학교에서는 비상이 걸렸습니다. 그동안 운동만 해왔던 분위기가 서서히 변화해 가고 있는 것 같습니다."

서병윤 전무이사는 "이러한 성적제한선도 점차적으로 상향조정할 것이며, 그 대상도 고등학교·대학교로 점차 확대 적용해 나갈 것"이라고 말했다.

또한 "대한체육회 가맹경기단체로서는 처음으로 이러한 제도를 실시하면서 다른 가맹경기단체서도 많은 격려가 있었던 만큼 모범적으로 제도를 정착시켜 나갈 수 있도록 많은 노력을 기울일 것"이라고 앞으로의 전망을 밝혔다.

---

* 위의 글은 서울특별시체육회 "시민체육"에 게재된 글입니다.

운동과 공부, 이제 균형과 조화를 찾아가자

학교체육을 통해 비만을 예방할 수 있다.

- 청소년 비만의 특징과 대책 -

강재헌 · 인제의대 교수

학생 신체검사를 하다보면 해마다 비만한 학생들이 늘고 있다는 느낌을 강하게 받게 된다. 실제로 최근 서울시 교육청의 발표에 따르면 서울시내 초중고생 가운데 체중이 표준치보다 50% 이상 초과하는 고도 비만이 1999년 0.73%, 2000년 0.83%, 2001년 0.89%, 2002년 1.23%로 해마다 증가하는 경향을 보였다. 또한 표준 체중보다 20% 이상 체중이 더 나가는 비만 청소년이 전체 초중고생의 10% 가량을 차지하는 것으로 밝혀졌다.

비만한 청소년은 고지혈증, 지방간 등의 성인병이 조기에 발생하게 되므로 문제가 된다. 따라서 비만 청소년에 대해서는 이러한 위험인자에 대한 선별검사를 실시하여 조기발견과 치료를 할 필요가 있다. 드물게 갑상선기능저하증, 쿠싱증후군 등의 내분비 질환이 원인이 되어 비만이 올 수도 있지만, 대부분의 청소년 비만은 음식물을 질적, 양적으로 과잉 섭취하여 체내에 지방이 과다하게 축적되기 때문에 발생한다.

문제는 이러한 비만이 과식, 편식, 그리고 운동부족 등과 밀접한 관련이 있다는 사실이다. 우리 청소년들은 밥보다는 피자, 햄버거를 더 좋아하고, 김치, 찌개보다는 샐러드, 수프를 더 좋아한다. 학교 주위에는 피자전문점, 햄버거 가게들을 쉽게 찾아볼 수 있고, 가게마다 어린 학생들로 넘쳐흐르고 있다. 그리고 또 하나의 주요 원인인 운동부족은 대부분의 청소년들의 건강을 위협하고 있다.

요즈음 학생들 중 학교에서의 수업만으로 일과가 끝나는 경우는 거의 보기 어렵다. 어린 초등학생의 경우까지도 방과후에 두 가지 정도의 학원을 가는 것은 당연시 되는 분위기이다. 그러므로 다행히 비만클리닉까지 찾아온 비만 청소년의 경우도 운동 시간을 따로 내기가 매우 어렵다.

따라서 우리나라 청소년들에게 비만이 증가하는 것은 성적지상주의로 인한 운동 부족과 서구화된 식생활에 기인하는 구조적인 문제라고 할 수 있다. 연령에 관계없이 비만 치료의 기본 원칙은 식이요법과 운동요법, 그리고 행동수정요법이 있다.

청소년 비만의 경우 성인 비만과 달라서 성장이 빠른 아동의 경우 심한 열량제한을 할 경우 단백질, 무기질, 비타민 등 필수 영양소가 부족해져 성장과 발육을 저해할 수 있다.

표준 체중의 130% 이하의 경도 비만의 경우 현 체중만 유지하더라도 매년 약 5cm의 키가 성장하기 때문에 비만이 치료될 수 있다. 하지만 성장 속도가 다소 감소된 청소년 후반기의 경우에는 일주일에 500gm 정도의 체중 감소를 위해 하루 500kcal 정도의 열량 섭취를 줄이려는 노력이 필요하다.

고칼로리 식습관을 버리는 식이요법

따라서 청소년 비만을 치료하기 위해서는 체중 유지나 점차적인 체중 감소가 권장되기 때문에 체중의 변화만 지나치게 강조하기보다는 음식의 선택 방법에 대한 교육에 중점을 두어야 한다. 학교마다 영양사가 있으므로 영양사가 정기적으로 학생들을 대상으로 건전한 식사습관에 대한 영양교육을 실시하는 것도 좋은 방법이다.

사실 요즈음 우리 청소년들의 비만은 세 끼 식사보다는 주위에서 흔히 접하는 햄버거, 피자, 프라이드 치킨 등의 패스트 푸드와 고칼로리 과자, 음료수 등을 과다 섭취하기 때문에 발생하고 있다. 따라서 학교와 가정에서의 영양교육으로 이러한 패스트 푸드의 섭취를 줄이도록 유도하는 것이 중요하며, 비만을 예방하는 균형식으로서의 우리 고유 음식 우수성을 강조할 필요가 있다.

요즈음 널리 실시되고 있는 학교 급식의 식단을 살펴보면, 비만 치료자인 저자의 견해로는 '고칼로리 음식이 많은 경향이 있지 않나'하는 우려가 있다. 대부분의 우리 청소년들은 이미 저영양의 문제는 해결되었고 과잉영양이 더 문제가 되는 시점에 있다.

상당수의 부모가 자녀의 비만에 대한 우려로 나름대로 식이 조절을 시키려고 노력을 하고 있는데, 이런 부모들은 학교 급식에서의 고열량 식사가 체중 조절에 장애가 된다는 불평을 많이 하고 있다.

다수의 학생들을 상대해야 하는 학교의 여건상 식사량이나 메뉴를 개별화하기 어렵다는 입장은 충분히 이해가 가지만, 적어도 고도 비만 학생의 경우에는 급식의 내용을 달리 해주는 노력이 필요하지 않을까 생각된다.

비만을 막을 수 있는 학교체육 시간

규칙적인 운동은 체중조절에 필수적이다. 더욱이 비만은 단기적인 감량은 쉬워도 장기적인 재발이 문제가 되는데, 운동은 장기적인 체중 조절에 특히 효과가 있다. 운동으로 체중을 조절하려고 시도한 사람들이 흔히 하는 불평 중 하나가 운동을 해도 체중이 잘 빠지지 않는다는 것이다. 이는 30분을 걸어도 우유 1봉의 열량밖에는 소모하지 못하고 30분을 뛰어도 피자 1조각의 열량밖에는 소모하지 못하므로 식사 조절 없이 운동만으로는 체중을 조절하기 어렵기 때문이다.

청소년들의 체중 조절에 운동 요법을 적용하는 데에는 학교가 매우 좋은 여건을 가지고 있다. 학교에는 비교적 넓은 운동장과 운동시설이 있고, 운동요법을 전담할 수 있는 체육교사가 대부분 있으며, 교과과목에 체육시간이 배정되어 있다. 청소년 비만 치료에 운동이 특히 중요한 이유는 신체 발육과 성장에 지장을 주지 않기 위해 적극적인 열량제한을 할 수 없으므로 운동의 역할이 상대적으로 더 중요해지기 때문이다.

비만 청소년의 운동요법 시에 주의해야 할 점은 비만 청소년은 심폐지구력을 비롯한 체력이 떨어져있기 쉬우므로 낮은 강도의 운동으로 시작하여 단계적으로 강도를 올려야 하고, 이상 체중의 150% 이상인 고도 비만 청소년의 경우 운동 시작 전에 의사의 진찰과 운동 처방을 받아 운동요법을 시작하는 것이 바람직하다는 점이다.

운동을 체중 조절을 위해 어쩔 수 없이 하는 하나의 숙제로 받아들일 경우 운동을 꾸준히 하기가 어려우므로 각 개인이 선호하는 운동을 하나 지정하여 평생 즐기는 운동을 하나씩 만들어주는 것이 비만은 물론 평생의 건강 유지에 크게 도움이 될 것이다.

나쁜 생활습관을 고치는 행동수정

비만한 청소년들의 식사습관, 운동량, 생활습관을 살펴보면 공통점을 관찰할 수 있다. 식사는 고칼로리 음식인 햄버거, 피자, 프라이드 치킨 등을 좋아하고, 초콜릿, 쿠키, 감자칩 등의 군것질을 즐긴다.

또한 식사는 한 끼 굶었다가 한 끼는 폭식을 하는 불규칙한 식사습관을 가지고 있는 경우가 많다. 운동을 하기 싫어하고 취미도 텔레비전 보기, 독서 등 주로 가만히 앉거나 누워서 하는 것들이다. 또한 한두 층만 올라가도 계단보다는 엘리베이터나 에스컬레이터를 타고, 가까운 거리도 차를 타고 가는 버릇을 가지고 있기 쉽다. 비만을 유발하는 이러한 나쁜 생활습관들을 변화시키는 행동수정요법은 크게 3단계로 나눌 수 있다.

첫째로는 나쁜 식사습관을 초래하는 요인을 찾아내기 위해 자신이 먹은 음식의 종류, 양, 장소, 시간, 감정 상태 등에 대한 일기를 적도록 하는 것이다. 학교에서는 학생들이 적는 일기에 식사일지를 추가해 적도록 하고 담임 교사가 정기적으로 평가를 하는 방식을 취하는 것이 좋을 것으로 생각된다. 담임교사가 평가할 때에는 많은 시간과 전문지식이 필요한 섭취 열량의 계산까지는 필요치 않다. 비만을 조장하는 나쁜 식습관을 찾아 교육을 통해 교정해주는 것만으로도 큰 효과를 거둘 수 있을 것이다.

둘째로는 식사일지를 바탕으로 비만 청소년에게 음식에 노출되거나 음식을 섭취할 기회를 줄이는 방법을 가르쳐주는 것이다. 피해야할 음식을 가급적 눈에 띄지 않게 하고, 그런 음식을 먹으러갈 기회를 만들지 않도록 도와주는 것이다. 텔레비전을 보며 습관적으로 무언가 먹는 버릇이 있는 경우에는 텔레비전을 볼 때에는 먹지 못하도록 해야 한다. 이러한 훈련은 비만 학생에 대해 교사나 영양사가 실시할 수도 있고 필요할 경우 부모와 상의하여 가정에서 이루어지도록 유도할 수도 있을 것이다.

셋째로는 비만 학생이 체중 조절에 도움이 되는 행동을 할 때마다 보상을 해주는 것이다. 칭찬을 해준다든지 상을 준다든지 아니면 부모가 선물을 준다든지 하여 행동을 바람직한 방향으로 유도하는 것이다.

교육계와 의료계가 힘을 모아야

현재의 추세로 볼 때 청소년 비만은 무서운 속도로 증가할 것으로 예상되며, 이는 10~20년 후 국민 전체의 건강을 위협하는 각종 성인병의 범람으로 연결될 것이 분명하다. 따라서 이러한 재앙을 피하기 위해서는 청소년 시기에 비만을 조절하는 관리체계를 갖추는 것이 시급하다. 필자의 비만클리닉에서도 일부 비만 청소년들이 치료를 받고 있지만, 이들은 도움이 필요한 비만 청소년들의 극히 일부에 불과하다.

따라서 학교 보건의 일부로서 비만치료프로그램을 수립, 운영할 필요가 있다고 생각한다. 다행히 학교는 이를 수행하기에 비교적 좋은 여건들을 갖추고 있다.

학교에는 체육교사, 양호교사, 영양사가 대부분 상주하고 있으며, 아직 형식적이긴 하지만 교의가 지정이 되어 있다. 그리고 점심 급식이 이루어지고 있으므로 건전한 식습관을 교육하고 지도하기에 용이하다. 따라서 비만전문의와 영양사, 양호교사, 체육교사가 힘을 모아 비만의 예방, 조기 발견 및 치료 프로그램을 수립하여 운영해나간다면 큰비용 지출 없이도 우리 청소년들의 건강을 크게 향상시켜나갈 수 있다고 본다.

따라서 본 저자는 모든 학교에서 청소년 비만의 예방과 치료가 이루어지도록 교육계와 의료계가 힘을 모아야한다는 점을 다시 한번 강조하는 바이며, 본 저자와 뜻을 같이 하는 분들이 연락을 주신다면 여건이 허락하는 한 최선을 다할 생각이다.

학교체육 문제 해결의 열쇠는 낙후된 체육시설을 개선시키는 것에서부터 시작된다. 그러나 시설을 고치는 것보다 더욱 중요한 것은 학교체육 현 장에 있는 체육교사들이 달라지는 일이다. 체육시설의 개선과 체육교사 의 변화된 움직임을 위해 어떻게 해야 하는지, 그리고 우리 초등학교의 체육 수업 현장의 모습을 살펴본다.

---

* 위의 글은 서울특별시체육회 "시민체육"에 게재된 글입니다.

신체활동과 청소년 라이프 스타일

김상국 · 세종대학교 체육학과 교수

오늘날 우리 청소년은 쾌적한 환경, 식생활 개선 등으로 체격은 좋아진 반면 신체활동량의 감소로 인해 체력은 점점 약화되고 있다. 문화관광부의 한 보고서에 의하면 일주일 동안 신체활동을 한 번도 안하는 청소년이 50%에 이르는 것으로 나타나 적극적인 체육활동의 필요성이 요구되고 있다.

청소년들의 체력이 심각한 위기 국면에 있다. 키와 몸무게는 커지고 늘었지만, 기초체력은 현저히 약해지고 있다. 청소년들의 체력은 한마디로 속빈 강정이다. 요즈음 우리나라 청소년들을 가리켜 '덩치만 큰 약골'이란 말이 있는데, 이 말의 의미는 체격은 커지는 데 반하여 체력은 오히려 약화돼가는 현상을 말한다. 최근 문화관광부가 3년마다 실시하는 국민체력실태조사 결과에 따르면 한국인의 50세 이상 남성들은 청소년과 비슷한 체력조건을 갖췄지만, 체력은 청소년들보다 훨씬 좋은 것으로 나타났다.

청소년들의 체력약화에 대한 심각성을 논의하는 가장 근본적인 이유는 청소년들이 바로 한국의 미래이기 때문이다. 미래의 에너지는 바로 그들로부터 나온다. 청소년들의 체력약화는 곧바로 각종 생활 습관병으로 이어져 청소년들의 삶의 질을 떨어뜨리기 때문이다. 그들이 성인으로 성장하였을 때, 국가 경쟁력의 저하는 물론이고 막대한 사회적 간접비용으로 이어져 국가의 경제손실로 이어진다.

2002년 보건사회부의 발표에 따르면, 1970년대에서 1990년대까지 한국은 의학기술의 진보, 생활양식의 변화, 그리고 경제 개발로 한국인의 평균수명이 크게 연장된 반면, 생활양식의 변화, 그리고 경제개발로 한국인의 평균수명이 크게 연장된 반면, 생활양식에 기인하는 질병(암, 뇌혈관질환, 심장질환, 당뇨병 간질환과 고혈압질병)이 전체 한국인 사망의 80.6%를 차지하고 있는 것으로 밝혀졌다.

오늘날 인간이 겪고 있는 질환은 20세기 초까지 유행했던 전염성 질환과는 차원이 다르다. 만성적인 에너지 과잉공급과 소비의 불균형으로 인한 심장질환, 당뇨병, 고혈압, 골다공증, 간질환 등이 그것이다. 과거 성인병 혹은 만성질환으로 불리던 이 질환은 일상생활의 습관과 밀접한 관계가 있다고 해서 영국이나 프랑스, 독일, 일본과 같은 선진국에서는 이를 생활습관병(lifestyle disease) 혹은 생활습관 관련 질환(lifestyle related disease)이라고 명명하고 있다. 최근 한국내과학회에서도 성인병 혹은 만성질환을 가리켜 '생활습관병'이라고 이름을 붙였다.

청소년들의 생활습관병의 발행원인

날로 증가되는 생활습관병에 대비하여 많은 선진국들은 정부 차원에서 시민들의 건강한 생활양식을 정착시키는데 많은 노력을 기울이고 있다. 우리나라 또한 통계를 살펴보면 생활습관병 발병률에 청소년들까지 가세하고 있는 실정이다. 나이는 10대인데 비해 몸은 40대로 각종 생활습관 질환이 발생하고 있다. 왜 이런 현상이 발생될까? 청소년들의 체력이 여기까지 온데에는 다음과 같은 요인으로 요약할 수 있다.

첫째, 식생활 문화의 변화를 들 수 있다. 언제부터인가 서구의 입맛이 우리 청소년들의 먹을거리 문화를 점령하고 있다는 사실이다. 이제 우리 청소년들은 슬로우 푸드보다 기름진 패스트푸드에 익숙해져가고 있으며, 섬유질이 풍부한 우리 토종 음식보다 캔 푸드나 햄, 소시지 같은 가공 식품에 익숙해져 가고 있다. 게다가 최근 연구에 의하면 청소년이 하루 1끼 이상 결식하는 것으로 나타났으며, 남학생은 여학생보다 결식률이 높고 결식의 이유로는 '늦잠을 자서', '식욕이 없어서' 또는 '시간이 없어서' 등이 제일 많았다. 이렇게 높은 청소년 결식률은 성장기에 있는 청소년들의 건강뿐만 아니라 성인기의 건강을 위해서도 개선되어야 할 문제이다. 또한, 청소년의 외식실태는 매일 1회 이상 외식하는 청소년의 비율이 연령층 및 성별로 16.5%~40.8%에까지 이르고 있다. 이는 맞벌이 부부가 늘면서 부모에 의한 식사관리나 영양관리의 기회가 줄어들게 된 것이 원인으로 들 수 있다.

둘째, 생활습관의 변화를 들 수 있다. 아이들은 유치원 때부터 한글과 영어를 컴퓨터 게임이나 TV프로그램을 통해 학습함으로써 주로 실내에서 많은 시간을 보낸다. 더구나 학교와 학원을 오가는 다람쥐 쳇바퀴 같은 라이프스타일에 지친 청소년들은 여유시간만 있으면 PC에 매달려 '게임 폐인'이나 'PC폐인'이 되기 쉽다. 특히, 요즘 아이들은 예전보다 독립심이 약하다는 평을 받는다. 부모로부터 너무 과잉보호를 받는다. 모두가 집에 가면 공주이자 왕자대우를 받는다. 이렇게 자라면 너무 자기중심적 성향이 나타나고 타인을 배려하려는데 인색하기 쉽다. 상대적으로 일본의 청소년들은 추운

겨울철에도 반바지를 입고 등교한다. 그렇게 자란 아이들이 독립심도 강하고 인내력도 길러진다.

셋째, 문명 이기주의를 들 수 있다. 가공된 시멘트 공간속에 효율과 편리만 추구하는 현대사회에서 자연과 멀어진 청소년 문화를 만들어 내고 있다. 사람은 쉼 없는 움직임을 통해 몸(body)의 건강을 유지하고 이를 통해 건강한 사고를 발현시킨다. 이는 동서고금을 통달하는 진리이자 생명을 관장하는 자연의 섭리이다. 그런데 청소년들은 고도화된 물질문명과 풍요로움에 기인하여 새로운 생활습관을 갖게 되었고, 그 과정에서 자연의 섭리를 거역함으로써 스스로 위기를 초래하고 있다.

사람은 쉼 없는 움직임을 통해 몸(body)의 건강을 유지하고 이를 통해 건강한 사고를 발현시킨다. 이는 동서고금을 통달하는 진리이자 생명을 관장하는 자연의 섭리이다. 그런데 청소년들은 고도화된 물질문명과 풍요로움에 기인하여 새로운 생활습관을 갖게 되었고, 그 과정에서 자연의 섭리를 거역함으로써 스스로 위기를 초래하고 있다.

일주일동안 신체활동 한 번도 안 하는 청소년 약 50.0%

과거에 비해 학교는 코앞에 있다. 아파트의 3~4층을 오르고 내릴 때 계단보다 엘리베이터를 더 선호한다. 신체활동의 중요성에 대한 더 많은 강조에도 불구하고, 청소년들은 많은 시간을 의자에 앉은 채로 보내는 좌업중심의 생활을 한다.

청소년들이 움직이는 일이 점점 줄어든 요인으로는 짧은 통학거리의 생활습관화와 주당 3시간의 학교 체육시간을 들 수있다. 그나마 고등학교는 선택과목으로 전락해 버렸다. 청소년들이 일상에 요구되는 움직임의 양이 80년대에 비해 현저하게 줄었다. 최근의 연구들은 한국에서 40대 이상 성인의 50% 이상과 20대 이하의 젊은 사람들의 75% 이상이 육체적으로 비활동적이라는 것을 보여줬다.

움직임(physical activity)은 물질문명의 풍요 속에 상대적으로 점점 무력화되어가고 있는 청소년들의 건강상태에 새로운 활력을 불어 넣어 주며, 동시에 우리에 청소년들이 당면하고 있는 비신체활동으로 인한 생활습관병을 예방하는 유일한 대안인 것이다. 여기서 부모님들의 올바른 관심과 학교체육의 정상화가 이루어진다면 금상첨화이다.

청소년기의 신체활동은 평생의 체력을 좌우하는 매우 중요한 시기로 많은 신체활동의 제공과 운동에 따른 효과적인 지도체계 그리고 성인기의 운동습관을 위한 기반 마련이라는 점에서도 중요하다. 그러므로 청소년들에게 신체활동의 기회를 마련하고 제공해 주는 것은 당연하면서도 매우 시급한 과제라 말할 수 있다. 청소년기의 체육활동 참여는 학교 및 일상생활에 필요한 긍정적 가치, 태도 그리고 사회적 기능 양성에 한몫을 한다. 그러나 문화관광부(1997)의 생활체육 참여율 제고를 위한 사업 보고서에서는 우리나라 청소년들의 신체활동이 부족한 현실에 있음을 지적하고 있다. 이 보고서에 의하면 일주일동안 신체활동을 한 번도 안하는 청소년이 약 50.0%에 이르는 것으로 조사되어 우리나라 청소년들의 신체활동 빈도가 매우 저조한 것으로 나타났다.

올바른 라이프스타일 유도해야

우리는 지금까지의 생활양식과는 전혀 다른 세계화, 지식정보화, 문화화로 대표되는 문명전환의 시대를 살아가고 있다. 특히, 청소년기는 어린이부터 성인이 되어 가는 과도기로써 신체적 · 정신적 성숙이 가장 활발하게 이루어지며, 신체의 급속한 변화와 성장을 경험하면서 가정과 학교, 그리고 주위환경을 포함해서 자신의 지위와 역할, 삶에 대한 의미, 자신의 미래 등에 대한 고민을 통해서 자신의 참모습을 찾으려고 노력하는 중요한 시기이다. 그러나 문명전환의 시대를 살아가고 있는 우리 청소년들은 급속한 도시형 문화생활로 인한 오토메이션화, 운동부족, 불건강한 생활습관 등에 의해 생기는 비만, 고혈압, 심장병 등 생활습관병이 해마다 급증하고 있다. 이는 쾌적한 환경과 식생활 개선으로 과거의 낮은 칼로리와 높은 섬유질이 함유된 식사에서 오늘날 높은 칼로리와 낮은 섬유질 식습관으로 과거에 비해 체격은 좋아진 반면 신체활동량의 감소로 인해 체력은 점점 약화되는 것과 밀접한 관계가 있다.

따라서, 지금의 청소년들이 성인이 되었을 때 막대한 국민의료비 지출이 예상된다. 1997년 우리나라 국민의료비 지출은 국내 총생산(GDP)에서 차지하는 비율은 4.0%, 국민1인당 의료비지출은 587달러로 1995년도 483달러보다 약 21.0%가 증가하였다. 특히, 2001년도에는 국민 1인당 의료비 지출부담액이 40만원에 육박하기도 했다.

이처럼 막대한 국가 경제손실을 예방하는 길은 청소년들에게 올바른 라이프스타일을 길러주는 일이다. 신체활동량이 부족한 학생들에게 적당한 신체활동의 기회를 제공하고 청소년 개개인의 생활환경에 따른 욕구를 충족시켜 건강 및 체력을 유지 · 증진하고 즐거운 삶을 영위할 수 있도록 해주어야 한다.

청소년들 각자의 라이프스타일의 문제점을 인식하여 개선하는 것이 단기적으로는 건강의 유지 증진을, 중장기적으로는 체력의 저하 예방 혹은 체력향상의 중요한 방법이다.

우선은 교사 스스로가 청소년들의 라이프스타일에 관해서 충분히 이해하는 것과 함께 생활환경을 어떻게 개선하고 올바른 라이프스타일의 형성을 도와줄 수 있도록 지도하는 것이 바람직하다. 또한, 과학적인 근거에 기초하는 대안과 함께 생활습관 개선 및 체력향상추진사례의 보급을 추진해 가는 것이 요구된다.

---

* 위의 글은 서울특별시체육회 "시민체육"에 게재된 글입니다.

한 · 중 · 일 청소년 체력비교, 한국이 꼴찌! 국가가 나서야 한다

고병구 · 체육과학연구원 선임연구원

오늘날 우리 청소년은 쾌적한 환경, 식생활 개선 등으로 체격은 좋아진 반면 신체활동량의 감소로 인해 체력은 점점 약화되고 있다. 문화관광부의 한 보고서에 의하면 일주일 동안 신체활동을 한번도 안 하는 청소년이 50%에 이르는 것으로 나타나 적극적인 체육활동의 필요성이 요구되고 있다.

우리나라 청소년들의 체력저하 현상은 가까운 중국 · 일본과도 차이가 벌어지고 있는 것으로 나타났다. 지난 2004년 문화관광부가 체육과학연구원에 의뢰해 7세 이상 5,944명을 대상으로 한 국민체력실태조사에 따르면 한국 초 · 중 · 고교생들의 체격은 중국 · 일본을 능가하지만 체력면에서는 뒤떨어지고 있다. 한국 청소년들의 체격은 키와 몸무게 등에서 일본과 중국을 앞서고 있으나 오래달리기, 팔굽혀펴기, 윗몸일으키기 등 체력면에서는 이들 나라에 상당부분 뒤지고 있는 것. 더욱이 청소년의 체력이 50대의 성인보다 떨어진데다, 이 같은 체력저하현상이 갈수록 심화되고 있다는 것이다.

우리나라 청소년의 체력 저하와 원인

우리나라 청소년들의 체력은 최근 10년간 급격히 저하되었으며 이는 청소년들의 운동능력뿐만 아니라 건강까지 위협하는 수준에 이르고 있다. 비만 청소년의 75%가 성인비만으로 이어진다는 점을 감안할 때 청소년기의 적절한 체력 관리는 청소년기뿐만 아니라 일생의 건강을 좌우할 수 있다. 또한 사회적 손실과 국가적 비용의 측면에서도 청소년기의 체력 관리는 중요한 국가 정책 과제가 되어야 한다.

우리나라 청소년 체력 저하의 심각성은 1992년과 2004년도에 실시된 국민체력실태조사 자료에 근거하여 남자 중학교 3학년의 체격 및 체력 변화를 살펴본 결과에서 잘 드러나고 있다. 신장은 165.1cm에서 168.8cm로 2.2% 향상되었으며, 체중은 55.0kg에서 60.2kg으로 9.5%나 증가되어 우리나라 청소년의 체격이 좋아지고 있음을 보여주었다. 반면, 체지방률은 8.2%에서 10.8%로 증가되어 청소년들의 비만도가 30% 정도 심화되고 있음을 알 수 있으며, 오래달리기(1200m) 기록이 5분 53초에서 6분 35초로 증가되어 심폐지구력은 11.8%나 저하된 것으로 파악되었다.

이는 편리함을 추구하는 과학 기술 문명의 발달에 따라 과거에 비해 움직임의 필요성이 줄어든 것에 근본 원인이 있겠지만, 입시 경쟁에 따른 학업 시간의 증가, TV 시청이나 인터넷 게임 등 좌업 활동 시간의 증가, 그리고 무엇보다도 학교 및 공동체에서 신체활동의 기회가 감소된 것에서 직접적인 원인을 찾을 수 있다. 국민 생활체육 참여 실태조사에 따르면 성인들의 경우에는 주 2~3회 이상 생활체육활동에 참여하는 사람들이 1994년도 37.7%에서 2003년도 42.9%로 5.2%가 증가한 반면 청소년의 경우에는 50.2%에서 32.6%로 17.6%나 감소하였다. 이처럼 청소년들의 신체활동이 감소함에 따라 결과적으로 체력이 급격히 저하되고 있는 것이다.

그럼에도 불구하고 현재 우리나라에서 학교 체육 시수는 감소되었으며, 고등학교 체육마저 선택과목으로 전환되었다. 또한 1994년도에 체력장제도가 폐지된 이후 형식적으로 운영되는 학생체력검사 역시 청소년의 체력 및 건강 증진에 아무런 역할도 하지 못하고 있다. 즉, 현재 우리나라 청소년들은 지역 공동체에서는 물론이고 학교에서조차 충분한 신체활동의 기회를 갖지 못하고 있으며 이는 움직임의 필요성이 줄어들고 있는 사회구조에서 청소년들의 체력 저하를 심화시키고 있다.

한 · 중 · 일 청소년의 체격 및 체력 비교

우리나라 청소년들의 체격 및 체력 수준은 동북아시아의 이웃나라인 중국과 일본의 청소년들과 비교해봐도 그 심각성을 알 수 있다. 신장의 경우 우리나라 청소년들의 신장은 남녀 모두 초등학교 저학년 시기에는 중국이나 일본에 비해 작았으나 중학교 시기 이후에는 중국보다 크며, 고등학교 시기 이후에는 일본보다 큰 것으로 조사되었다.

구체적으로 살펴보면, 남자의 경우 12세부터 중국보다 신장이 컸으며, 15세 이후에는 일본 청소년보다 신장이 큰 것으로 조사되었다. 여자의 경우에도 13세부터 우리나라가 중국보다 큰 것으로 나타났고, 14세부터는 일본보다 큰 것으로 나타났다. 이는 아직까지는 우리나라 청소년들의 최종신장이 더 크긴 하지만 과거의 일본 자료와 비교해볼 때 일본 및 중국 어린이들의 신장 증가가 우리나라보다 빠르게 진행되고 있음을 의미한다. 따라서 향후 영양이나 운동 등에 대한 적절한 대책이 마련되지 않는다면 차세대 청소년들의 경우 일본 및 중국에 추월될 가능성이 있다.

체력면에서는 50m달리기(스피드), 1200m달리기(심폐지구력), 제자리멀리뛰기(순발력), 팔굽혀펴기(근지구력), 윗몸일으키기(근력), 앉아 윗몸 앞으로 굽히기(유연성) 등 6개 부문 조사에서 한국 학생들은 특히 스피드와 순발력에서 크게 뒤지는 것으로 조사되었다. 50m달리기에서 16세 남자의 경우 한국은 8.0초, 중국은 7.6초, 일본은 7.4초로 나타났다. 한국은 10세에서 18세까지 남녀 모두 세 나라 중 꼴찌를 기록했다. 제자리멀리뛰기의 경우도 전반적으로 일본 및 중국에 뒤쳐지는 것으로 나타났다. 남자의 경우 17세를 제외한 모든 연령에서 중국보다 제자리멀리뛰기 기록이 저조하였으며, 16세 이전의 모든 연령에서 일본에 비해 기록이 저조하였다. 여자의 경우에는 모든 청소년 연령층에서 중국 및 일본에 뒤지는 것으로 조사되어 동북아시아에서 한국 청소년들의 체력이 가장 저조한 것으로 나타났다. 특히 어린 학생일수록 체력차는 더욱 크게 벌어져 우리나라 청소년들의 체력이 과거에 비해서 저하되었을 뿐만 아니라 동시대를 살아가는 이웃나라 청소년들에 비해서도 크게 뒤처지고 있다는 것을 알 수 있다.

앞으로도 청소년들은 더욱 큰 차이로 이웃나라의 청소년들에 비해 체력이 뒤쳐질 것이 예측된다. 또한 과거 및 이웃나라에 비해 청소년들의 학교 및 공동체에서 신체활동의 기회 및 동기가 절대적으로 부족해졌으며, 이는 운동기능 체력뿐만 아니라 건강관련 체력도 극도로 약화되고 있다는 것을 의미한다.

청소년 체력 향상을 위한 정책 과제

청소년 체력저하의 근본적 원인은 신체활동 부족이다. 따라서 이를 극복하기 위해서는 청소년 개인적으로는 스스로 의도적으로 많이 움직여야 한다. 학업에 바쁘더라도 제한된 시간과 공간에서나마 의도적으로 많이 움직여야 하며 짧은 거리는 차를 타지 않고 빠른 걸음으로 걷거나 공부하다가 잠시 휴식시간에 팔굽혀펴기를 한다던가 하는 의도적인 신체활동의 기회와 시간을 늘려야 한다. 그러나 청소년기는 성인들처럼 건강에 위기감을 느끼고 스스로 의도적인 신체활동을 잘 할 수 있는 시기가 못된다. 무엇보다 학업에 바쁘고 성장에 따른 자연적인 체력발달이 어느 정도 이루어져 성인들만큼 운동부족 및 체력약화가 건강에 악영향을 미치는 정도를 체감하지 못하기 때문이다.

그러므로 국가적인 차원에서 청소년이 신체활동에 적극 참여하고 체력을 증진시킬 수 있도록 청소년 체력 증진 정책을 만들어 추진하여야 한다. 모든 학교에서 최소한 주당 3회 이상 체육수업을 실시해야 하며, 다양한 청소년 신체활동 프로그램을 만들어야 한다. 또한 학교나 지역공동체에서 청소년들이 신체활동에 참여하거나 체력이 정해진 수준에 도달되었을 경우 그에 상응하는 다양한 혜택을 제공함으로써 모든 청소년이 체력 향상에 대한 강력한 동기를 갖도록 해주어야 한다.

청소년 체력에 대한 국가적 관심과 청소년 체력 증진 정책 수립 및 시행을 더 이상 미룬다면 한국 청소년들의 체력 저하 현상은 더욱 심화될 것이며 향후 보다 비싼 대가를 치르게 될 것이다.

* 위의 글은 서울특별시체육회 "시민체육"에 게재된 글입니다.

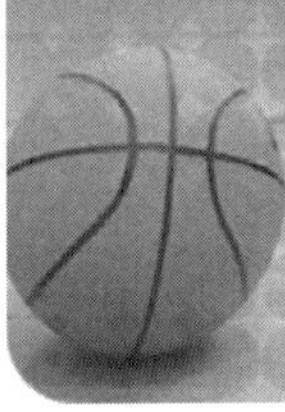

학교체육을 살리기 위한 방안

김상국 · 세종대학교 교수

시민체육에서 2003년 연중 기획시리즈로 '학교체육을 살리자'란 주제로 매달 중요하게 다루어 왔다. 매호마다 매우 가치 있는 좌담회와 글들이 시민체육의 특별기획 시리즈를 통하여 필자가 평소에 알고 지내는 여러 초중고교 체육교사들로부터 많은 격려의 글과 전화 등을 받았다. 그들로부터 시민체육에서 다루어진 학교체육에 대해 지적한 여러 주장에 대해 공감대를 형성하고 있었다. 물론 동의하지 않았던 몇 가지 사항만 빼고는 대부분 학교체육의 심각성을 인정하고 있었다. 지금까지 논의된 학교체육의 문제점들을 살펴보면 첫째, 청소년들의 체력저하, 둘째, 학교체육에 대한 인식 및 태도, 셋째, 열악한 학교체육시설, 넷째, 체육육교사의 책무성 결여, 다섯째 중앙정부 내 학교체육전담부서의 부재 등을 중심으로 지금까지 연중기획 된 "학교체육을 살리자"의 연재에서 노출된 학교체육의 공통된 문제점 중심으로 논의하고자 한다.

왜 시민체육 편집위원들이 2003년도 연중기획으로 "학교체육을 살리자"를 주제로 삼았을까? '학교체육을 살리자'란 말의 뉘앙스는 곧 역설적으로 해석하자면 학교체육이 죽어가고 있다는 말과 같은 느낌을 준다. 이 주제는 현재 처해있는 우리나라 학교체육이 커다란 문제점을 안고 있다는 의미일 것이다. 또한 주제를 선정하는 과정에 있어서 편집위원들 사이에 심리적인 공감대가 형성되었기 때문에 가능했다.

그렇다면 우리나라 학교체육에 처해 있는 큰 문제들은 무엇인가? 본고는 이러한 문제들을 쉽게 이해하기 위해 먼저 학교체육과 직접 관련이 있는 패널에서부터 문제제기를 하고 몇몇 선진국인 미국, 일본, 독일의 학교체육과 자연스럽게 비교 하면서 문제의 핵심에 접근해 보았다.

왜 하필 선진국과 비교 하느냐란 비판에 대해서는 첫째로, 우리나라의 지향 목표가 선진국이며 둘째로는 경제적으로 이미 만불시대를 접어들고 있기 때문이라는 점을 이유로 삼고 논의할 것이며, 국내의 유명교수들이 생각하는 학교체육의 문제점들을 바탕으로 이 기획 시리즈를 마무리하는 차원과 학교체육의 심각성을 재조명하는 차원에서 논의하고자 한다.

청소년 체력저하의 심각성

필자가 지금까지 우리나라 학교체육의 문제점을 논의할 때 가장 심각하게 생각하는 것은'청소년 체력약화'라고 지적하고 싶다. 왜냐하면 현재 처해있는 우리나라 청소년들의 체격은 신장이 70년도에 비해 10% 정도 증가하였으며, 체중은 30% 정도나 증가하였다. 그러나 체력적인면을 살펴보면 청소년들의 오래달리기 능력이 70년대에 비해 무려 30% 라는 현저한 저하 상태에 있다는 사실이다.

하지만 심각성을 더하는 것은 70년대의 우리나라 청소년들의 체력이 그 당시 다른 나라의 청소년과 비교해서 우수한 편은 아니었다.

그렇다면 왜 우리는 지금'청소년 체력 약화'에 주목해야할까? 한마디로 우리나라 청소년들의 체격과 체력은 심각한 위기 국면에 직면해 있기 때문이다. 키와 몸무게는 많이 커지고 늘어났지만, 기초체력 테스트인 제자리 멀리뛰기와 턱걸이, 오래달리기, 윗몸 일으키기 등의 기록은 과거보다 현저한 차이를 보인다.

또한 초등학교 10명 중 3명은 비만이고, 이 비만 아동 20명 중 한 명이 고도비만이라는 결과가 보고되고 있어 충격을 주고 있음과 동시에 성인병의 발병연령은 점점 낮아지고 있다는 사실이 보고되어 있어 심각함을 알 수 있다. 필자가 각종 청소년들의 체력 및 체격에 관한 데이터를 이용하여 컴퓨터 시뮬레이션을 실시해 보니 우리나라 청소년들의 나이는 10대 인데 비해, 몸은 40대처럼 나타났다. 바로 이 사실에 우리는 주목할 필요가 있다. 이러한 현상은 초등학생일수록 더 심각하게 나타났는데, 잘못된 생활습관은 소아비만을 낳고 그 소아비만의 80%는 성인비만으로 연결되어 당뇨병, 고혈압, 동맥경화, 심근경색, 돌연사를 낳는다는 것이 큰 문제인 것이다.

설상가상으로 심장질환으로 인한 20대 돌연사와 10대의 당뇨합병증까지 등장하고 있고 해마다 증가되는 국민 건강보험 수혜자의 1인당 의료비 지출 변화 추이를 보면 1990년도에 1인당 의료비 지출은 67,000원 정도였으나 1995년에는 약 135,000원으로 증가하여 2001년도에는 무려 약 384,000원으로 1990년도에 비해 약 6배 정도 증가한 것으로 나타나고 있다. 이러한 추세로 지속적으로 진행된다면 앞으로 10년 이내로 1인당 의료비 지출은 2백만원이 넘을 것으로 추정된다.

이처럼 날로 증가되고 있는 국민의료비 지출은 개인의 경제손실 뿐만 아니라 국가경제손실에도 막대한 영향을 미친다. 1996년 우리나라 국민의료비 지출이 국내총생산

(GDP)에 차지하는 비율은 6.0%로 나타났다. 이 통계는 전년도(95년)에 비해 무려 약 20% 증가한 것이다. 이대로 가다간 국가 경쟁력의 저하는 물론이고 막대한 사회적 비용을 초래 하는 생활습관병(life style disease) 시대로 빠르게 이행하게 될 것으로 보인다. 학교체육에 대한 인식 및 태도 달라져야 체육교육은 그 중요성에도 불구하고 학교 체육 관련 당사자들의 파행적 운영, 주지주의 편향 및 입시위주의 교육풍토, 행정당국 학교체육에 대한 잘못된 인식 및 태도 등으로 인하여 본연의 모습이 왜곡되고 있다. 학교체육은 행정당국 및 일선학교의 체육교육에 대한 철학 및 인식 부재로 인하여 파행적으로 운영되고 있다.

학교장 및 체육교사의 체육에 대한 왜곡된 가치인식 및 사명감 결여로 인하여 체육수업은 다른 교과목 또는 각종 행사로 대체되고 있다. 특히, 중학교 3학년 체육시간은 입시준비를 위한 "자습시간 혹은 적당히 노는 시간"으로 전용되고 있다.

대부분의 학교장은 교육과정에 제시된 체육시간 배정 기준 중 최소한의 기준만을 이수하도록 자체 교육과정을 편성하기도 하고, 권장 체육시설 및 용·기구 설치 및 구입에 대해서도 대단히 인색하다. 체육교사는 심동적 영역의 목표만을 중시, 정의적 영역의 목표를 간과하고 있으며, 체육시간이 교내의 다른 목적으로 전용되는 것을 묵인하기도 한다.

또한, 운동부에만 전념하는 체육교사 또한 적지 않다. 한편, 교육부와 문화관광부로의 학교체육 행정 이원화는 학교체육에 대한 전문성 및 책무성을 약화시키고, 운동부 운영 및 체육특기자 제도를 왜곡시키는데 영향을 미치고 있다.

우리 사회 또한 학부모들은 아직도 유교 및 승문사상과 노작천시의 편견에서 탈피하지 못하고 입시위주의 주지교과목에만 관심을 보임으로써 학교체육의 본질적 가치는 도외시 한 채 체육은 단지 운동선수의 양성을 목표로 하는 교과목이라는 잘못된 인식을 갖고 있다.

신문이나 TV에서 학교체육의 문제를 다루면서 몇몇 특정 학교의 운동부가 재정상의 어려움 으로 해체되었다는 기사에 모든 지면을 할애한다든지, 운동장 없는 학교의 신설을 발상 하는 교육부의 태도 등은 그 좋은 예가 된다. 학부모들은 학교체육을 학교 운동부 활동과 동일시하는 경우도 있고, 학교 수업 중의 일부로써 적당히 노는 시간 혹은 체력과 기능만을 향상 시키는 교과로 인식하는 경우가 적지 않다.

열악한 학교체육시설

"비가 온 뒤 며칠 동안 질척거리는 운동장. 삐걱거리는 뜀틀과 뜯어진 매트. 골대가 없는 농구대, 실내 체육관은 꿈도 꿀 수 없는 현실 속에서 무얼 가르칠 수 있는 건지

자괴감이 들 때가 많아요. 그러다 보니 '아나공(공이나 몇 개 던져주고 놀라고 하는것)' 선생이 되는 겁니다."(중앙일보 2002.12.13). 최근 중앙일보에 소개된 한 인터뷰 내용은 현직 체육교사가 경험하고 있는 오늘의 학교체육시설의 현 주소를 잘 설명해 주는 말이다. 학교체육의 환경적인 여건 은 30년 전이나 지금이나 변화가 없다.

평균 3～4개 학급이 좁은 운동장에 한꺼번에 몰려 수업 을 하고 있으며, 체육시설 보유현황도 OECD국가 중에서 가장 꼴찌에 놓여있다.

선진 외국의 경우를 살펴보면 1920년대 미국은 경제공황으로 어려움을 겪고 있을 때 시민단체를 중심으로 어린 이들의 놀이공간 확보를 위한 "놀이터 지어주기" 운동을 실시하였다.

이를 통해 장래의 건강한 미국인을 양성하기 위한 인프라를 구축하였고, 독일은 1960년대 2차 대전 패망 후 희망 찬 독일건설의 모태를 "황금계획(golden plan)"이라는 체육정책의 수립과 시행으로 삼았다. 이를 통해 모든 독일인 은 걸어서 5분 거리에 있는 다양한 스포츠시설에서 각종 스포츠 프로그램에 참여하게 되었다. 한편 이웃나라인 일본의 경우는 초 · 중등학교에 체육관은 필수적으로 구비되어있다.

그리고 이 체육관에서 밤이나 주말이면 지역주민들이 일상적으로 운동을 한다.

체육교사들의 책무성 결여

체육수업 중 교사가 학생들을 상세히 지도하거나 다양한 활동기회를 제공하면 학생들은 체육수업에 대하여 매우 긍정적인 인식을 갖게 되지만, 반대로 체육교사가 수업을 방관하거나 단조로운 수업운영을 하게 되면 학생들은 그 수업에 대한 부정적인 인식을 갖게 되는 이중적인 반응을 보이게 된다. 이는 체육교사가 어느 정도의 책무성을 바탕으로 어떠한 행동을 보이느냐에 따라 학생들의 체육수업에 대한 반응도 그대로 나타나게 된다는 사실을 시사하고 있다. 즉, 열심히 지도하고 노력하는 책무성 있는 교사의 모습을 보면서 학생들도 감사하는 마음과 함께 열심히 수업에 임하려 하지만, 적당히 수업을 진행하거나 소홀히 하는 교 사의 교수행동을 보면서 학생들은 적당히 놀거나 시간 때우기식의 학습태도를 갖게 된다는 것이다.

학생들의 체육교사에 대한 이중적인 태도는 설문조사 결과에도 잘 나타나 있다. 학생들의 체육교사에 대한 만족도를 살펴보면 '만족한다' 이상이 44.3%이고, 체육교사의 수업시간 중 열의에 대해서도 열의를 갖고 체육을 가르친다는 대답이 52.9%에 이르고 있다.

그러나 체육시간에 체육교사가 없어도 된다고 응답한 비율이 25.5%나 되었고, 체육수업에대한 불만족 이유 중 체육교사 때문이라고 응답한 비율이 22%로 시설 및 이용기구에 대한 불만 비율보다 높게 나타나는 등, 학생들의 체육교사에 대한 인식은 강한 긍정과 강한 부정의 두 가지 극단적인 양태로 나타나고 있다.

결국 체육교사가 '체육 가르치는 일'에 얼마나 강한 책무성과 소명의식을 갖고 수업에 임하느냐에 따라 학생들의 체육교사와 체육에 대한 인식의 개선 여부, 나아가 학교체육의 질적제고 여부가 좌우된다고 할 수 있다.

"수업시간에 공만 내주고 아이들끼리 놀도록 내버려둔 다"는 오랜 비판을 그저 '열악한 근무여건' 탓으로 치부해 버리더라도 그 뒤에는 항상 체육교사 스스로 깊이 반성해 보아야 할 책무성의 문제가 여전히 남아 있음을 알 수 있다.

중앙부처 내 학교체육 전담부서의 부재

1999년 1월에 정부조직 구조조정의 결과 학교 시설과와 학교보건환경과가 통합된 학교시설환경과에서 학교체육을 담당했을 때 직원이 10명 내외였고, 그나마도 학교체육을 전공한 담당자가 한명도 없었다.

당시 학교 시설환경과는 학교의 교육시설을 관장하는 부서로써 체육시설을 학교시설의 일부로 간주하므로 체육관련 업무는 부차적이었다. 이러한 중앙부서 내에 체육전담부서의 부재와 중등학교의 체육수업 시수 축소 및 학생체력장제도 폐지는 무관하다고 볼 수 없을 것이다. 결국 체육 전담 부서의 부재가 학교에서의 체육이 도외시된 배경이 되었다고 볼 수 있다.

한편, 2001년 2월 정부조직 개편의 결과 직계 및 업무 조정으로 학교체육 업무는 학교 시설 환경과에서 학교정책실 학교정책과로 이관되었다. 학교 정책과의 7가지 주요 업무 사항 중 "학생체력검사 등 학생체육 관련 사항"을 포함함으로써 중앙부처 내에서 학교체육 행정을 다루는 기능이 상당히 위축되고 있다.

학교 정책과에는 정책과장 외 교육행정사무관 1명, 교육 연구관4명, 교육연구사 8명으로 구성되어 있는데 이 중학교체육을 담당하는 1명의 체육교사 출신 교육연구사가 있다. 교육인적자원부 전체 직원 중 단 1명만이 우리나라 학교 체육 전반을 다루고 있다는 사실과 학교체육의 위기는 을통하여시설관리가학교체육과지역주민의입장에서 수 행되어야하며, 정부나 광역자치단체는 협의체를 구성하여 서로의 관심과 역량을 결집시켜 나가는 일이 필요하다.

그리고 금호초등학교와 같이 학교 부지내 체육시설 건립 에 대해 지자체의 재원을 바탕으로 조성한 체육시설을 학교체육교육활성화에 활용한다는 상호간의 목적을 달성할 수 있도록 하는 내용의 협약을 체결하여 건립 및 운영하고, 소위 매칭펀드를 조성하여 학교 내 체육관을 설치하는 것은 학교체육과 사회체육 시설을 동시에 해결함으로써 체육의 기반을 든든히 구축하는 효과를 거둘 수 있다.

넷째, 체육교사의 책무성을 내적으로 강화하기 위해서는 학생중심이나 이해중심 체육교수모형 등의 개발과 보급이 활발히 이루어져야 한다. 즉, 대다수 종목의 실기교육을 담당하는 체육교사로 하여금 지도역량의 한계와 부족감을 느끼게 하던 기존의 기능중심 교수모형 일변도에서 탈피하여, 실기종목의 유형에 따른 기본적인 이해를 바탕으로 학 생들의 탐구학습을 강화함으로써 실기교육에 대한 교사부담을 줄이고 질 높은 체육교육을 추구할 수 있는 새로운 체육교수모형을 개발 · 보급하는 일이 필요하다.

체육교사의 책무성을 외적으로 강화하기 위해서는 객관 적인 교사평가를 통해 책무성을 묻는 방안과 함께, 노력하는 체육교사에게는 적절하고 체계적인 보상을 부여하는 인센티브 제도를 확립하는 방안도 마련되어야한다. 즉, 객관적인 체육수업장학을 통한 평가와 지도 및 연구 실적에 대해 결코 무관하지 않다. 결국 교육인적자원부내 총 430명의 직원 중 학교체육행정 담당자가 단 1명에 불과하다는 사실은 체육전담부서의 부재가 초래한 결과이며, 이러한 행정 토대에서 학교체육의 발전은 기대하기란 무리일 것이다.

학교체육 문제 해결의 다섯 가지 방안

지금까지 논의한 것은 작금에 처해있는 우리나라 학교체육의 심각성을 잘 드러낸 것이다.

이러한 심각성을 해결할 수 있는 방안은 존재하는 것일까? 지금부터 앞서 논의한 한국 학교 체육의 문제점들을 중심으로 해결할 수 있는 방법을 찾아보기로 하자.

첫째, 청소년 체력을 향상시키기 위해서는 먼저, 전교생 집단체조 및 건강달리기대회를 실시하여야한다. 이 집단 체조는 주당 3~4회 정도가 바람직하며, 전교생 건강달리기대회는 매월 1회 정도 실시하되 초등학생은 5~6학년만 참가하는 것이 바람직하며, 중등학생들은 전교생이 참여하여 기록에 도전하는 것보다 전원이 개인의 능력에 맞게 완주하도록 유도하는 것이 바람직하다. 또한, 가칭 "대통령 청소년체력향상위원회"를 설립하여 운영하는 것이 오늘에 처해 있는 청소년체력 저하의 심각성을 해결할 수 있는 유일한 방법이라고 생각한다. 이 위원회의 역할은 청소년들의 운동참여의 동기부여를 극대화시킬 뿐만 아니라 국가가 청소년 체력을 책임짐으로써 생활 습관병을 초기에 예방함으로 국민의료비 지출의 절감효과를 기대할 수 있다고 본다. 그리고 1994년에 폐지되었던 체력장을 부활함으로써 "체력장 인증제"를 도입하여 자율적으로 참여할 수 있도록 새로운 대안을 마련할 필요가 있다. 둘째, 체육에 대한 국민계도 · 홍보는 소극적이고 단편적인 홍보 활동에서 탈피 하여 일반 체육에 관한 홍보 활동의 전반적인 계획수립 및 시행을 담당하는 홍보전담기구의 설치를 통해서 합리적, 효율적인 홍보체제를 확립하고, 다양한 매체 및 방법을 활용함으로써 그 효과를 극대화하는 방향으로 전개되어야 할 것이다.

TV, 라디오, 신문, 잡지등과 같은 대중매체는 학교체육의 가치 및 필요성과 같은 일반적 이론 내용뿐만 아니라 학교체육의 역할 및 우수학교 사례 선정과 관련된 세부적 내용을 효과적으로 전달할 수 있는 가장 용이한 매체이다.

대중매체를 통한 학교체육의 국민 계도 및 홍보는 매체 자체의 대중성, 지속성, 정확성, 경제성, 시간성, 공간성 등의 장점 및 특성을 고려한 효율적인 매체활용 전략이 요구 된다. 셋째, 안전한 체육활동을 위해서는 학생 인원에 따른 면적을 고려한 운동장의 확보와 체육관 건립 등 학습효과가 극대화 될 수 있도록 요구된다. 또한 최근의 남녀 공학 확대 추세에 대한 방안도 마련되어야 한다. 절대적으로 부족한 학교체육시설을 보충하고 현대화하기 위하여 공공차원에서 연차적인 계획을 수립하는 동시에 보다 실증적이고 다각적인 정책을 모색할 필요가 있다.

학교체육시설 설비령 및 국민체육진흥기금 시행령 개정한 평가 등을 바탕으로 체육교사의 책무성 이행여부를 물을 수 있는 체육교사 평가제도가 연구·시행되어야 하며, 수업연구 발표나 세미나 등의 학회활동, 다양한 연수활동 등에 적극적으로 참여하여 자신의 책무성을 강화하고 활동 결과가 우수한 체육교사에게는 포상이나 승급, 성과급 지원 등과 같은 보상을 부여하는 인센티브 제도를 확립해야 할 것이다. 다섯째, 중앙정부 단위에서 사회체육을 담당하는 문화관광부와 학교체육을 담당하는 교육인적자원의 해당 부서간의 협의체 구성 및 운영을 고려할 수 있다. 협의체는 단기적으로 시급한 전국체전과 소년체전 관련 업무협조 사안을 논의하여 대안을 만들 수 있을 것이고, 또 학교와 지역 사회체육의 연계를 위한 업무 협조를 부분적으로 해결할 수 있을 것이다.

학교체육이 바로 서야 건강국가 만든다

결론적으로 그동안 역대정권마다 학교체육의 정상화를 위해 노력하고자 했지만, 이런 저런 현실적 난관에 부딪혀 단 한번도 뚜렷한 성과를 거두지 못한 채 현재에 이르렀다. 지금까지 논의된 학교체육의 심각성을 재확인하고 새로운 대안 모색에 힘을 기울여야 한다. 교육현장에서 국민건강의 기본인 체육이 붕괴되어 가는 학교체육을 살려야 한다. 체육시간은 점차 축소되고 입시위주의 교육 풍조에 밀려 체육의 가치가 황폐해져 가고 있다. 학교체육이 빈사상태에 빠지면 저변 축소에 따른 엘리트 체육의 약화, 그리고 생활체육의 연결고리 역시 취약하게 된다. 결국, 국가의 장래는 청소년의 정신적·신체적 능력에 달려 있으며, 따라서 청소년을 바르게 지도하고 육성하여 사회의 건전한 일원이 되도록 교육하는 것은 국가의 중요한 책무 중의 하나이다. 특히, 체력은 신체적 능력을 대표하는 요인으로써 일생 중 청소년기에 가장 현저하게 발달하며, 이 시기의 체력 수준은 성인기의 건강에 지대한 영향을 미친다는 점에서 그 중요성이 부각된다. 따라서 학교체육이 바로서야 건강한 국가를 만드는데 초석이 될 것이다.

* 위의 글은 서울특별시체육회 "시민체육"에 게재된 글입니다.

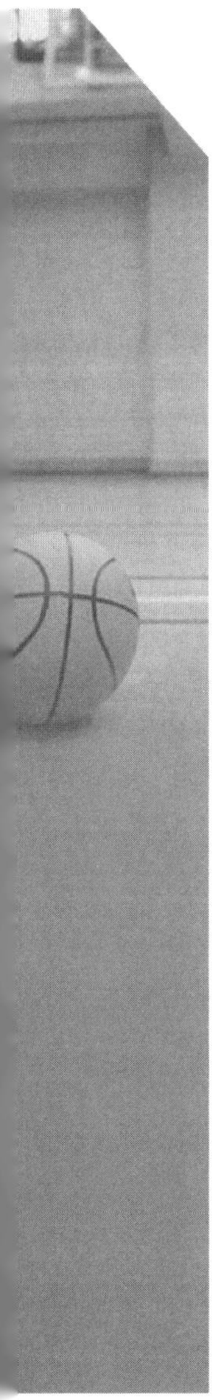

II

학교체육 바로서야 국가 바로서

- 체육교사가 바로서야 학교체육이 산다
- 아무리 좋은 씨앗도 메마른 토양에선 버틸 수 없다
- 우수교사, 합리적인 선발과정으로 가능

체육교사가 바로서야 학교체육이 산다

김상국 · 세종대 체육학과 교수

오늘날 학교체육의 중요성을 아무리 강조해도 지나침이 없다 신체가 움직인다는 것은 자연의 섭리다. 자연의 섭리를 거역하면 큰 화근이 온다는 것을 알고는 있지만, 우리 초중고 교육현장에서는 국민건강의 기본인 체육이 죽어가고 있다는 것을 바로 인식하지 못하고 있다. 이제 '체력이 국력'이라는 구호는 '속빈 강정'이 되어 버렸다. 그동안 역대 정권마다 학교체육의 정상화를 위해 노력하고자 했지만 이런저런 현실적 난관에 부딪쳐 단 한번도 성과를 거두지 못한 채 현재에 이르렀다. 그 결과로 우리나라 초·중·고교생들이 체격은 커지는 데 반해 체력과 체질은 오히려 약화되었다.

체육교육은 건강한 생활을 통한 삶의 질 향상에 기여한다. 특히 성장기에 있는 청소년의 건강 유지·증진, 체력 향상과 운동능력 증대, 그리고 사회성 발달 및 도덕성 함양에 매우 중요한 역할을 한다. 그러나 이러한 체육교육의 중요성에도 불구하고, 학교체육은 그 역할을 상실하고 있다. 이는 결국 직·간접적으로 운동부족으로 인한 급격한 체력저하와 과다한 영양섭취로 인한 비만아 증가를 초래하고 있을 뿐만 아니라 심각한 사회 문제로 대두되고 있다.

청소년들의 비만 문제는 그들이 성인이 되었을 때 막대한 국민 의료비의 지출로 나타나게 된다. 1997년 우리나라 국민의 의료비 지출은 국내 총생산(GDP)에서 4%의 비율을 차지하고 있으며 국민 1인당 의료비지출은 587달러로 '95년도(483달러)보다 약 21%가 증가하였다. 이러한 국가 경제 손실을 예방하는 길은 학교체육을 정상화하는 길밖에 없다.

그러나 학생이나 학부모들은 체육수업을 입시준비로부터의 스트레스 해소를 위한 놀이나 휴식시간 정도로 생각하고 있다. 또한 체육교사는 열악한 수업 환경과 과중한 업무 핑계로 정상적인 체육수업을 하지 않고 있다. 이러한 이유들이 학생과 학부모에

계조차 외면당할 위기에 처해 있는 것이다. 결국 체육의 위기는 체육부의 축소나 교육과정에서의 체육수업 시 수 감소, 체육예산의 삭감 등을 통해 직접적으로 나타나고 있다는 것이다. 현재와 같이 학교체육의 역할과 책임이 제대로 이행되지 않고 체육의 내・외적 가치가 올바르게 전달되지 않는다면 체육교육은 학교 교육과정으로부터 추방당하는 날을 맞이하게 될지도 모르는 것이다.

이처럼 학교체육을 위험수위에까지 다다르게 한 어느 특정 원인을 개선한다고 해도 학교체육의 모든 것이 정상화되는 것은 아닐 것이다. 그러나 학교 체육교육을 위험에 처하게 한 원인을 파악함으로써 학교체육의 정상화를 위한 시발점을 찾을 수는 있을 것이다. 이 글은 여러 가지 학교체육의 문제점들을 지면 관계상 일일이 다 열거할 수는 없지만 필자가 중요하다고 생각하는 청소년 체력저하, 학교체육 시설, 체육교사, 학교체육과 사회체육의 연계, 그리고 엘리트체육에 관한 것들을 중심으로 논의하고자 한다. 따라서 이 글을 쓰고자 하는 주된 이유는 작금의 우리나라 학교체육은 어느 문제보다도 심각하다는 이야기를 중심으로 그 대안에 대한 설명을 하기 위해서이다.

청소년의 급격한 체력저하

오늘날 학교체육의 목표 중 가장 큰 비중으로 다루어지는 것은 '체력 향상 및 건강증진'에 있다. 실제적으로 살펴보면 이러한 교육 목표와는 거리가 멀다. 최근의 청소년 체력검사에 의하면, 우리나라 청소년의 발육과 영양평가의 지표가 되는 신장과 체중은 과거 1970년과 비교하여 모두 크게 향상되었다고 한다.

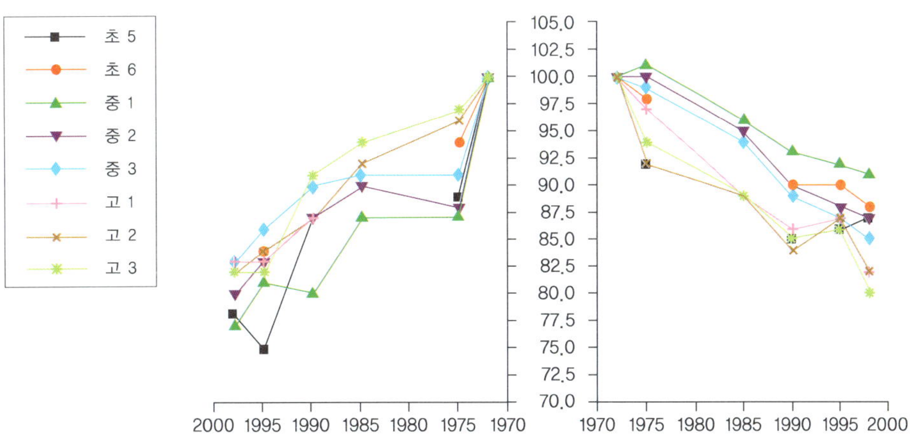

그림-1 남녀 청소년의 전신지구력의 지표인 오래달리기 능력의 연도별 변화 추이

그러나, 체격이 전보다 나아지면 당연히 체력도 좋아져야함에도 불구하고, 소아 성인병과 밀접한 관계가 있는 전신지구력의 지표인 오래달리기 능력은 [그림-1]과 같이 1972년과 비교하여 남녀 청소년 모두 크게 떨어진 것으로 나타났다. 이러한 현상은 국민의료비지출과 동시에 국가경제 손실로 이어져 심각한 상태에 놓여져 있다.

청소년들의 체력 저하는 급속한 도시형 문화생활로 인한 오토메이션(automation)화, 운동부족, 건강한지 못한 생활습관 등으로 기인된다. 이러한 현상은 비만・고혈압증・심장병 등 소아 성인병이 해마다 급증하는 것과 매우 상관관계가 높다. 이러한 소아 성인병은 청소년의 삶의 질을 저해시키고 장기간의 진료로 인해 국민의료비 증가의 한 요인으로 되고 있다.

따라서, 운동부족과 과다한 영양섭취로 인해 신체활동량이 감소하고 있는 청소년기의 학생들이 장래 성인으로 성장하였을 때는 [그림-2]와 같이 변화되어 국제경쟁력의 저하는 물론이고 막대한 사회적 비용을 초래하는 생활습관 병의 시대로 더욱 이행하게 될 것으로 보인다.

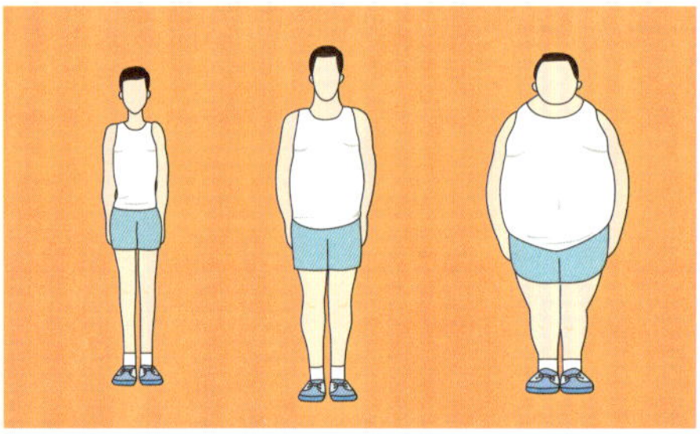

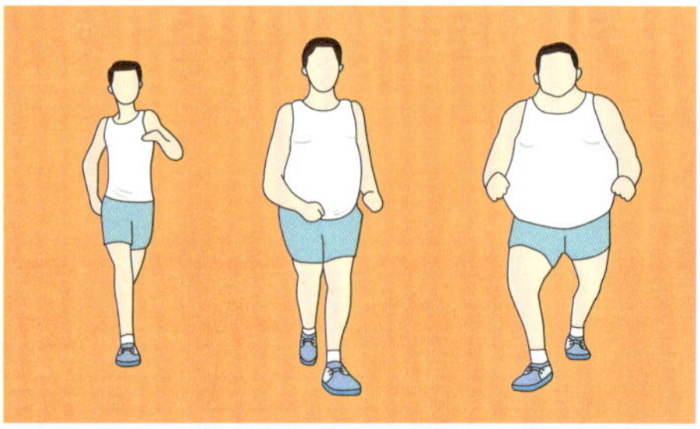

1970년 체격　2000년 체격　2020년 체격　　1970년 체력　2000년 체력　2020년 체력

그림-2 우리나라 청소년의 체격 및 체력의 연도별 변화 추이

청소년 체력 향상 방안

체력은 최근의 이론에 따르면 건강관련 체력요인(Health-related physical fitness)과 운동기능관련 체력요인(Skill-related physical fitness)으로 구분되며, 심폐지구력, 근력 및 근지구력, 유연성, 그리고 체지방률을 포함하는 건강관련 체력요인이 상대적으로 더욱 중요시되어야 한다.

구체적인 청소년 체력향상 방안으로서, 첫째로 전교생 건강달리기 대회이다. 이 전교생 달리기 대회는 매월 1회 정도 실시하되 초등학생은 5~6학년만 참가하는 것이 바람직하며, 중・고생들은 전교생이 참여하여 기록에 도전하는 것보다 전원이 개인의 능력에 맞게 완주하도록 유도하는 것이 바람직하다. 둘째로, 전교생이 집단체조 실시이다.

매주 3회 정도 전교생이 운동장에서 약 5분 정도의 집단체조를 실시하는 것이다. 이를 실행하기 위해서 학교장의 적극적인 추진력이 필요하며 각 담임 선생님들은 체조의 필요성에 대한 적극적인 홍보가 필요하다. 셋째로, 가칭 "대통령청소년체력향상위원회"를 운영하는 것이다. 가칭 "대통령청소년체력향상위원회(President's Council on Youth Physical Fitness Promotion)" 운영이야말로 청소년들의 체력 향상에 가장 큰 영향력을 발휘할 것으로 본다. 이 조직은 별도 대통령산하 특별위원회 형식으로 각종 전문가들을 포함하여 운영하는 것이 필요하다고 본다. 마지막으로, 체력장을 부활시키는 것이다. 체력장 측정 항목은 운동관련 체력검사보다는 건강관련 체력의 5가지(심폐지구력, 유연성, 신체조성, 근력, 근지구력) 중심으로 하여 대학 입시에 반영할 수 있도록 각 대학에 홍보하여 장려하여야 하고 봄 학기나 가을학기 중 자율적으로 실시하게 하고 변별력을 높여 차등화 하는 방안을 강구하여 체력장의 부활에 대한 대대적인 홍보를 통하여 가치인식을 높여 나가야 한다고 본다.

학교체육시설의 문제 및 개선안

학교체육의 질을 높이기 위해서 무엇보다도 하드웨어인 시설을 간과해서는 안 된다. 최근 교육통계에 의하면 학교체육시설의 종류별 보유 현황은 2001년도 현재 가장 기본 시설인 운동장의 경우 전국적으로 대형운동장 6.1%, 중형 운동장 34.2%, 소형 운동장 62.6%에 불과하며, 실내 체육시설의 경우 정규 체육관은 8.3%, 강당 20.18%로 나타났다. 이러한 통계는 OECD국가에 비해 월등히 낮은 수치이다. 그나마 있는 체육시설마저도 대부분 운동부 학생의 전용 연습장으로 주로 사용되고 일반 학생의 정과 체육시산이나 과외체육시간에는 사용되지 못하고 있는 실정이다. 이로 인한 일반학생들의 수업장 시설의 열악한 조건은 "아나공", "옛다공(공이나 몇 개 던져주고 놀라고 하는 것)", "학생들이 체육시간에 원하는 것은 피구나 발야구 정도예요. 해 본 게 없었기 때문이지요" 등 월드컵을 개최하는 나라로서 부끄럽기 짝이 없는 현실이다.

체육시설의 질적인 면에서 살펴보면 현행 각급 학교시설과 용구에 관한 기준은 교육부의 학교시설 설비 기준령에 따르고 있는데, 이 기준령은 시설의 개념 및 분류 기준이 명확치 않고 또 이를 전국 각급 학교에 일률적으로 적용하고 있어 지역적인 특성이 전혀 고려되고 있지 않아 매우 심각한 문제라 아니 할 수 없다.

안전한 체육활동을 위해서는 학생인원에 따른 면적을 고려한 운동장의 확보와 체육관 건립 등 학습 효과를 극대화될 수 있도록 학교체육시설 및 교구 기준의 재검토가 필요하다고 사료된다. 왜냐하면, 1982년 학교시설 설비령의 개정후 개정전보다 각급 학교 운동장의 면적이 오히려 감소되었다. 더구나 개정된 학교시설 설비령은 일괄적인 법령 적용으로 인구의 도시 집중화에 따른 도시 생활공간의 협소화 및 지방교육 인구의 감소 추세를 고려하지 못하였다. 따라서 학교시설 설비령을 개정하여 대도시와 지방간의 지역별 여건을 고려하여 각급 학교의 적절한 운동장 면적의 기준을 제시 적용하고, 체육시설 설치를 의무화할 필요가 있다.

국민체육진흥법 시행령 및 국민체육진흥기금에 관한 법률 시행령 제4조(기금의 사용범위)에 의하면 운동장, 체육시설, 체육 용기구, 체육과학기구에 기금을 지원할 수 있는 사업의 범위를 규정하고 있다. 이 시행령에 따르면 , 사업 범위의 관대함이 노출되어 기금의 지원 상태가 미진함으로 법규 개정이 불가피하게 보인다. 각급 학교 운동장, 체육 시설에 대한 규정을 1차적으로는 학교운동장, 학교체육시설에 기금의 구체적인 사용범위를 명시하여 지원될 수 있도록 추진하는 것이 바람직하다.

학교체육 교사

학교체육에 있어서 또 하나의 문제는 교사의 책무성에 관한 것이다. 체육교사로서의 책무성 부족에 관한 문제는 근본적으로 다음의 두 가지 측면에서 그 원인을 찾을 수 있다.

첫째, 현행 체육교육과정은 전 종목에 걸쳐 운동기능 습득을 강조하고 있다. 운동기능이 강종되는 현재의 체육교육과정 하에서는 체육교사들이 일부 종목을 제외한 대다수의 종목을 '잘 못 가르칠' 수 밖에 없는 처지에 놓이는 경우가 허다하다. 이로 인해 스스로 체육교사로서의 책무성을 포기하게 되는 심각한 문제에 도달하게 되는 것이다.

둘째, 우리 사회의 입시 위주의 교육풍조를 들 수 있다. 입시의 영향을 상대적으로 적게 받는 중학교의 경우 타 교과 교사들과의 비교과정에서 책무성있는 교사로서 체육교육의 전문성을 강화하고 체육 수업의 질을 높이고자 노력하는 데 비해, 고등학교의 경우에는 각 교과가 입시 배점에 따라 교과별로 철저히 분화됨으로써 주변교과로 인정된다. 이로 인해 체육교과의 수업은 상대적으로 소홀히 하는 경우가 많다. 특히, 입시위주의 교육풍조 아래 체육교사의 책무성이 더욱 부족해진 고등학교 체육교육의 현실에 비추어 볼 때, 학교의 특성을 반영하고 학생들의 요구를 다양하게 수렴할 수 있는 2·3학년 관정의 선택형 체육교육이 어느 정도 활성화 될 수 있을 지도 매우 회의적이다.

체육교사로서의 책무성을 강화하기 위한 방안은 크게 다양한 체육교육 프로그램의 보급을 통한 내적 강화방안과 인센티브 등을 통한 외적 강화방안으로 나누어 볼 수 있다.

첫째, 체육교사의 책무성을 내적으로 강화하기 위해서는 학생중심이나 이해중심 체육교수모형 등의 개발과 보급이 활발히 이루어져야 한다. 즉, 대다수 종목의 실기교육을 담당하는 체육교사로 하여금 지도역량의 한계와 부족감을 느끼게 하던 기존의 기능중심 교수모형 일변도에서 탈피하여, 실기 종목의 유형에 따른 기본적인 이해를 바탕으로 학생들의 탐구학습을 강화함으로써 실기교육에 대한 교사부담을 줄이고 질 높은 체육교육을 추구할 수 있는 새로운 체육교수모형을 개발 · 보급하는 일이 필요하다.

둘째, 체육교사의 책무성을 외적으로 강화하기 위해서는 객관적인 교사평가를 통해 책무성을 묻는 방안과 함께, 노력하는 체육교사에게는 적절하고 체계적인 보상을 부여하는 인센티브 제도를 확립하는 방안도 마련되어야 한다. 즉, 객관적인 체육수업장학을 통한 평가와 지도 및 연구 실적에 대한 평가 등을 바탕으로 체육교사의 책무성 이행여부를 물을 수 있는 체육교사 평가제도가 연구 · 시행되어야 하며, 수업연구 발표나 세미나 등의 학회활동, 다양한 연수활동 등에 적극적으로 참여하여 자신의 책무성을 강화하고 활동결과가 우수한 체육교사에게는 포상이나 승급, 성과급 지원 등과 같은 보상을 부여하는 인센티브 제도를 확립해야 할 것이다.

학교체육과 사회체육의 연계부족

본 연구자가 2001년도에 학교체육 실태조사 및 개선방안에 관한 설문조사 결과에 의하면 '필요하다고 생각되는 학교체육 시설물이 무엇이냐'는 학생들의 대답의 제1순위가 체육관과 수영장으로 나타났다. 이러한 학생들의 욕구수준에도 불구하고 서울시의 경우 학교체육시설의 경우 이러한 시설을 구비한 학교 수는 매우 미비한 실정인 것으로 나타났다. 이는 대부분의 선진 국가들이 0.3% 이상의 체육예산을 투자하는 것과 달리 우리나라의 경우 0.09%에 불과하다.

중앙정부의 체육예산 비육이 우리와 비슷한 수준인 프랑스의 경우에는 지방정부의 체육예산 비율이 중앙정부에 비해 3배에 이르며, 일본을 제외한 국가에서 지방정부의 체육예산 비율이 중앙정부에 비해 높게 책정되어 있다는 사실이다. 중앙정부와 지방정부의 비율에서 노루웨이는 14배, 호주는 10배, 영국은 2배, 독인은 20배, 프랑스는 3배인 반면에 우리나라는 아직까지 중앙정부에 의한 체육예산의 의존도가 높은 실정이다. 이러한 각국의 총 예산대비 체육예산의 비율을 살펴볼 때 우리나라의 지역사회에서 체육시설 확충이 선진국 수준이 되기 위해서는 상당한 시일이 걸릴 것으로 판단된다.

기본적으로 지역사회의 시설 인프라가 취약한 현실에서 학교체육과의 연계는 한계를 지닐 수밖에 없다. 즉, 제도적, 행정적 지원이 이루어지고 이에 따라 학교장 및 교사들이 적극적인 노력을 보인다해도 당장에 활용할 수 있는 시설이 제한되어 있다면 연계가 활성화 될 수 없을 것이다.

학교와 지역사회에서 체육의 인프라가 부족한 현실에서 두 영역이 상호 연계성 있어야 한다. 이를 위해서는 첫째, 행정적, 제도적 지원 및 보완이 있어야 한다. 이것이 선행되지 않으면 결국 관리자와 지도자의 의지에 의존할 수밖에 없다. 이로 인한 책임소재의 부담으로 인해 적극적인 실천을 기대하는 것은 한계를 지니게 된다. 즉, 학교와 지방자치단체간에 톱니바퀴식 상호지원은 학교체육과 사회체육 연계활성화의 기본 조건이 된다.

둘째, 학교 부지 내 체육시설건립에 대해 민간의 출자를 유도하는 데에는 학교의 교육환경을 저해하지 않는 범위에서 민간의 투자수익을 확보해 줄 수 있는 조건을 설정하는 것이 관건이다. 이에 관하여는 현행「민자유치촉진법」등에 근거를 두고 건립대상 체육시설의 특성을 충분히 검토하여 민간의 체육시설투자가 이루어질 수 있도록 추진해야 할 것이다.

그 대표적인 예로서, 학교와 지역사회체육 연계를 목적으로 수영장과 체육관을 건립하는 금호초등학교 <열린금호교육문화회관>은 학교에서 부지를 제공하고, 총 사업비 57억원 중 서울특별시가 80%에 해당하는 46억, 성동구가 20%에 해당하는 11억을 부담하였다. 학교와 지자체가 연계하여 학교체육시설과 생활체육시설을 동시에 마련하는 금호초등학교의 사례는 학교체육과 사회체육의 연계를 위한 좋은 방안으로 더욱 확산될 것으로 기대된다.

학교체육과 엘리트체육 육성

학교체육의 심각한 현상은 선수육성 방식에서도 찾아 볼 수 있다. 선수들이 커가는 모습은 모든 학교가 동일한 방식이다. 대부분의 학교선수들은 운동을 시작하면서부터 책을 멀리한다. 운동선수는 학교정규수업을 포기하는 경우가 대부분이다. 운동에만 전념하기 위해서다. 이들은 중학교에 들어가면 전국 규모의 대회에서 8강에 들어야 비로써 인문계 고등학교에 진학할 수 있었다. 다소 경쟁은 완화되었지만 경쟁은 여전히 치열하다. 학교 당국은 학기 초마다 수업과 운동을 강조하지만 실제와는 거리가 먼 이야기다. 대부분의 학교들은 '오전은 학과 수업, 오후는 운동연습'이라는 원칙을 세우고 있지만 각종 대회로 인해 합숙훈련 또는 강화훈련이란 이름으로 하루 종일 운동에만 매달리다보면 교실에서 이루어지는 정규수업에는 관심을 보이지 않는 학생들이 태반이다. 학교의 운동선수들은 대학 진학 방식이 체육특기자란 방식으로 치루어 진다. 이러한 특이성 때문에 대학입학을 사이에 두고 학부모와 대학감독, 고교감독 간에 금품수수, 기록조작, 심판매수, 과열스카우트 등 각종 비리 문제가 종종 매스컴에 소개되었다. 이러한 문제들은 선진국에서 찾아 볼 수 없는 것들이다.

학생 선수들은 철저하게 수업을 받고 일정 수준의 교과 성적을 유지하여야 하는 규정을 만들고 실행하여야 한다. 우리나라는 각종 대회들이 많이 있다. 이러한 대회들도 주말이나 방학 중에 치루어 질 수 있도록 규정을 만들어야 한다. 이를 시행하기 위해서 가칭 학교체육위원회를 조직하여 기존의 틀을 청산하고 본연의 정상적인 체육교육에 바탕을 둔 선수육성이 바람직하다.

이상과 같이 21세기 학교체육을 발전적인 방향으로 이끌어 내는 걸림돌로 작용하고 있는 현 문제점을 도출하고 개선 방안을 모색하여 보았다. 학교 교육에 있어서 체육교과는 건강한 생활을 통한 삶의 질적 향상에 기여하며, 특히 성장기에 있는 청소년의 건강증진, 체력 향상과 운동능력 신장, 그리고 사회성 발달 및 도덕성 함양에 매우 중요한 역할을 한다.

이와같은 체육교육의 현시적 중요성에도 불구하고 그 동안 정부나 국민에 의해 왜곡된 교육현실을 극복하고 체육교육이 국가, 사회적 책무를 다하기 위해서는 학교체육이 제 역할과 기능을 다하여야 한다.

---

* 위의 글은 대한 체육회 정기 간행물 "체육"에 게재된 글입니다.

◉ 체육교사가 바로서야 학교체육이 산다. Ⅰ

아무리 좋은 씨앗도 메마른 토양에선 버틸 수 없다

- 체육교사 스스로의 변화된 노력과 제도적 장치와 풍토도 달라져야 -

유창완 · 영남중학교 체육교사

체육의 텃밭은 학교이다. 평생체육의 바탕이 되는 곳 또한 학교이다. 그러한 학교체육이 무너지고 있다. 침체된 학교체육을 정상화시키는데 체육교사의 역할이 무엇보다 중요하다. 이번호에는 현장 체육교사의 현실적인 어려움을 짚어보고, 체육교사의 교육환경 개선을 위해 어떤 제도적 장치가 마련되어야 하는지 살펴보고자 한다.

시대가 발전할수록 체육은 인간의 문화에 큰 비중을 차지해 가고 있다. 이는 삶이 편리해질수록 인간의 움직임이 줄어들고 건강을 잃어 가는 자신을 자각하여 이루어지는 행위라고 볼 수 있다. 더 나가서는 삶의 질을 높이고 여가 시간을 즐기기 위해 빠지지 않는 영역이 되어 가고 있다. 이런 점에서 학생들에게 체육의 가치를 일깨워 주고 몸소 체험하게 하는 것은 학교 체육이 담당해야 할 가장 큰 책무일 것이다. 그러나 학교 체육이 이러한 시대의 변화를 읽지 못하고 과거의 구태의연한 모습을 제대로 벗어 내지 못하는 이유는 무엇일까? 다시 말해 체육 교육의 질을 높이기 위해 무엇을 해야 할 것인가?

최선을 다하는 교사가 인정받아야

우선 체육 수업의 질을 높이려면 수업을 잘하고 최선을 다하는 교사가 인정받는 풍토가 마련되어야 한다. 임용 과정에서 질 좋은 교사를 선발하는 것도 중요하다. 물론 선발 과정에서 적성이나 열정보다는 학업성적에 의해 체육 교사가 결정되는 과정에서 문제점이 생길 수도 있겠지만, 현장 체육 교사의 입장에서 볼 때 아무리 훌륭한 체육교사라 하더라도 기존의 체육 교사들의 풍토에 얼마나 버틸 수 있을지 걱정이 된다. 즉, 아무리 좋은 씨앗도 토양이 메마르고 기름지지 못하다면 잘 자랄 수 없다.

예전처럼 수업을 등한시하는 교사는 많이 줄어들고 있다. 그러나 학교 현장에서는 수업을 잘하는 교사가 충분히 인정받고 발전해 가도록 하는 풍토와 여건이 조성되어 있지 못하다.

늘 이야기되어 왔지만, 훌륭한 엘리트 운동선수를 육성하는 교사가 인정받고, 승진에서 유리한 조건에 놓이는 경우가 대부분이다.

아무리 어려운 여건이라 하더라도 교사가 체육에 대한 마인드(mind)를 분명히 갖고 있다면 많은 것이 달라질 것이다. 그러나 교사 개개인의 책임과 역할만을 논해서는 문제가 잘 풀리지 않는다는 점이다.

그러한 차원에서 예를 들어 지역이나 전국 단위로 '좋은 체육 수업 연구보고 대회' 등을 개최하여 수업을 열심히 하고 연구하는 교사의 능력을 인정해 줄 수 있는 제도적 장치를 마련해야 한다. 다음으로 학생들에게 맞는 다양하고 새로운 스포츠 활동을 발굴·보급해야 한다. 일선 학교에서는 가르치는 내용의 측면에서 과거에 배우던 종목만을 고집하는 경향이 강하다. 물론 육상, 체조 등 인간 활동의 기본적인 움직임을 배우고 익히는 것도 중요하지만, 앞서 이야기했던 것처럼 삶의 질을 높이기 위해 다양한 신체적 활동을 경험하게 해주어야 한다. 국가적 교육과정에서도 이를 충분히 수용해야 하고 체육 교사들도 7차 교육과정의 내용을 폭넓게 해석해야 한다. 7차 교육과정에서 학년마다 필수 종목을 선정하여 가르치라고 권장하고 있는데, 이는 그동안 체육 교사에 따라 다양한 내용을 가르치기도 하고 그렇지 못한 경우도 있었기 때문에 나온 대책이다.

따라서 체육 교과서에 없는 종목이라도 체육 수업의 영역에서 벗어나지 않는다면 학생들의 수준에 맞게 재구성해서라도 가르쳐야 한다.

다양한 연수와 스포츠 체험 기회 마련돼야

다음으로 체육 교사 질을 향상하기 위하여 다양한 연수와 스포츠 체험 기회가 마련되어야 한다. 현재는 1급 정교사가 되기 위한 연수와 몇몇 체육 단체에서 실시하는 몇 가지 연수를 제외하고, 체육 교사들이 수업에 필요한 종목을 재교육 받을 연수는 매우 부족한 실정이다. 연수가 있다 하더라도 비싼 자비를 들여야 하기 때문에 쉽게 접할 수 없게 된다. 이런 부분은 공교육을 담당하고 있는 국가 단위에서 반드시 이루어져야 할 것이다.

아울러 체육 교사들에게 각종 프로 스포츠 대회를 관람할 수 있는 기회가 현장 연수의 차원에서 제공되어야 한다. 또한, 학생들이 체육 현장학습을 할 수 있는 기회를 다양하게 고려해야 한다. 대부분의 프로 경기가 일반인들을 겨냥하여 주로 저녁에 이루어지는데, 일선 학교의 일일 체험 활동을 체육에서도 다양하게 경험할 수 있도록 시간대를 조정한다든지 적극적인 마케팅을 한다든지 하는 노력을 기울여야 한다. 프로 스포츠의 활성화를 어른들만을 대상으로 할 것이 아니라, 자라나는 새싹들이 스포츠를 쉽게 보고 즐길 수 있는 분위기를 조성해야 한다.

다음으로 체육 과목을 선택이 아니라 필수로 환원하여야 한다. 7차 교육과정에서 중학교 3학년은 주당 3시간에서 2시간으로 축소되었고, 고등학교는 1학년 과정만 주당 2시간이며 2, 3학년은 선택으로 바뀌었다.

체육은 선택이 아닌 필수

따라서 현재의 입시 위주의 교육 현실에서 일선 학교마다 약간의 차이는 있지만, 1~2년 동안 체육을 한 시간도 실시하지 않는 학생이 생겨나고 있다. 이는 성장기의 학생들의 체력과 건강, 그리고 정신적 스트레스를 해소할 수 있는 기회를 빼앗은 결과를 가져오게 되었다.

따라서 하루 속히 체육과목을 필수적으로 실시할 수 있도록 제도적인 수정이 이루어져야 할 것이다. 마지막으로 학교 체육의 질을 높이려면 '체육관 건립'이 가장 절실하지만, 이것이 현실적으로 어렵다면 주변 체육 시설을 이용하기 쉽도록 제도적 뒷받침을 해 줄 필요가 있다. 아울러 학교 교실 2칸 정도를 트거나 학교의 옥상을 이용하여 실내 체육활동 공간으로 활용할 수 있는 방안도 마련되어야 한다. 예를 들어 배드민턴 수업의 경우 바람 부는 운동장보단 실내 체육관에서 효과적이다. 이외에도 탁구나 체조, 농구, 배구, 높이뛰기 등 많은 종목들도 마찬가지이다.

체육을 경험하는 학생들에게 우리의 체육수업 환경은 어떤 기억을 남길까? 아마도 봄철이면 황사 때문에 숨쉬기도 힘들고, 5월만 지나도 뜨거운 태양 아래 자외선에 그대로 노출되고, 11월 중순부터는 추워져서 손발이 언다면 과연 체육 활동이 평생의 좋은 기억과 인상으로 남아 지속할 수 있을 것인가 하는 질문을 던지게 된다.

그러나 그나마 있는 대부분의 체육관은 일반 학생들의 체육 활동 공간보다는 엘리트 선수 육성을 위해 사용되고 있다. 적어도 체육 수업시간 만큼은 일반 학생들이 체육관을 사용할 수 있도록 내규를 마련해야 할 것이다.

한국의 체육이 발전하기 위해선 체육의 뿌리라고 할 수 있는 학교 체육이 제대로 된 모습을 갖추어 나아가야 한다. 학교 체육을 이끌어 가는 건 체육 교사가 제일의 주체라 할 수 있다. 그런 면에서 체육 교육에 대한 자각과 집중을 할 수 있는 기회가 다양하게 마련되었으면 한다.

---

* 위의 글은 서울특별시체육회 "시민체육"에 게재된 글입니다.

우수교사, 합리적인 선발과정으로 가능

- 효율적 연수는 현직 교사의 전문성에 도움 -

안양옥 · 서울교육대학교 교수

어떤 조직체나 기관이 그 목표를 달성하고 체제를 유지 · 발전시키기 위해서는 유능한 인재를 양성하는 일이 무엇보다 중요하다. 교육 조직 또한 궁극적인 교육목표를 달성하고 체제를 유지 · 발전시키기 위해서는 무엇보다도 유능한 교사의 양성과 확보가 선행되어야 한다. 그런데 이러한 유능한 교사의 양성 및 확보는 결국 교사교육의 질에 의해 결정되기 마련이다. 즉, 효율적이고 합리적인 교사 양성 및 선발 그리고 연수제도를 통해서만이 우수한 교사가 만들어진다고 할 수 있다.

그렇다면 과연 우리나라의 현행 체육교사교육은 우수한 체육 교사를 배출할 수 있는 시스템을 갖추고 있는가? 이에 대해서는 보는 이의 관점에 따라 다르겠지만, 일반적으로 '그렇다'라고 대답하기는 어려운 게 현실이다. 이에 현행 체육교사 교육의 개선 방안을 검토해 보고자 한다.

구체적으로 체육교사 교육을 양성, 선발, 연수로 구분하여 각각에서 현재 직면하고 있는 문제점을 파악한 다음, 이에 대한 개선책을 제시하고자 한다.

질 높은 체육교사 양성프로그램이 필요해

우수한 체육교사 확보의 첫 걸음이라 할 수 있는 체육교사 양성은 체육교사 양성기관의 난립, 교과 내용학 중심의 프로그램 구성, 교과교육학 전공 및 현장 출신 교수 부족, 교생 실습의 비효율성 등의 문제점을 안고 있다. 따라서 이를 개선하기 위한 방안은 구체적으로 몇 가지가 있다.

첫째, 체육예비교사 선발은 사범계대학 체육교육과 중심으로 구성되어야 한다. 현재 우리나라의 경우, 체육예비교사는 사범계 대학의 체육교육과와 비사범계 대학의 체육학과 및 교육대학원에서 일부 배출되고 있다. 특히 무분별한 교육대학원인가로 인하여 신입생 충원 자체가 쉽지 않은 대학들이 생겨나고 있다. 그러다 보니 교직 적성이나 교사로서의 사명감에 대한 검증은 고사하고 학생 수의 충원에 급급한 경우가 빈번히 발생하고 있다. 따라서 중등 체육교사 양성 체제는 사범계대학 체육교육과 중심으로 보다 강화되어야 하고, 부실한 사범계 학과는 일반대학의 체육관련학과로 전환되도록 정책적으로 유도되어야 하며, 교육대학원 인가에 보다 엄격한 기준을 적용해야 할 것이다.

둘째, 교육과정은 '체육교과교육학' 중심으로 구성되고, '실기지도 능력'에 초점을 두어야 한다. 현재 체육교사 양성 대학들의 교육과정은 '체육교과내용학'이나 단순한 '실기' 중심으로 구성되어 있어 교과지식과 교육방법이 전혀 연계되지 못하고 있다. 따라서 일단 교육과정은 '체육교과교육학' 중심으로 구성되어야 한다. 교과교육학은 교육내용으로서 지식과 그것을 유용한 지식이 되도록 가르치는 방법으로서의 교육을 통합한 실천적 교육이므로, 교과지식과 교육방법을 유기적으로 연계할 수 있다. 이와 함께 현재의 단순한 '실기 능력'에 초점을 둔 프로그램보다는 '실기 지도 능력'에 초점을 둔 프로그램 중심으로 운영되어야 한다. 셋째, 체육교과교육학 전공 교수 및 현장 출신 교수 충원을 확대해야 한다. 사범대학임에도 불구하고 체육교과교육학을 전공한 교수가 한 명도 없는 대학이 상당수를 차지하고 있다. 교수진의 구성이 교육과정의 질을 결정한다고 볼 때, 이는 매우 심각한 문제이다. 실제로 사범대학 체육교육과의 교수진이 주로 교과 내용학 전공 중심으로 충원되다 보니 교육과정 또한 교과내용학 중심으로 구성되는 결과를 초래하게 되었다.

따라서 교과교육학 전공 교수의 비율을 높이고, 특히 교수 충원시 현장 경험이 있는 사람들을 우대함으로써 현장성을 강화할 필요가 있다.

넷째, 교생 실습 기간을 연장하고 공동평가제를 실시해야 한다. 우리나라의 교생실습 기간은 4주로서 구미 선진국의 경우 최소한 4개월에 비해 턱없이 짧은 기간이다. 따라서 교생 실습 기간을 연장하고, 실습지도도 형식적으로 현장을 방문하거나 지도교사에게 전담하는 지금과 같은 시스템보다 체육교사교육자, 지도교사 그리고 교사 3주체가 서로 협동하는 연계지원체제를 구축해야 하며, 계획 및 평가도 체육교사교육자와 지도교사가 공동 기준을 마련하여 실시해야 한다.

가르치는 일에 초점을 둔 교사 선발 방법

체육교사 양성 기관에서 양질의 교육을 통하여 유능한 체육교사 후보군을 배출하게 되면, 이들을 대상으로 최적의 교사를 확보하는 것은 선발 시험의 몫이다. 특히 합리적인 선발 제도는 교사양성 기관의 변화를 유도할 수 있다는 점에서 그 중요성은 매우 크다고 할 수 있다. 그러나 현재의 체육교사 선발 시험은 단순 암기 중심의 문제 출제, 단순한 실기 능력 검사 중심의 실기 평가, 출제 및 평가 위원의 자질 부족, 수업 능력 평가 미비 등의 문제점을 노출시키고 있다. 따라서 체육교사 선발의 구체적인 개선 방안은 몇 가지로 짚어볼 수 있다.

첫째, 이론 시험은 현장 중심의 문제가 출제되어야 한다. 기존의 체육 임용시험은 내용 타당도가 떨어지며 단순 암기 문제의 출제 경향으로 우수한 체육교사의 자질을 검증하기에는 미흡한 실정이다. 따라서 단순한 암기 능력을 측정하기보다는 현장에서의 문제해결 능력을 검증할 수 있는 문제를 출제해야 한다.

둘째, 실기 시험은 실기지도 능력에 초점을 두고 평가해야 한다. 지금까지의 실기 평가는 단순히 실기 능력만을 측정하고 있다. 예컨대, 체조의 경우 누가 더 고난도의 기술을 연기하는가에 따라 점수가 매겨지고 있다. 그러나 아는 것과 가르치는 것은 다른 문제이며, 교사에게는 무엇보다도 가르치는 일이 중요하다. 따라서 실기 평가의 경우, '실기 지도 능력'을 평가할 수 있는 기준이 마련되어야 한다.

셋째, 출제위원들의 질적 향상을 도모해야 한다. 체육 임용시험 출제위원들의 인적 구성에 따라 해마다 천차만별의 시험 문제가 출제되고 있어 수험생들이 매우 혼란스러워하고 있다. 이제까지는 주로 대학교수 중심으로 출제위원이 구성되어 현장성 있는 문제를 출제하지 못한게 사실이다. 올해부터는 이러한 문제를 해결하기 위해 현직 교사 중심으로 출제위원을 구성한다고 하는데, 이 경우에도 대학과 현장을 연계시킬 수 있는 출제위원들로 구성되어야 한다. 이와 함께 현재 소수의 출제위원들에 의해 시험 문제가 출제되기 때문에 일부 교과내용학 영역에서는 내용타당도가 매우 떨어지는 문제가 출제되기도 한다. 따라서 이를 보완하기 위해서 해당 과목별로 검토위원을 선정하여 내용 타당도를 높일 수 있도록 해야 할 것이다.

넷째, 수업 능력에 대한 평가를 강화해야 한다. 체육 임용시험의 경우, 수업 능력 평가는 일부 지역에서만 실시되고 있으며, 그 비중 또한 그다지 높지 않은 실정이다. 그러나 교사는 무엇보다도 잘 가르치는 일이 중요하다고 할 수 있다. 따라서 모든 지역에서 수업 능력 평가를 포함해야 하며, 그 비중을 높여서 예비교사들이 '가르치는 일'에 보다 초점을 둘 수 있도록 유도해야 한다.

다양한 재교육 프로그램이 요구돼

교사연수는 직전 교사교육의 미비점을 보완하고 현직교사의 질적 향상을 도모하며, 교사로 하여금 사회·문화적 변화에 적응하여 전문인으로서의 새로운 가치를 추구하고 자기성장을 도모하는데 기여하기 위하여 실시된다. 그러나 현재의 체육교사 연수는 교원의 전문성을 신장시키기보다는 단지 자격취득이나 진급을 위한 점수획득에 필요한 형식적 과정으로 인식되고 있는 실정이다. 구체적으로 현재의 체육교사 연수는 형식적 운영, 행·재정적 지원 미비, 연수 내용 및 방법의 획일화, 관련 기관의 연계체제 미비 등의 문제점을 안고 있다. 따라서 구체적인 체육교사 연수의 개선 방안마련이 시급하다.

무엇보다, 체육교사를 위한 현직 교사교육의 자율성을 강화하고 연수기회를 확대해야 한다. 교육청 등을 중심으로 이루어지고 있는 형식적이고 통제적 교육 연수의 틀을 벗어나 체육교사가 희망하는 연수프로그램을 선택하여 교육받을 수 있도록 연수기회를 대폭 늘려야 한다.

둘째, 현직 교사교육에 대한 행·재정적 지원체제를 대폭 개선해야 한다. 현재 1급 정교사 자격연수에서나 적용되는 행·재정적 지원범위를 늘려 자율적인 일반연수에 적용할 필요가 있다.

셋째, 연수 내용 및 방법을 다양화해야 한다. 소규모 단위의 연수를 적극 권장하여 지역이나 학교별로 체육수업 개선방안을 논의하고 정보를 교환하여 새로운 지도방법을 공개적으로 실험해보는 노력들이 활발하게 전개되어야 한다. 또한 국내 연수뿐 아니라 우수교사의 해외연수, 자매학교 결연을 통한 상호교류와 국제학술대회 파견, 외국의 교육현장 시찰 등의 기회를 더더욱 확대할 필요가 있다. 또한 해외 우수 체육지도자를 국내에 초빙하여 연수교육 프로그램에 참여시키는 방안도 모색할 필요가 있다.

넷째, 현직 교사교육기관 간의 유기적인 연계체제가 확립되어야 한다.

자격연수와 일반연수 간의 연수내용상 계열성 및 적합성을 높이고, 합의된 교사교육철학을 바탕으로 연수기관이나 지역의 특성을 반영하는 독특한 교원연수가 이루어지기 위해서는 현직 교사교육 기관의 연계가 더욱 강화되어야 할 것이다. 이를 위해서는 교육청이나 대학 등을 중심으로 현직 교사교육기관 간 위계구조를 확립하고 상설 협의체를 구성하며, 이 협의체를 중심으로 체육교과 교사교육철학이나 교사교육프로그램 등에 대한 공동연구를 수행하는 방안 등이 마련되어야 할 것이다.

우수한 체육교사는 저절로 만들어지지 않는다. 이는 체육교사 양성, 선발, 연수 체계가 유기적으로 연계되어 삼위일체가 되어야만 가능하다. 우선 체계적인 체육교사 양성과정은 유능한 교사 후보군을 배출하게 되며, 합리적인 선발 제도는 유능한 교원 확보에 절대적인 영향을 미칠 뿐만 아니라 체육교사 양성 과정의 질적 변화를 초래하게 된다. 그리고 효율적인 연수는 현직 체육교사의 전문성을 지속적으로 신장시키게 된다. 이렇듯 체육교사 양성, 선발, 연수는 상호간에 긴밀한 영향을 미치고 있기 때문에 이의 유기적인 연계에 많은 노력을 기울여야 한다.

그러기 위해서는 체육교사, 연수담당 장학사, 체육교수 등이 지속적인 협의를 통하여 서로의 관심과 역량을 결집시켜 나가는 일이 필요할 것이다.

* 위의 글은 서울특별시체육회 "시민체육"에 게재된 글입니다.

III

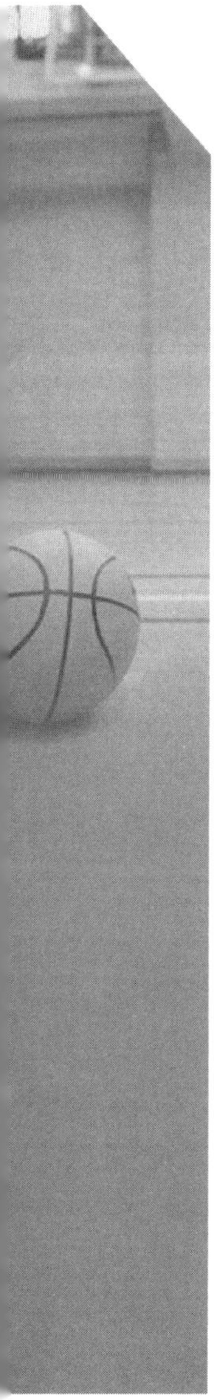

해답은 실천, 수업현장에서 풀자

- 문화재급 운동장과 우디알렌
- '1인 1기 교육'으로 활력이 넘치는 체육수업

문화재급 운동장과 우디알렌

류태호 · 고려대학교 교수

과거의 추억을 되살리기에는 너무도 좋은 장소가 운동장이다. 정부는 학교 운동장을 문화재로 보관하고 있다는 생각이 든다. 체육관이 있는 학교는 어떠한가. 그곳 은 일반 학생이 여행지로 가끔 들르는 섬이다. 미래의 한국체육을 짊어질 운동부 학생들의 피와 땀으로 범벅진 고통과 희망이 양존하는 섬이다. 다른 학생들이 들어설 시간과 공간을 제공하지 않는 다. 지나친 상상인가? 현실이다.

사람들이 교육문제를 말할 때'19세기시설에서, 20세기 교사가, 21세기 학생을 가르치고 있다'라는 말로 일갈하는 경우를 자주 보아왔다. 필자는 이러한 말이나 글을 절대로 인용하지 말아야겠다는 다짐을 자주 했다. 그러나 지금 이 말을 인용하고 있다. 왜 인용할 수밖에 없는가? 지금의 학교체육의 모습에서 다시금 이를 실감하기 때문이다.

학교 운동장은 문화재급이다

사회는 급격하게 변하고 있다. 교육은 변화를 요구받고 있다. 교육의 중추기관인 학교도 변하고 다. 학교의교실은 '교실개선 사업'으로 과거에 비해 10배 이상 변화 되었다고 한다. 각종 IT시설을 이용할 수 있는 공간으로 교실이 바뀌어져있다. 그러나 학교 운동장은 여전히 그대로다. 흙, 먼지 이는 운동장, 녹슨 철봉대, 굳어버린 모래사장, 그물 망 없는 축구와 농구 골대 등 20년 전 그대로의 모습이다.

지난 3월 천안초등학교 축구부 합숙소 화재 사건은 또 다른 의미의 운동장붕괴였다. 필연적결과다. 합숙소는 독일 나치 시대의 집중 고문실을 연상케 하는 열악한 시설이었다. 그 작은 공간에서 20여명의 어린 학생들이 서로의 체온을 온기 삼아 장차 월드컵 4강 신화의 주인공이 되는 꿈을 꾸며 산화했다. 이렇듯 월드컵 4강 신화는 이루었지만, 그것은 거짓된 신화였다.

참여정부의 학교체육 정상화 추진과제 실천 필요

이렇듯 학교체육 시설은 19세기의 수준을 넘지 못하고 있다. 학교 밖(사회)에서 스포츠는 교양적이며 문화적 삶을 영위하기 위한 중요한 영역으로 자리 잡고 있다. 학교에서의 체육(스포츠)은 전근대적이며 주변적 교과로 전락하고 있다. 그러나 학교체육은 기초 소양 교육적 측면이 강하기 때문에 청소년시기에 충분하게 경험하지 않으면 성년이 되어 이를 경험할수 없으며, 즐겁게 참여하면서 삶 의질을 고양시키기 위해서는 많은 사회적 비용이 들게 마련이다. 체육의 모체가 되는 학교체육을 활성화하기 위해서는 우선적으로 학교체육시설에 대한 집중적인 투자가 필수적이다.

1920년대 미국은 경제공황으로 어려움을 겪고 있을 때 시민단체를 중심으로 어린이들의 놀이 공간 확보를 위한 '놀이터 지어주기' 운동을 실시하였다. 이를 통해 장래의 건강한 미국인을 양성하기 위한 인프라를 구축하였다. 독일은 1960년대 2차대전의 패망 후 희망찬 독일건설의 모태를 '황금계획(golden plan)'이라는 체육정책의 수립과 시행으로 삼았다. 이를 통해 모든 독일인은 걸어서 5분거리에 있는 다양한 스포츠시설에서 각종 스포츠프로그램에 참여하게 되었다. 독일은 15년간의 황금계획에 의해 제도약하였다.

학생들은 수영장, 체육관, 인조잔디구장이 있는 학교에서 체육을 경험하고자 한다. 지역 주민들도 이러한 시설을 갖춘 학교에서 자식들과 함께 운동을 하고 싶어 한다. 체육 시설의 인프라를 구축할 수 있는 장소도 역시 학교뿐이다. 학교는 지역공동체, 문화공동체, 교육공동체의 역할을 하는 메카인 셈이다. 학교체육은 공동체 형성에 적합한 최고의 내용이며, 건전한 청소년을 육성하는데 매우 중요한 교육이다.

그러나 입시 전쟁의 기계가 된 학생들은 문명화된 존재로 삶을 영위할 권리인 체육(스포츠) 참여를 박탈당하고 있다. 학교체육은 이러한 학생에게 삶의 활력과 건강, 장래 문화적 삶을 살아가는 기반을 마련하여 주는데 필수적인 교과이다. 또한 체육은 문명화된 삶에 입문하는 과정으로 매우 중요하다. 이런 의미에서 학교체육은 공익적 교육사업이며, 국가적 대업이다. 참여정부는 학교체육시설 확충으로 학교체육 정상화 추진을 첫 번째 과제로 선정하였다. 이를 위하여 학교체육관, 수영장, 지하 체육시설 건립사업을 새롭게 추진하고 기존의 운동장에 인조잔디, 우레탄트랙 조성을 활성화할 것이라고 공약하였다. 참여정부가 제 시한 스포츠 · 체육 정책을 구호가 아닌 실천으로 옮겨야 하며 실천을 위해 시스템의 재조정이 필요하다.

체육교사와 우디알렌

우디알렌(Woody Allen)은 미국의 유명 영화감독이다. 그는 한국에서 입양한‘순이’의 현재 남편이기도 하다. 그는 자신이 경험한 체육수업은‘비열하고, 비인간적이며, 아주 고통스런 것’이었다고 토로하면서, “능력 있는 사람은 자기 일을 하라, 능력이 없는 사람은 교사가 되라, 가르칠 능력이 없는 사람은 체육교사가 되라”라는 말을 하였다. 우리는 이 말속에서 미국사회의 체육수업의 실상과 체육교사의 위상을 짐작할 수 있다.

우리나라의 학부모들은 어떠한 생각을 가지고 있을까? 교육수요자와 정책 입안자 및 관리자가 체육에 대해 부정 적인인식을 갖고 있는 이유는 과거 체육수업의 경험에 기인한다. 이들은 체육수업을 재미없고 지나치게 엄격하며, 획일적인 틀에 갇혀 있고 단순기능을 점수로 환원하며, 무자비하고 비인간적인 수업으로 기억하고 있다. 물론 이와 정반대의 체육수업 경험을 기억하는 사람도 많이 있다.

그러나 파행적인 수업은 소문이 빠르며, 왜곡의 정도도 매우 심하다. 이러한 체육수업은 운동기능 중심의 기능주의적 교수 방법의 결과이다. 기능주의적 체육수업은 효율만을 강조하기 때문이 지나치리 만큼 교육적이다. 재미의 요소가 개입될 여지가 없다. 창의적 사고의 확장과 감성의 정화를 기대하기 어렵다. 또한 교사와 학생의 상호작용이 없으며 일방적이다.

이런 점에서, 체육교과는 중심이 아닌 주변 교과, 지식이 아닌 기능 교과, 보통 교과가 아닌 운동에 특기를 가진 학생을 위한 전문 교과, 성적에 대한 객관성을 인정하지 않는 불신 교과, 교육보다는 재미 위주의 교과로 인식되고 있다. 우디알렌의 생각과 특별히 다르지 않다고 본다. 이러한 인식의 저변을 형성하는 것은 학부모 자신들이 경험 했던 과거의 체육수업과 그 중심에 있는 체육교사이다. 교육의 중심에는 언제나 교사가 있다. 교육의 질은 교사 의 질을 능가하지 못한다. 이런면에서 볼 때, 체육에 대한 부정적인 경험은 체육교사의 수업과 일에서 연유된 것이 라고 생각한다. 체육교육 문제의 해결사는 바로 체육교사 이다. 이러한 현실의 어려움에서도 불구하고 체육교사는 결자해지(結者解之)의 마음으로 학교체육의 새로운 초석 을 닦는 과제를 포기해서는 안된다. 우선적으로 체육교사 가 할 과제는 학교에서 체육을 가르치는 거부될 수 없는 타당한 이유를 찾아야 한다. 체육수업을 통하여 체력의 증 진, 운동 기능의 향상, 사회적 태도의 발달, 인지 능력의 발달이 이루어질 것으로 믿었던 ‘가설적’ 희망사항을 부정하는 용기가 필요하다. 과연 그러한가? 스스로의 진단이 필요하며, 이에 대한 처방은 자신의 문제 의식에서 출발하여야 한다. 그러기 위해서는 학교교육에서 체육의 가치를 정당화하기 위한 논리적인 입증과 경험적 검증이 필요하다. 이러한 타당성을 논리와 경험으로 증명하지 못한다면 새로운 내용의 학교체육의 정당화 논리를 만들어야 한다. 부정은 긍정을 위한 하나의 단계에 불과하기 때문이다.

교육의 문제에 관해 제시되는 관심과 의견들은 각기사람마다 교육에 대한 자신의 신념에 기초한다. 신념은 자신의 경험, 지식이나 느낌, 막연한 가능성, 자신만이 느끼는 예언이나 계시에 기초할 수 있다. 자신이 믿고 있는 신념이 반드시 옳을 수만은 없다. 신념이 참이 아니고 거짓된 신화일 수도 있다. 거짓된 신화에 기초한 주장과 의견은 현재의 교육문제를 더욱 악화시키고 또 다른 문제를 초래할 수 있다. 교육문제를 해결하기 위한, 그래서보다 좋은 교육을 실현하기 위한 우리의 노력은 교육에 대한 신념이 참된 기초위에 올바르게 세워질 때 비로소 의미가 있고 가능한 것이다(이성호역, 1995).

우리는 이상을 말하기 전에 현실을 이상에 맞추고자 노력해야 한다. 이상과 현실이 합치될 수는 없다. 그러나 현 실을 바탕에 두고 이상을 이야기해야 한다. 체육교사들은 학생이 즐겁게 참여하고 의미 있는 경험이 공유되는 체육 수업을 해야한다. 새로운 시대는 이에 걸 맞는 새로운 체육 교육의 목적을 설정할 것을 요구하고 있다. 따라서 체육교사는 설정된 목적을 진실한 마음과 행동으로 실천할 때 현재 학교체육의 위기는 호기로 반전할 것이다. 고사 직전의 체육을 회생 시킬 수 있다. 체육교사는 체육 교과를 중심교과, 교양 교과, 보통 교 과, 신뢰 교과, 체험 교과로 정당화하는 일에 최선의 노력을 경주해야 한다. 이러한 노력이 지속될 때 우디알렌의 후예는 우리나라에서 양산되지 않을 것이다.

* 위의 글은 서울특별시체육회 "시민체육"에 게재된 글입니다.

◉ 해답은 실천, 수업현장에서 풀자 Ⅱ

'1인 1기 교육'으로 활력이 넘치는 체육수업

유상용 · 서울백산초등학교 교사

초등학교 체육수업의 목적은 크게 세 영역으로 구분한다. 첫째는 심동적 영역으로 운동기능의 습득과 체력 및 심신의 건강을 향상시키는 것이고, 둘째는 인지적 영역으로 운동과 건강에 대한 지식의 이해와 생활상에서 활용하는 방법을 이해하는 것이다. 마지막으로 정의적 영역은 체육 활동 등을 통해 바람직한 태도 형성과 가치규범을 습득해 가는 것이다. 예를 들면 협동심과 책임감, 질서의식 등이 그런 것이다.

이론적이고 형식적인 수업 현실

하지만 초등 체육의 현실을 보면 아이들의 교과 선호도에 비하면 너무나 이론적이고 형식적으로 이루어지다 보니 아이들은 불만이 높아져 이제는 재미없는 교과로 인식되고 있다. 그러면 현장의 체육수업이 어떤 문제점이 있는지 자세하게 살펴보아야한다.

첫째는 공간과 시설 및 운동기구의 부족과 낙후를 들 수 있다. 체조, 표현, 체력 등의 교과 영역은 체육관 안에서 했을 때 효율적임에도 불구하고 현실은 무더운 날씨에 운동장에서 이 루어져 아이들에게 고통스러운 수업이 진행되기도 한다. 또한 운동장에 나올 때마다 최소 5개 이상의 반이 함께 체육을 지도하다 보면 아이들이 뒤섞여서 정상적인 체육수업을 하기에 힘들 수밖에 없다. 체육기구도 10년 이상의 것이어서 안전상에도 문제가 있고 한 번 체육수업을 하려면 기구를 손보고 설치하는 데에만 10분 정도가 걸려 대부분의 교사들은 교과과정에 따라 수업하는 것은 사실상 불가능하다고 한다.

둘째는 담임이 체육을 지도하므로 인해 체육지도가 파행적으로 지도되고 있다는 것이다. 예체능 교과는 사실상 전 문적인 식견을 갖춘 전담교사가 지도해야만 한다. 교육부가 2000년 중초임용을 통해 중등의 예체능전공교사를 초등에 임용하면서 나름대로 효과를 기대했지만 지금은 교원이 모자라 그분들도 대부분이 담임을 맡고 있는 실정이다. 담임교사가 한 시간의 체육을 수업을 하기 위해 체육복을 갈아입고 기구설치 및 수업 후 정리하는 시간이 대략 10~15분이 소요됨을 감안했을 때 담임이 정상적인 수업을 하기는 정말 쉽지 않다.

셋째로는 가정 및 학교 밖 스포츠 경험이 학교 체육보다 수준이 높고 재미가 있기 때문에 이로 인해 체육을 기피하는 경향까지 나오고 있다. 실제로 아이들이 체육수업에 대 한 불만을 들어보면 쉽게 알 수 있다. 설문조사 내용을 바탕으로 보면, "내가 해볼 기회가 적고 선생님의 설명이 너무 길고 지루하다", "내용이 너무 어렵고 반복적이며 평소에 하던 체육과 너무 차이가 난다"는 의견을 제시하며 많은 불만을 토로한다. 그래서 일선 교사들은 많은 부담감을 느끼게 되고 그로 인해 교과서 내용과는 상당히 다르게 지도하는 것이 현실이다.

넷째로는 대중매체와 컴퓨터에 집중되어 있어 신체활동을 아이들이 기피하고 심한 경우 혐오하는 경향이 있다. 이로 인해 비만아의 증가와 정신적인 스트레스를 심하게 받고 있는 아이들이 증가하는 추세이다. 그래서 이를 극복하기 위해서는 학교체육에 대한 새로운 접근이 필요하다고 생각한다.

모든 학생들이 참여하는 1인 1기 체육활동

필자는 현장의 아이들을 지켜보면서 몇 몇의 운동신경이 뛰어난 어린이들만 열심히 뛰며 만족감을 얻기보다는 모든 어린이들이 즐겁게 체육활동을 하기를 바라는 마음에서 1인 1기 교육을 시작하게 되었다. 우리반(서울백산초등학교 6학년 5반)은 한 어린이당 1종목의 스포츠 종목을 선택하여 재량시간과 체육시간 등을 이용해 1년간 지속적인 활동을 하고 있다. 종목은 티볼야구, 풋살축구, 넷볼이며, 현재 우리 반은 야구부 15명, 축구부 12명, 넷볼부 10으로 부원이 구성 되어있다. 야구부에는 6명, 축구부에는 2명의 여학생이 활동하고 있고 넷볼은 전원 여학생이다. 아이들은 학기가 시작된 후 한 달간 본인에게 적합한 종목을 선택하게 되며 수업시간과 방과후 시간을 이용해 연습을 하게 되고 학기 당1~2차례대회에 출전하기도 한다. 1인 1기 교육을 시작한지는 올해로 4번째로 대부분학생들이 상당한 자부심을 느끼며 즐겁게 참여하고 있다. 1인 1기 교육의 장점은 첫째로 학부형님들께서 각종대회와 타학교 팀들과 교류전을 가질 때 함께 참여하여 아이들을 격려하고 함께 할 수 있다는 점이다. 부모님의 격려가 아이들에게는 커다란 힘이 되고 학교생활을 하는 데에도 자신감을 가질 수 있고 교사에게는 부모님들과 아이들에 대한 의견을 나누는 중요한 시간이기도 하다.

둘째로는 스포츠 정신을 통한 인성교육에 도움이 된다. 3가지 종목이 모두단체 종목이므로 주장을 중심으로 해서 협동심을 발휘하지 못하면 훌륭한 팀으로 성장할 수 없기 때문에 아이들 사이에서도 잘 못하는 친구들에 대해서 조언과 도움을 줘서 부원으로서 잘 적응할 수 있도록 해준다. 그러므로 아이들 사이의 다툼이나 따돌림 문제를 슬기롭게 해결해 나가는데 많은 도움이 된다.

셋째로는 운동 기능이 많이 향상되고 다른 영역에도 전 이가 되어 학습효과가 있다는 것이다. 스포츠는 재미가 있으므로 체육에 대한 편견으로 인해 잘 활동에 참여하지 않았던 아이들도 자연스럽게 어울려지게 된다. 한 때 달리는 모습이 이상하기 때문에 친구들이 많이 놀려서 체육시간에 소극적이었던 아이들이 '파이팅'을 외치며 활력을 불어넣을 때면 나머지 부원들도 그들을 진정한 팀원으로 받아들이게 되고 이런 활동을 연간 계획에 의해 1년 간 지속적으로 활동하기 때문에 운동기능이 많이 향상된다.

넷째로 방과 후에 매일 1시간 30분 정도 항상 남아서 연습할 수 있어 지속적인 지도가 가능하다. 다른 반 아이들은 방과 후에 학원에 가지만 우리 아이들은 1시간 이상 자율적으로 남아서 연습을 하고 학원에 가기 때문에 1년이 지나면 체력이 많이 향상되고 아울러 살도 많이 빠지게 되며 급식 시간이면 밥도 맛있게 잘 먹는다.

다섯째로 전통을 이어갈 수 있게 되었다. 올해는 큰 빛 4기로 위에 선배들이 3기수가 더 있어서 항상 후배들에게 관심과 격려를 해준다. 대회를 나갈 때면 각부의 선배들이 찾아와 연습게임도 해주고 더 잘할 수 있도록 많은 조언을 해주며 이들이 상급 학교에 진학했을 때 새로운 생활에 적응할 수 있도록 도움을 준다. 지난 5월 5일 야구대회에 참여했을 때 선배들이 음료수를 가지고 후배들을 격려하기 위해 대회 장소에 까지 찾아와 후배들을 안심시키고 목이 터져라 응원하는 제자들의 모습에 필자도 많은 격려를 받았다.

여섯째로 학교 내 · 외 봉사활동에 참여할 수 있는 기회 가 열렸다는 점이다. 스포츠 활동을 통해 얻은 책임감과 배려하는 마음으로 우리 반은 한 달에 세 번의 봉사활동에 참여하고 있다. 병설유치원 놀이지도 2회, 양로원 봉사활동 1회로 요즘은 초등학교 저학년 학생에 대해서도 스포츠 활동을 경험할 수 있는 기회를 열어주고 있다. 특히 유치원 아이들을 지도하면서 봉사활동이 소극적인 활동이기보다 는 도움이 필요한 분들에게 적극적으로 다가가 도움 주는 것 이라는 것을 깨닫게 된 소중한 경험이었고, 매달 말에 가는 양로원 봉사활동에서 80세 이상의 어르신 80여분을 상대로 능숙하게 봉사활동을 할 수 있는 바탕이 되기도 한다. 1인 1기 교육을 통해 아이들은 자신감 있게 학교생활을 하는 것이 가장 큰 소득이다. 소극적인 아이들이 활동에 재미를 느껴 적극적으로 아이들과 어우러지는 모습을 볼 때 가장 큰 보람을 얻는다. 1인 1기 교육이 왜 좋은지 아이들에게 물어보았다. 남자들과 친해져서, 달리기가 빨라져서, 비만을 막을 수 있는 학교체육 시간이 빠져서, 스포츠는 남자들의 것이라고 생각했는데 그런 편견이 없어져서, 운동기능이 향상되고 공에 대한 두려움이 없어져서 등등 이제는 아이들이 학교생활에서 가장 활력을 주는 요소이며 그들만의 전통을 만들어가고 있어 대견스럽기까지 하다.

체육전담교사 확보가 절실해

초등학교 학교체육을 살리는데 도움이 될 만한 두 가지 내용에 대해 간략하게 얘기하면 첫째는 체육전담 교사가 초등학교에서 지도를 해야 한다는 것이다. 체육의 특성상 아이들의 욕구만큼 부담이 되는 체육수업인데 담임들이 맡고 있는 상황에서는 정상적인 지도란 사실상 불가능하다. 체육교과의 특성상 준비하는 과정이 다른 교과에 비해 시간이 오래 걸리고 기구의 설치와 정리하는 부담 때문에 교과 과정에 따라 지도하는 교사는 거의 없다. 그러므로 초등 체육교육을 살리려면 체육전담교사의 지도가 가장 중요한 부분이라고 생각한다. 둘째로 반별 체육수업은 아이들이 충분히 활동하기에 짧은 시간이므로 동 학년 별로 시간을 맞춰 합동체육을 하는 것이 현실적인 대안이나. 그러면 아이들은 활동시간을 충 분히 확보하고 교사들도 협력을 통해 다양한 시도를 하게 된다. 초등학교에서 합동 체육이 현재 이루어지고 있는데 활성화되어 있지는 않다. 21세기 지식과 정보화 교육에 밀려 건강을 위한 체육활동이 초등학교에서 소홀히 다뤄지는 것 같아 마음이 아프다. 한참 성장하는 우리 어린이들에게 건강하게 성장할 수 있도록 해주는 것이 체육교육의 가장 중요한 역할이지만 현재는 재미없고 지루한 교과로 전락했다. 어른의 입장이 아닌 아이들의 입장에서 체육을 생각해 본다면 어렵지 않게 해결책을 찾을 수 있으리라 생각된다.

---

* 위의 글은 서울특별시체육회 "시민체육"에 게재된 글입니다.

IV

선진학교체육의 현장을 가다

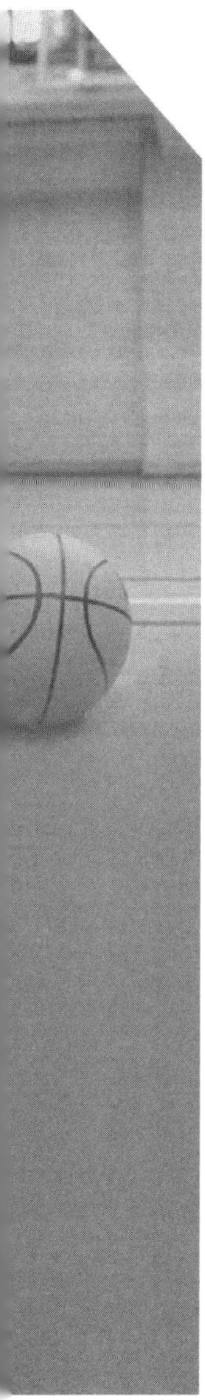

- 독일편
- 공부하면서 운동을 즐기는 독일 청소년들의 스포츠클럽 활동
- 미국편
- 일본편

◉ 선진학교체육의 현장을 가다 Ⅰ

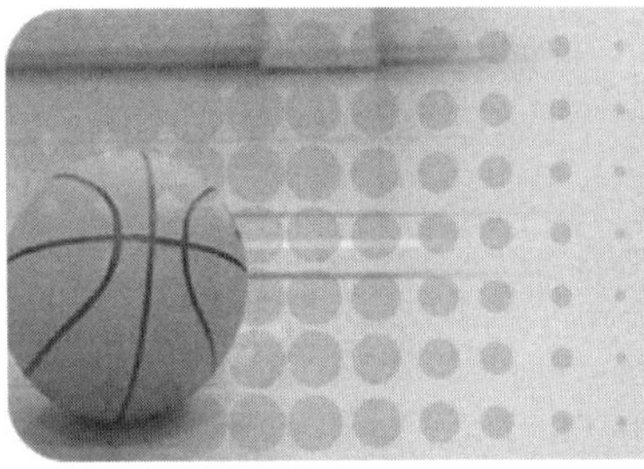

독일편

송형석 · 계명대학교 체육대학 교수

우리나라 학교체육의 문제점과 대안을 해외 선진 학교체육 현장의 모습을 통해 제고해 본다. 이번 호에서는 학생들의 건강한 성장을 위한 교육적 목표에 충실한 독일의 합리적인 학교체육 현장을 살펴보도록 한다.

학생들의 건강한 성장을 위한 교육적 효과에 충실한 독일의 학교체육

독일에서는 모든 것이 느리게 진행된다. 사람들의 발걸음도 느리고, 관공서나 은행의 업무 처리 속도도 느리며, 도로나 건축물의 공사 진행 속도도 느리다. 조급증에 걸린 듯 한 우리의 눈으로 보면 답답하기 그지없는 노릇이다. 예를 들어 운전면허를 따는 데에도 독일에서는 최소 몇 달이 소요된다. '속성 완성', '2주 완성' 등의 광고 문안을 내걸고 수강생을 모집하는 학원에 가면 실제로 1~2주 만에 운전면허증을 손에 쥘 수 있는 우리나라의 경우와 비교하면 독일의 운전면허취득 과정은 그야말로 긴 세월이다. 그러나 시간이 오래 걸리는 만큼 자격증에 신뢰가 간다. 우선 독일의 교통 사고율은 세계에서 가장 낮다. 그리고 독일에 서 운전면허를 취득한 사람은 그 즉시 고속도로고 시내 중심가고 큰 부담 없이 차를 몰고 나갈 수 있다. 그만큼 독일의 운전교육은 실질적이다.

반면 교통사고율 세계 1위를 기록하고 있는 우리나라의 경우 운전면허증을 손에 쥐고도 실제 도 로에서 자신 있게 운전할 수 있는 사람은 그다지 많지 않다. 왜 이런 차이가 나타나는 것일까? 그 이유를 독일과 한국의 서로 다른 교육 풍토에서 찾는다면 논리의 비약일까?

표면적으로 볼 때 독일의 학교 체육은 우리의 경우와 크게 다르지 않다. 아니 어떤 면에서는 우리보다 뒤떨어지는 것처럼 보이기도 한다. 운동장이 없는 학교가 태반이고 학교체육 수업 내용도 우리처럼 그리 다양하지 않기 때문이다. 그러나 그 내면을 조금만 깊이 들여다보면 이러한 우리의 생각이 오해에서 비롯된 것이며, 오히려 우리가 배울점이 많다는 점을 알게 된다. 짧은 지면을 빌어 독일의 학교체육을 소개하는 일이 쉽지는 않겠지만 간략하게나마 독일의 학제를 소개하고, 학교체육이 어떤 방식으로 운영되고 있는지 살펴보면서 우리와의 차이는 무엇이고, 또 우리가 배울 점은 무엇인지 알아보도록 하겠다.

느리지만 실용성을 강조하는 교육풍토

우리나라의 학제는 초등학교 6년, 중학교 3년, 고등학교 3년 등 모두 12년으로 구성되어 있다. 그러나 독일은 초등학교체육을 살리자! 연중기획 학교 4년, 중학교 6년, 고등학교 3년 등 모두 13년으로 구성되어 있다. 그룬트슐레라고 불리는 초등학교를 졸업한 어린이들은 내신성적에 따라 각기 다른 4종류의 중학교로 진학하게 되는데, 학생의 약 2 0 %가 인문계학교인 김나지움에, 약 20%가 실업계학교인 레알슐레에, 약 50%는 취업준비학교인 하우프트슐레에, 나머지 약 10%가 종합학교인 게잠트슐레에 진학한다. 고등학교로는 대학진학을 목표로 하는 상급 김나지움과 직업 교육을 목적으로 하는 직업학교가 있다. 이 모든 학교에서 체육은 매우 중요시 되고 있는 필수교과목 가운데 하나이다. 각급 학교에서 이루어지는 체육활동은 크게 정과체육수업과 과외체육활동 두 영역으로 대별된다. 정과체육수업은 직업학교를 제외하고 모든 학교, 모든 학년에서 주 3시간이 의무로 규정되어 있다. 직장에 근무하면서 일주일에 하루만 나가는 직업학교 에서는 최소 주 1시간 체육수업을 하도록 의무화되어 있다.

정과체육수업은 필수 종목과 선택 필수종목, 그리고 특수 체조수업 등으로 나누어진다. 필수종목은 육상, 기계체조, 체조/춤, 수영, 게임의 기초 등 모두 다섯 단원으로 이루어 져있으며, 이것들은 각급 학교, 모든 학년에서 필수적으로 다루어져야만 하는 체육수업 내용이다. 학생들은 매년 동일한 내용을 배우지만 학년이 높아질수록 그 난이도가 점차 높아진다. 선택 필수 종목은 배드민턴, 테니스, 탁구, 배구로 구성된 받아치기 게임, 농구와 핸드볼로 구성된 던지기게임, 축구와 하키로 구성된 골 넣기 게임 등 세 단원으로 이루어져 있으며, 각 단원에서 한 종목이 체육수업내용으로 선택되어진다. 이 종목이외에도 지역에 따라 투기(펜싱, 유도)나 수상스포츠(카누, 조정) 중의 한 종목이 체육수업의 내용으로 선택될 수 있다. 한편 신체적으로 허약하거나 운동신경이 매우 떨어지는 학생들은 의무적으로 이들을 위하여 특별히 제공되는 특수 체조수업에 참여해야만 한다. 특수체조수업의 내용은 주로 기초체력강화를 위한 체조로 이루어져있다.

독일의 학교체육지침서에는“체육이 학교에서 단순히 수업시간을 통해서만 가르쳐지는 교과가 되어서는 안 되며, 그것이 교육적 효력을 나타내기 위해서는 정과체육수업의 범위를 넘어서 학교생활의 한 부분으로 정착되어야만 한다”고 명시되어 있다. 즉 정과체육수업은 학교체육의 단지 한 부분일 뿐이라는 것이다. 따라서 독일의 학교에서는 학생들이 정과체육수업 이외에 과외로 다양한 체육활동에 참여할 수 있도록 제도적으로 배려하고 있다. 각급 학교에서 제공되고 있는 과외체육프로그램으로는 휴식시간 체육활동, 여가체육활동, 체육동아리, 대내경기, 대교경기 등이 있다.

학교 밖 스포츠 활동의 활성화

비록 여건을 조성해준다는 취지에서 학교당국이 체육활동을 할 수 있는 장소를 지정해 놓고 있는데, 여기서 이루어지는 체육활동을 말한다. 여가 체육활동이란 전교생이 함께 참여하는 체육의 날(수영하는 날, 스케이트타는 날 등)행사나 집중 체육강좌(스키나 조정 등을 몇 일 동안 집중적으로 배우는 프로그램), 원거리 도보여행(소풍, 반더포겔) 등을 총칭한다. 동아리 체육활동이란 체육에 특별한 관심을 갖고 있는 학생들을 모아 그들의 훈련을 조직적으로 지원하는 프로그램으로서 우리나라의 운동서클 또는 운동부와 그 성격이 비슷하다. 대내경기는 우리나라의 체육대회나 운동회와 유사하며, 대교 경기는 학교별 대항경기를 의미한다. 지금까지 살펴보았듯이 표면적으로 볼 때 독일의 학교체육은 우리의 경우와 크게 다르지 않으며, 정과체육수업의 내용은 다양성에 있어서 오히려 우리보다 떨어지는 것처럼 보인다. 또한 독일의 학교를 방문해 보면 대부분의 학교에 운동장이 없다. 이런 점들만을 보면 독일의 학교체육이 전반적으로 우리보다 못하다고 생각할 수도 있을 것이다. 그러나 이러한 판단은 분명 오해이다. 독일과 한국의 학교체육 중에 어느 쪽이 낫다고 일괄적으로 판단할 수는 없겠지만 우리는 분명 독일로부터 배울 점이 많다.

세계 최고의 체육 인프라 보유국

독일의 학교에는 체육관이나 운동장 등과 같은 체육시설이 그리 많지 않다. 그렇다고 학교체육이 파행적으로 운영되는 것은 아니다. 대부분의 학교들은 학교 주변에 산재해 있는 수영장, 잔디구장, 체육관 등의 공공체육시설을 자유롭게 이용할 수 있다. 체육시설은 크게 공공체육시설, 학교 체육시설, 상업 및 산업 체육시설 등으로 나뉘어진다. 학교체육시설과 상업 및 산업체육시설이 주류를 이루고 있는 우리나라와는 달리 독일에는 공공체육시설이 체육 인프라의 골격을 이루고 있다.

공공체육시설을 중심으로 학교체육도 이루어지고 있고, 사회체육도 활성화되고 있는 것이다. 우리나라의 학교체육 시설이나 공공체육시설은 그 수도 얼마 되지 않으려니와 시설도 매우 낙후되어 있으며, 그나마 관리문제로 외부에 개방되지 않아 이용률이 매우 저조한 반면 독일의 공공체육시설은 수적으로 매우 많고, 시설도 매우 잘 되어 있으며, 조직적으로 관리 되고 있고, 지역주민에게 자유롭게 개방되어있다.

200년이 넘는 사회체육중시 전통과 1960년대 이후 두 차례에 걸쳐 진행된 골든 플랜, 그리고 트림-디히-130 운동이 독일로 하여금 세계 최고의 체육 인프라 보유국이 되게 만든 것이다. 골든 플랜이란 2차 세계대전 후 폐허가 되었던 독일이 1960년대부터 수립하고 시행한 체육정책이다. 이 정책은 무엇보다도 모든 국민이 집에서 도보로 5분 거리에 닿을 수 있는 곳에 다양한 체육시설을 건립하여 사회체육활동을 활성화하는데 목적이 있었다. 이 정책이 원동력이 되어 독일은 경제 강국으로 거듭날 수 있었다. 트림-디히-130 운동이란 하루에 30분 이상, 맥박이 분당 130회가 될 정도의 강도로 운동을 해야만 건강하게 살 수 있다는 과학적 근거를 토대로 체육활동을 권장하는 전국적 차원의 계몽운동이다.

체육교사의 복수전공제

요즘이야 많이 바뀌었지만 불과 얼마 전까지만 해도 우리나라에서 체육교사하면 떠오르는 이미지가 매우 부정적인 것이었다. “무식하다, 변덕스럽다, 몽둥이, 괴팍하다, 선글라스와 모자, 기합을 준다, 덩치가 크다” 등등. 독일의 체육교사들은 전혀 이런 이미지를 갖고 있지 않다. 그 이유는 무엇보다도 독일에서는 모든 교사가 두 과목 혹은 세 과목의 교사자격증을 갖추고 있기 때문이다. 체육교사는 체육만 가르치지 않고 동시에 영어를 가르치기도 하고, 수학을 가르치기도 한다. 한마디로 체육교사는 지적인면이나 인격적인 면에서 다른 교사와 동등한 자질을 갖추고 있는 것이다. 학교에서 그다지 높지 못한 우리네 체육교사의 위상을 쇄신하기 위해서는 교사교육에 있어서 독일식의 복수전공제 도입을 한번쯤은 고려해 볼 필요가 있다.

독일을 일컬어 사회체육의 천국이라고 한다. 그만큼 사회체육이 활성화되어 있다는 말이다. 독일의 사회체육은 스포츠 페어아인이라고 불리는 체육동호회 중심으로 이루어진다. 2000년 현재 독일에는 약 90,000여 개의 스포츠 클럽이 존재하며, 여기에 2천5백만 명 이상이 회원으로 등록되어 있다. 스포츠페어아인과 학교는 상호 긴밀한 관계를 유지하면서 지역사회 체육발전을 위하여 공동으로 노력하고 있다. 스포츠페어아인은 학교에 전문 트레이너를 파견하여 체육수업을 돕거나 과외체육프로그램을 함께 운영하며, 학교는 스포츠페어아인에 학교체육시설을 개방하거나 체육적성우수학생의 선발 및 훈련을 위촉한다.

학생들은 낮 동안 체육수업 시간에 배운 체육활동을 방과 후 가족과 함께 스포츠페어아인에 가서 복습하며 즐긴다. 이와 같이 독일에서는 가정, 학교, 지역사회가 체육활동을 매개로 의사소통을 하며 상호간의 틈을 좁혀나가고 있다. 이러한 독일의 예는 갈수록 소통의 기회가 줄어들고, 그 결과 상호간 갈등의 골이 점차 깊어지고 있는 우리 사회에 여러 가지 면에서 시사하는 바가 많다.

교육적인 목표가 우선인 학교 대항 경기대회

그렇게 경쟁이 치열하지 않고 대학간 서열도 없다. 단지 과별로 몇 개의 지명도가 높은 대학이 있을 뿐이다. 독일에서는 대학에 입학하기는 쉬워도 졸업하기는 어렵다. 대학졸업에 소요되는 평균 수학기간은 약 8년으로 세계에서 가장 길다. 한국의 학생들은 고등학교 때까지 열심히 공부하지만 막상 원하는 대학에 입학하면 그때부터 공부를 하지 않는다. 영어공부나 취직을 위한 시험공부가 고작이다. 그러나 독일의 학생들은 대학에 입학하면 더욱 열심히 공부한다. 그렇게 하지 않으면 대학졸업장을 받지 못하기 때문이다. 이렇듯 독일의 젊은이들은 인생의 경쟁을 대학에 입학하면서 본격적으로 시작한다. 반면에 우리나라의 젊은이들은 대학입시로 인생의 경쟁이 판가름 난다. 잘못된 교육제도로 인해 너무 일찍 인생의 경쟁에서 패배감을 맛보는 수많은 우리네 젊은이들이 안쓰러울 따름이다.

독일에서도 우리나라처럼 다양한 종류의 학교 대항 경기 대회가 열리고 있다. 그러나 우리의 경우처럼 그렇게 치열하지는 않다. 우리나라의 학생 선수들은 명목상으로만 학생선수이지 실제로는 직업 선수나 마찬가지이다. 수업도 들어가지 않고 하루 종일 운동만 한다. 경기에서의 승리는 단지 선수 자신의 명예나 기쁨만을 의미하는 것이 아니다. 그것은 동시에 학교의 명예와 학교장의 위신이 걸린 문제요, 선수의 상급학교 진학과 미래가 걸린 문제이고, 또한 지도코치의 생계가 걸린 문제이다.

따라서 승리하기위해 모든 수단이 동원된다. 비록 그 수단이 교육적이지 못한 것일지라도. 학생 선수들은 학생으로서 누려야할 교육받을 권리를 박탈당한 채 운동에만 전념해야 하고, 때론 지도 코치의 비인간적인 처우를 감수해야 하기도 한다. 우리나라와 달리 독일의 대교경기는 철저하게 교육적 목적을 지향한다. 즉, 운동경기의 일차적 목적이 우수선수를 선발하기 위해 승패를 가리는 데 있는 것이 아니라 참여 청소년들에게 교육적으로 가치 있는 다양한 경험들을 가능하게 해주는 데 있는 것이다. 실제로 독일의 학생들은 경기에 참여하 며 기쁨, 자신감, 좌절감, 성취감 등과 같은 다양한 감정을 경험하며, 이러한 경험을 통해 세상을 보는 안목이 넓어졌고, 나아가 인격적으로도 보다 성숙한 인간이 되었다고 술회하기도 한다. 독일에서 교사나 지도자의 폭력은 어떠한 경우에도 용납되지 않으며, 운동경기가 교육적인 성격을 상실했을 때에는 그 폐지가 거론되기도 한다.

일관성 있는 교육계획 수립 절실

'교육은 백년지대계(百年之大計)'라고들 말한다. 그러나 요즘 우리나라의 교육현실을 바라보면 교육은 백년지대계는 커녕 십년지소계(十年之小計)조차 되지 못하고 있다는 느낌이 든다. 정권이 바뀔 때마다, 교육담당 고위공직자가 바뀔 때마다 우리의 교육은 매번 평지풍파(平地風波)를 겪는다. 교육의 목적과 과제는 시대와 사회에 따라 달라져야 하기 때문에 급변하는 사회에서 교육도 보조를 맞추어 변화하는 것은 당연하다고 자위도 해보지만 우리 교육의 격심한 변화 동인이 변화하는 사회 현실에 적응하기 위한 교육 자체의 자구적인 노력에서 나왔다기보다는 자본주의적 시장논리를 앞세우는 정치적 외압으로부터 비롯된 것이 아닐까 하는 의구심을 떨쳐버릴 수 없다.

교육의 목적이 단순히 기존의 사회질서에 순응하는 인간을 길러내는 것만이 아니라 동시에 기존의 사회질서를 비판하고, 개혁할 수 있는 주체를 양성하는 것이라면 교육은 분명 정치나 경제 등의 사회제 영역들로부터 어느 정도 거리를 둘 필요가 있다.

이러한 관점에서 교육과 교권의 자율성을 굳건하게 지켜 내면서 일관되게 교육정책을 추진해 나가고 있는 독일의 예는 정치권력과 시장논리에 휘둘리고 있는 우리의 교육 현실에 타산지석(他山之石)의 교훈을 줄 수 있을 것으로기 대한다.

---

* 위의 글은 서울특별시체육회 "시민체육"에 게재된 글입니다.

◉ 선진학교체육의 현장을 가다 Ⅱ

공부하면서 운동을 즐기는 독일 청소년들의 스포츠클럽 활동

김홍남 · 조선대학교 체육대학 교수

독일은 세계에서 스포츠클럽이 가장 체계적이고 조직적으로 잘 운영되고 있는 나라다. 독일 청소년들이 방과 후 스포츠클럽에서 어떻게 스포츠 활동을 하고 있는가를 소개하기 전에 학교에서는 어떤 식으로 체육을 가르치는지 대략 살펴볼까 한다. 독일에는 대학을 제외한 모든 학교가 6개로 나뉜다.

▶ 초등학교(4년), ▶ 특수학교, ▶ 종합학교(5학년~10학년), ▶ 레알슐레(5학년~10학년), ▶ 게삼트슐레(5학년~12학년), ▶ 김나지움(5학년~13학년).

초등학교부터 김나지움까지 일주일에 3시간의 체육수업을 받고 있다. 주 정부의 커리큘럼에 따라 초등학교는 체육시간에 주로 축구, 수영, 육상, 기계체조 등을 배우고, 초등학교 이상 학교에서는 이들 종목 이외에 배드민턴, 핸드볼, 유도, 탁구, 배구, 필드하키 등을 배운다. 각 학교마다 실내체육관을 보유하고 있고 체육수업은 주로 체육관에서 이루어진다. 축구, 육상 그리고 수영과 같은 종목의 체육수업은 시 소유의 시설을 이용하는데 독일의 학교는 보통 오전 8시에 수업을 시작하여 오후 2시이면 수업이 끝난다. 독일의 학생들은 학교체육수업 이외도 방과 후 지역에 있는 스포츠클럽에 가입하여 스포츠 활동을 활발하게 하고 있다. 학교체육시설들은 오후 4시부터 밤 10시까지 각종 스포츠클럽들을 위하여 개방하고 있는 데, 이는 주로 지역주민들이 이용하고 있다.

공부를 못하면 운동선수가 될 수 없다

독일은 생활체육이 세계적으로 활성화되어 있는 나라임에도 불구하고 우리처럼 엘리트체육이 상당히 발달되어 있다. 특히 운동을 잘하는 어린 꿈나무 선수들을 조기에 발굴하여 잘 짜여 있는 중·장기적인 프로그램에 따라 학교생활과 운동선수 생활을 원만하게 병행할 수 있도록 잘 지원하고 있다. 우리나라에선 학생선수로 뛰게 되면 그저 운동만 하는 데 반해 독일의 운동선수들은 학교수업도 충실히 받고 있다.

독일의 김나지움에 다니는 수영선수를 예로 들어보면, 우선 새벽 6시에 기상한다. 보통 6시 30분까지 수영장에 도착해 약 1시간 동안 훈련을 한 후 8시까지 학교에 등교해 정상 수업을 다 받는다. 오후 2시쯤 정규 수업이 끝나면 다시 수영장으로 가서 3시간 정도의 오후 훈련을 하고 집에 귀가한다. 집에 도착하면 숙제를 먼저 끝내고 여가활동을 즐긴다. 이렇게 학교 수업을 철저히 이행하다 보니 수영 대회는 주로 주말에 열리는 것이 보통이다.

그래서 학생선수들은 보통 학생들보다 훨씬 힘든 학창시절을 보낸다. 만약 수업을 등한시해 성적이 좋지 못하면 졸업 뿐 아니라 선수생활도 더 이상 지속할 수 없다. 이토록 학업에 충실할 것을 강요하는 것은 선수생활을 그만둔 뒤를 고려한다는 것이다. 은퇴 후 다른 직업을 가질 때 보통 학생들과 마찬가지의 대우를 받게 해 주기 위한 일종의 보험과 같은 것이다. 위의 예와 같이 독일 학생들이 학교생활과 운동선수 생활을 함께 잘 할 수 있는 것은 다름이 아닌 독일 스포츠클럽의 조직과 운영 그리고 자원봉사자에 있다.

독일은 이른바 '스포츠클럽의 천국'이다. 스포츠클럽 수는 8만 6천여 개이며, 전체 회원수도 약 2천 7백만 명에 이른다. 청소년의 스포츠클럽 가입률은 57%이고 주당 정규 체육 수업이 3시간에 불과하기 때문에 학생들은 방과 후와 주말을 이용해 스포츠클럽에서 마음껏 스포츠를 즐기고 있다. 독일의 스포츠클럽에서 청소년 회원들을 위해 어떻게 우수선수들을 발굴하여 육성하는지 그리고 청소년 회원들을 위해 어떻게 스포츠클럽을 운영하고 있는지에 대해 축구를 예를 들어 간단하게 소개할까 한다.

중 · 장기적인 우수선수 발굴과 육성 프로그램

독일 축구협회에서는 축구에 재능이 있는 선수들을 조기 발굴하고 육성하기 위하여 학교, 스포츠클럽 그리고 축구협회가 협력하여 중·장기 우수선수 발굴과 육성 프로그램을 개발하여 실행하고 있다. 독일 축구협회에서 2002년도에 실시하고 있는 우수선수 발굴과 육성계획을 보면 27,000개의 축구클럽을 대상으로 390개의 트레이닝센터에서 프로그램을 실행하고 있다. 이는 평균 70개 축구클럽에 하나의 트레이닝센터가 있다는 얘기다.

매년 22,000명의 우수한 청소년 선수들이 1,200명의 축구지도자로부터 트레이닝 센터에서 지도를 받고 있다. 우수한 청소년 선수발굴과 육성을 위하여 지도자 이외에

29명의 축구 전문가가 트레이닝 프로그램을 개발하고 또한 각 지방 축구협회와 긴밀한 공조체계를 갖추어 청소년 축구선수를 관리하고 있다.

독일 축구협회는 우수선수 발굴과 육성에 매년 10억 유로를 투자하고 있다. 메르체데스 벤스 자동차 회사, 아디다스 스포츠용품 회사 그리고 독일 투자은행이 독일축구협회와 스폰서 계약을 맺고 우수한 청소년 선수의 선발과 육성에 투자하고 있다.

학교와 스포츠클럽과의 효율적 연계

학교와 스포츠클럽과의 연계목적은 학생들이 학교체육 이외에도 규칙적으로 스포츠를 즐기고 또 시합에 참여할 수 있도록 동기를 부여하고, 또 다른 궁극적인 목적으로는 학생들을 스포츠클럽으로 인도하는데 있다. 우수선수를 발굴하고 육성하기 위해서는 학교와 스포츠클럽이 서로 상호간에 연계되어져야만 한다.

현재 독일에는 약 4,500개의 학교와 약 2,000개의 스포츠클럽이 우수선수를 발굴하여 육성하기 위하여 결연 관계를 맺고 있다. 결연 관계를 맺은 학교와 스포츠클럽은 학교에서의 정규 체육시간외에 매주 마다 29,000명의 학생들 훈련을 돌보면서 우수선수를 발굴하고 있다. 1999년에 각 시.도 학교와 스포츠클럽에서 1,763명의 우수선수를 발굴하고 그 중 973명을 우수선수로 육성하였다. 발굴된 우수선수와 육성하고 있는 우수선수에서 979명의 D1/D2-Kader와 614명의 D3-D/C-Kader들을 배출하였다.

독일 축구클럽 슈바르츠 바이스

"슈바르츠 바이스" 클럽은 1백 년 역사를 자랑하는 축구 전문 스포츠클럽이다. 슈바르츠는 검정색 그리고 바이스는 흰색을 뜻하는데, 이는 클럽을 상징하는 색깔이다.

이 클럽은 축구만 제공하는 클럽으로서 350명의 회원이 가입되어 있다. 그 중 청소년회원이 260명 정도이고 90명은 성인과 여자회원이다. 청소년회원들을 청소년리그에 참가시키기 위하여 각 연령별로 팀을 구성하여 일주일에 두 번씩 약 1시간 정도의 트레이닝을 하고 있다. 각 리그별로 두 팀씩 구성되어 있고 한 명의 전문 트레이너가 있고, 다섯 명의 보조트레이너가 청소년 팀을 가르치고 있다. 전문 트레이너는 B-트레이너 자격증 소유자이고 보조트레이너들은 트레이너 교육을 받기 전 자원봉사자로서 트레이너를 보조하고 있다. 클럽리그는 청소년들의 학업에 지장이 없도록 주로 오후에 열리고 때로는 토요일에도 시합이 열린다. 시합은 홈 앤드 어웨이(Home and away)로 진행되는데, 시합은 청소년들의 교통편이를 고려하여 지역별로 리그가 열리고 있다(거주지에서 약 30km 지역). 청소년들의 리그진행을 위하여 부모님들이 자원봉사자로 활동을 하고, 또한 선수들 수송에도 많은 도움을 주고 있다. 클럽은 주로 회원가입비와 회비로 운영되어 지고 있다. 클럽의 수입으로는 스폰서와 광고가 있는데 광고물의 크기, 설치 위치에 따라 광고비가 다양하다. 스폰서로서는 운동장비나 유니폼을 보조해 주고 유니폼에 스폰서광고를 한다. 이 클럽은 시에서 제공해준 축구장을 사용하고 있는데 시설관리는 클럽에서 하고 있다. 축구장의 큰 보수가 필요할 때는 시에서 보조를 받는다. 이 클럽에서 어린이와 청소년 회원이 매 달 약 5유로의 회비를 내고, 성인회원은 약 10유로의 회비를 내고 있다. 이 클럽에는 20% 이상의 어린이와 청소년회원이 가입되어 있기에 시체육회에서 청소년회원을 위한 보조금을 받지만 클럽을 운영하는데 큰 도움은 되지 않는다.

* 위의 글은 서울특별시체육회 "시민체육"에 게재된 글입니다.

◉ 선진학교체육의 현장을 가다 Ⅲ

미국편

- 학업성취에 중점을 둔 미국의학교체육 -

곽은창 · 경희대학교 체육대학 교수

우리나라 학교체육의 문제점과 대안을 해외 선진 학교체육 현장의 모습을 통해 제고해 본다. 이번호에서는 기본적인 시설과 튼튼한 스포츠 인프라 구축을 바탕으로 학생들의 학업 성취에 중점을 둔 미국의 학교체육 현장을 살펴보도록 한다.

기본적인 시설과 튼튼한 스포츠 인프라 구축

잘 짜여진 교육과정 아래 우수한 교사가 열정과 사랑으로 학생들을 잘 가르치는 것은 모든 교육자의 희망일 것이다. 전통적으로 학교체육은 무엇보다 건강하고 튼튼한 신체 발달과 함께 다양한 운동기능을 학습하고, 경기규칙이나 매너, 운동수행지식, 보건 등에 대한 지식을 배우며, 협동, 봉사, 희생, 배려 등의 사회 · 정서적 발달을 추구해왔다.

그러나 유감스럽게도 학교체육을 통하여 이러한 목표들이 충실히 성취되었다고 믿는 사람은 많지 않다. 속칭 '아 나, 공!'으로 표현되는 노는 수업, 자유수업으로 일관한 체육수업은 10년, 20년을 거쳐 오면서 체육수업은 학습 없는 노는 수업이라는 확고한 신념(?)을 갖게 만들었다. 학생들의 스트레스를 풀어 준답시고 학습을 방치한 채 즐기며 놀게 하던 학교체육은 이제 심각한 도전에 직면해 있다. 이미 7차 교육과정 개편 때 체육 수업 시수가 축소되었으며 다가오는 8차 교육과정 개편시에는 고등학교에서 체육교과가 완전히 선택과목으로 전락할 위기에 처해 있다. 이와 같이 체육이 교과목으로서의 위상이 추락하는 등의 위기 현상은 이미 미국에서도 40여년 전에 경험한 바 있다. 이 당시 Havard 대학총장인 J. Conant가 "체육은 학문적 가치가 없으므로 교육과정에서 빼자"는 일갈에게 으름을 즐기던 체육교사와 체육인들은 대오 각성하며 체육의 가치를 사회에 제대로 전달하기 위한 대대적인 노력을 경주하기 시작하였다. 그 이후로 미국의 학교체육은 수업을 운영하는 교사의 책무성을 중시하여 학업성취에 초점을 두는 체육수업을 운영한 결과 세계 최고의 공립학교 운 영 체제를 갖추어 오늘날에 이르고 있다. 짧은 용지에 미국의 학교체육에 관한 상세한 언급은 쉬운일이 아니지만 일반적현황, 교육과정, 미국체육교육의 시사점 등을 중심으로 살펴보자.

교사의 책무성 이행을 강조

우선 미국의 학급규모는 공립학교인 경우에도 초등학교는 평균 15명에서부터 18명 정도이고, 중 · 고등학교는 약 25명 정도에 이르고 있다. 또 초 · 중 · 고등학교를 막론하고 대부분의 학교는 기본적으로 육상트랙과 잔디축구장, 미식축구경기장, 야구장 등의 야외경기장과 실내체육관을 갖추고 있다. 실내체육관은 초등학교의 경우는 대부분이 4~500평 정도의 작은 규모이지만 다목적으로 활용할 수 있도록 구성되어 있으며 특히 어린 학생들의 안전을 위하여 바닥은 카펫을 깔아 놓았다. 학교의 규모에 따라 다르지만 중 · 고등학교의 경우에는 다양한 기구를 갖춘 체력 단련장과 4~5개의 농구코트를 가진 체육관은 편리에 따라 다목적으로도 활용할 수 있게 설계되어있나. 수영장은 대부분의 대학분이 갖추고 있지만 아직까지 초 · 중 · 고등학교에서는 그다지 많지 않다. 그러나 외부에는 수영장이 많이 있어 수영클럽에서 수영을 배우는 것이 어렵지 않다. 맨땅에서 농구나 배구 등 실내용 운동을 하는 우리의 현 실에서 보면 참으로 부럽기 짝이 없는 일이나 그래도 이곳의 교사들은 시설이나 용구에 대한 불만이 여전히 큰 것을 보면 이에 대한 만족은 없는 것 같다.

보통 체육교사는 체육 이외에 두 과목 이상의 교과목을 지도한다. 우리는 체육만을 지도하는 것이 전문적이라고 생각하지만 이들은 체육교과 이외에도 다른 교과목도 지도할 수 있는 능력을 갖추게 한다. 물론 주전공과 부전공으로 나뉘기는 하지만 체육교사이면서 수학교사이기도하고 사회나 과학교사이기도 하다. 체육수업에서의 단원 조정도 교사에 의해 직접결정 되므로 학생들의 요구나 수준, 흥미가 반영되는 수업을 운영할 수 있다.

체육교사 양성과정을 살펴보면 대학교사교육인증위원회(NCATE)에 의하여 인가를 받은 대학에서 초 · 중 · 고등학교 구분 없이 지원할 수 있다. 특히 일반 대학에서 자유로운 사고를 바탕으로 우수한 교사를 양성하기 위한 대학마다의 경쟁적인 노력은 교사의 질을 높이는 촉진제 역할을 하고 있다.

일단 교사가 되면 평생이 보장되는 우리의 현실과 달리 미국은 교사로 임용되더라도 정기적인 장학을 통하여 교사로서의 교수능력과 자질을 검증 받는다.

이때 부적절한 판정을 받게 되면 약 두 학기에 걸친 개선 기간을 통하여 카운슬러의 도움을 받아가며 교수 수행 능력을 높이는데 총력을 기울인다. 이러한 과정을 거쳐서 다음 평가때 또 좋지 않은 평가를 받는 경우에는 교사로서의 자질이 부족한 것으로 판단하여 퇴출과정을 밟게 된다. 이처럼 미국 체육수업은 교사로서의 책무성 이행을 강조하고 있다. 따라서 일전의"roll out the ball"(아나공!) 방식의 체육수업은 이제 거의 찾아볼 수 없게 되었다.

활성화된 스포츠 클럽활동

우리의 학교체육은 선수 중심으로 운영하는 경향이 강하다. 그러나 미국의 학교체육은 철저히 학생중심이다. 예를 들어, 미국의 초·중등학교는 공식적인 축구나 농구, 야구 등 학교를 대표하는 운동 팀이 학교에 없다. 운동을 좋아하는 학생들은 방과 후 특별활동이나 외부 클럽에 따로 가입하여 운동을 즐긴다. 물론 이들 클럽활동도 매일 있는 것이 아니라 일주일에 두 세 번 이루어지는 것이 대부분이다. 연습 시간도 연령에 따라 틀리지만 대부분 1시간 3 0분을 넘지 않는다. 물론 이러한 클럽활동은 일년내내 이루어지지만 대부분 주말과 주일을 많이 활용하여 학습 방해요인을 최소화한다. 시즌별로 종목 구성이 다른 점도 특이하다. 예를 들어, 골프, 테니스, 야구, 소프트볼, 수영은 1학기에 하며 축구, 농구, 미식축구, 아이스하키는 2학기에 제공되어 다양한 경험을 갖도록 유도한다. 물론 이 외에도 더 많은 종목이 있으며 개인의 선택에 따라 방과 후에 자유로이 참여할 수 있다.

종목에 상관없이 코치의 공통된 지도 철학은 모두에게 공평한 기회와 다양한 경험을 제공해 주는데 있다. 예를 들어, 축구의 경우 비록 팀 내에서 가장 잘하는 선수일지라도 공격에서 수비로 포지션을 바꾸든가 대기하는 교체 멤버와 언제든지 교체된다. 잘하는 선수일지라도 다른 포지션에서의 색다른 경험을 갖게 해주고 또한 교체멤버로 바뀌어 서로 나누는 경험을 갖게 한다. 이처럼 모두에게 공평한 기회와 경험을 주기위한 노력은 이기는 것만을 강조하는 승리지상주의에 사로잡혀 있는 우리나라의 학교체육에 전달하는 의미가 크다.

학업성취를 중심에 둔 교육과정 그동안 스포츠기능의 학습, 체력발달은 체육교육의 중요한 목표가 되어왔다. 그러나 최근에 들어 미국체육스포츠협회(NASPE)는"Outcomes Project"를 통하여 체육수업의 책무성을 높이기 위한 일환으로 '체육교육을 받은 사람'에 대한 정의를 새로이 제시하였다. 이 정의는 체육활동을 통하여 아래와 같은 성취를 얻는다는 사실을 강조하고 있다.

1. 다양한 신체활동이 가능한 기초적 기능을 갖춘다.
2. 건강한 체력수준을 갖춘다.
3. 체육활동을 정기적으로 한다.
4. 체육활동에 따른 이점과 효과에 대하여 안다.
5. 체육활동이 건강한 삶에 기여하는 것을 가치롭게 생각한다.

이상과 같은 정의는 미국의 학교체육의 목표를 선도하고 있는 표제어로서 체육수업의 목표를 분명히 하고 있다. 사실 이제까지는 스포츠나 게임 중심의 수업이 체육수업의 모범이고 전형적인 모습으로 비추어져 왔다. 그러나 최근에 들어 체육수업이 다양한 목표를 추구하면서 교육 과정의 성격도 다양해 졌다.

교육과정은 주나 교육구, 학교에 따라서 각기 특색에 맞는 내용들을 포함하고 있다. 예를 들어, 사우스 캐롤라이나주는 초등학교학생이 성취해야하는 학습내용이 (1) 이동운동, (2) 신체관리나 교육체조, (3) 스포츠기능, (4) 학교무용의 범주로 나누어진다. 중고등학교에서는 (1) 휘트니스, (2) 네트/라켓활동, (3) 표적활동, (4) 단체활동 (5) 야외활동/ 레져 (6) 개인활동 (7) 무용의 일곱 가지로 크게 나뉘어 학습된다.

"미국 학교체육 교육과정"은 단순히 교과내용이나 활동의 나열이 중요한 것이 아니라 활동과 그 결과의 중요성을 강조하고 있다. 특히 신체활동을 통한 학업 성취의 증대는 가장 중요한학교체육의 목표가 되고 있다.

체육수업시간을 살펴보면 각 주마다 약간씩의 차이는 있지만 주로 초등학교는 6학년까지 일주일당 75분의 체육활동을 하게 되어있으며 중학교와 고등학교는 일주일에 100분에서부터 250분, 즉 이틀 혹은 매일 체육활동을 하는 학교에 이르기까지 다양하다.

최근에는 캘리포니아나 플로리다주의 학교들은 체육수업을 매일하는 학교들이 점차 늘어가고 있는 추세이다. 이는 한때 체육이 학문적 가치를 인정받지 못하면서 학교교육과정으로부터 퇴출당할 뻔 한 적도 있었지만 신체단련, 질병예방과 건강복지향상에 크게 기여하는 것으로 인정받았기 때문이다.

수업을 위한 단원의 크기는 주로 4주, 6주, 9주의 세 종류의 단원으로 나뉘어 한 학기에 16주간 운영되고 있다. 이들 각 단원들은 주로 세 가지의 활동들을 포함하고 있는데 이는 학생들에게 다양한 학습 경험을 제공하는 것을 중시하고 있기 때문이다. 아마도 미국은 세계 최다의 민족 혼합 국가답게 다양성을 통한 학습을 중요하게 여기고 있는 것 같다.

이 같은 다양한 경험을 통하여 학생들은 문제해결과 의사결정능력, 질서, 협동, 책임감, 봉사정신을 습득하게 된다. 말하자면 체육수업은 공을 차는 데 그치는 것이 아니라 공을 차면서 설정된 특정목표를 학습할 수 있도록 그 학습환경을 구성하고 있다.

풍부한 스포츠 인프라

미국 학교체육 교육과정은 단순히 교과내용이나 활동의 나열이 중요한 것이 아니라 활동과 그 결과의 중요성을 강조하고 있다. 특히 신체활동을 통한 학업성취의 증대는 가장 중요한 학교 체육의 목표가 되고 있다. 그러나 이러한 노력은 체육교사의 역할과 의무를 구체적으로 요구 하므로 체육교사는 교육과정에서 추구하는 목표를 달성하기 위해서 교사로서의 책무성을 성실히 수행해야만 한다. 따라서 이 전처럼 놀거나 학생들을 방치하는 체육교사는 더 이상 현장에서 버텨 나가기 어렵게 되었다.

미국의 학교체육을 살펴보면서 우리와 가장 다른 점은 기본적인 시설과 튼튼한 인프라의 구축에 있다. 한 학급당 인원이 40명이 넘는 우리에 비해 미국은 20여명 정도이다. 이것만으로도 학습에 크게 영향을 미칠만한 요소이다. 또한 미국은 분명한 목표를 설정하고 구체적인 접근을 시도 한다. 특히 교사의 책무성 이행여부를 확인하는 점에서 우리와 크게 다르다. 못 가르치거나 게으른 교사는 학교로부터 퇴출시키는 것이 학생을 보호하는 것이라는 인식이 강하다. 반면 우리는 좋은게 좋다고 적당히 넘어간다. 학교의 시설과 용구, 학교환경도 다르기는 하지만 기본적으로 체육수업을 운영하는 체육교사의 질적인 면에서 차이가 극명하게 드러난다. 체육교사는 프로 이므로 모두의 모범이자 사표가 되어야 한다.

학생중심의 수업

체육수업은 교사가 아닌 학생이 중심이 되어야 하며 반드시 학업성취가 보장되어야 한다. 다시 말하자면 체육교사는 학생들이 구체적인 학습을 할 수 있도록 도와야 한다. 미국의 교사는 무능한 교사로 판명되면 퇴출된다. 한국의 교사는 30년 철밥통이란 말도 있다. 아무 노력 안 해도 정년이 보장되는 풍토에서 누가 힘들여 노력을 하겠는가? 우리도 이제는 철저한 장학 관리를 통하여 무능한 교사를 선별해 낼 수 있는 체제를 갖추어야 한다. 여기에서"고인 물은 썩는다"는 격언을 새삼 떠올리게 된다.

우리는 지나치게 많은 과다 학급에서 고함과 명령, 억압 을 통해 학생들을 통제한다. 반면 미국학교는 소규모 학급(15~20인 이하)에서 교사와 학생간의 대화와 이해, 협력을 토대로 체육활동을 즐기고 있다. 우리는 또 실내체육관이 있어도 운동선수들이 훈련을 해 쓸 엄두도 못 낸다. 물론 교장이나 체육부장도 체육관이나 강당을 학생들 체육수업용으로 개방할 생각은 전혀 없다. 할 수 없이 체육수업은 뜨거운 태양, 휘몰아치는 먼지와 바람, 소음 등과 싸우는 고행을 요구한다. 미국의 학생들은 조용한 실내체육관에서 여유 있는 공간 속을 오가며 마음껏 활동한다. 일전에 정부는 학교에 체육관 지어주기

캠페인을 벌인적이 있다. 그러나 이런 교육시설에 대한 투자는 그렇게 신속히 이루어지지 않는다.

체육수업은 학교 운동장도 필요하지만 대부분의 체육활동이 체육관에서 이루어짐을 고려할 때 체육관 지어주기 사업과 체육시설과 용구에 대한 투자는 지속적으로 이루어져야 한다.

어차피 학교체육 수업시간만으로는 학교체육의 목표를 달성할 수는 없다. 체육의 학습내용도 수업시간 외에 추가적인 학습이 이루어져야 할 필요가 있다.

우리나라도 YMCA를 중심으로 몇몇 클럽활동이 제공되고 있으나 수영, 농구, 라켓볼 등 제한적인 종목에 그치고 있어 아쉬움을 남긴다. 지역사회를 중심으로 보다 다양하고 활발한 클럽활동이 결성되어 학생들에게 마음껏 뛸 수 있는 환경을 제공할 수 있는 날이 하루빨리 오기를 기대한다.

* 위의 글은 서울특별시체육회 "시민체육"에 게재된 글입니다.

◉ 선진학교체육의 현장을 가다 Ⅳ

일본편

- 학생들의 건강한 성장에 중점을 둔 일본의 학교체육 -

야노 다카요시 · 세종대학교 일어일문학과 교수

우리나라 학교체육의 문제점과 대안을 해외 선진 학교체육 현장의 모습 을 통해 제고해 본다. 이번호에서는 풍부한 체육시설과 지역 연계의 활발한 클럽활동을 바탕으로 학생들의 건강한 성장에 중점을 둔 일본의 학교체육 현장을 살펴보도록 한다.

풍부한 체육시설과 지역 연계의 활발한 클럽활동

한국에서는 저녁때 중학교 운동장에서 학생들이 스포츠를 하는 모습이 잘 보이지 않는다. 학교 수업을 마쳤는데도 불구하고 학생들이 운동장에 나타나지 않는다. 일본에서는 오후 4시나 5시가 되면, 교실 안에 있었던 학생들이 모두 학교 운동장, 체육관, 테니스장, 수영장등에 흩어지고 각 부서에서 기합을 넣고 소리를 지르면서 운동하고 있는 모습을 언제나 볼 수 있지만, 한국에서는 시내 수영장에 가도 어른들의 모습만 보일 뿐 가장 운동을 필요로 해 야 될 중학생들이 보이지 않는다. 도대체 그들은 어디서 운동을 하고 있는가?

운동을 통해 사춘기를 극복해

일찍이 한국의 어떤 외국어고등학교를 방문했을 때였다. 공립인데도 불구하고 기숙사까지 완비한 최신 학교이었지만, 놀랍게도 이곳에서는 새벽부터 수업이 시작되어 심야까지 계속된단다. 하루의 스케줄은 꽉 차있고 학생들에게는 밖에 나가는 자유도, 시간도 없었다. 하물며 수업 후에 운동한다는 것은 생각도 못하는 일이었다. 어린학생들은 일요일에 집에 가서 부모를 만날 것을 유일한 즐거움으로 기다리고 있다. 한 여학생은 졸리는 눈으로 친구가 보건실에서 나오지 않는 이유를 이야기해줬다. 정신적 고민뿐만 아니라, 신체적으로도 이상을 호소하고 있는 것이었다. 대학입시를 앞둔 고등학생은 물론, 중학생까지 학교수업이 마치자마자 과외수업이나 입시학원에서 문제집 풀기에 바쁜 현실로는 자유스럽게 운동하는 모습을 보지 못하는 것은 어쩌면 당연한 일이었던 것이다.

그러나 중학생 시절이 되면 자신의 신체변화에 놀라기도 하고 여러 정신적 · 육체적 불안과 동요에 고민할 수밖에 없는 시기이다. 한국의 청소년들은 이것을 어떻게 극복하고 있는가? 일본에서는 중학교에서 클럽활동이란 과외활동이 있고 운동 위주로 청소년의 에너지를 발산시킨다. 많은 일본 중학생들은 중학 1, 2학년 시절을 클럽활동에 의한 심한운동으로 하루하루를 바쁘게 보낸다.

그들이 저녁때 집으로 갈 때는 너무 피곤해서 다른 것에 대한 관심을 가질 여유도 시간도 없다. 일본 청소년들은 운동을 통해 사춘기를 넘어 간다고 해도 과언이 아니다. 과연 일본청소년들은 체육생활을 어떻게 해나가고 있을까?

지역사회와의 활발한 스포츠 연대

일본은 예로부터 지역주민의 연대(連帶)관계와 각 마을 구성원의 의무를 중요시해왔다. 그런 역사 때문에 그런지 일본 아이들은 자신이 사는 각 지역의 초등학교에 가게 되면 그 학부모에게도 각 초등학교를 중심으로 하는 모임이나 봉사활동에 대한 참가의무가 생긴다. 먼저 학부모의회의 기관인 PTA(父兄會)의 활동 및 임원 선발이 있지만 이것뿐만 아니라, 이런 회의를 통해 결정된 봉사 사항에 대한 학부모의 수행의무가 있다.

초등학교에서도 아동들을 위한 운동클럽이 있지만, 자신의 아이가 참가한 클럽에 대해서는 그 학부모도 아이들에 대한 감독과 관리의 의무가 있다. 예를 들면 아이가 야구부에 참가하면 당번제로 아버지가 학교에 가서 운동장 끝에 서서 날라 오는 공을 줍는 일을 담당할 때도 있다.

또 어머니회로서 일주일 몇 번씩 밤에 어머니들이 학교 체육관에 모여서 배드민턴이나 춤추는 연습을 할 때도 있다. 특히 일본은 여름에 시(市) 마다 축제행사를 행하는 일이 많기 때문에 그 조직을 시청과 초등학교가 함께 운영할 때도 있다. 아버지는 가마를 메는 일을, 어머니는 춤을 추는 일을 담당하는 경우가 많다. 이렇게 일본에서는 가까운 초등학교를 중심으로 지역사회 구성원이 연결되어 있고 그들은 주로 스포츠를 통해 하나 되어 있는 것을 알 수 있다.

최근에 일본에서도 과도한 영양 섭취와 운동부족으로 인한 비만아(肥滿兒)가 급증하고 있다. 이제 초등학교는 비만을 악(惡)으로 여겨 적대시하고 이 아이들의 구제수단에 고심하고 있다. 아이가 한번 비만이 되면 자신감(自信感)이 없어지고 성적이 떨어져 그 열등감이나 불만을 먹는 것으로 메우려고 하게 된다. 이렇게 되면 아이들은 악순환에서 빠져나갈 수 없게 된다. 그대로 두면 아이는 구제할 수 없는 상태가 된다고 한다. 그러므로 학교에서는 정기적으로 신체검사를 하고 비만아를 발견하면 바로 그의 구제를 시작한다.

일본에서는 예로부터 학생에게 주는 벌로서 근육운동을 사용하고 왔다. 운동장을 토끼뜀뛰기로 몇 번 돌거나 엎드려 팔굽혀펴기를 몇 번씩 하거나 벌의 심도는 그 근육운동 의 고통으로 계산되었다. 그러므로 비만아에 대한 구제책은 바로 운동이다. 아이들이 비만으로 인정받게 되면 그 다음날부터 등교하자마자 우선 운동장을 몇 번씩 뛰어야 한다. 비만아에게 이 운동은 아주 힘든 벌이겠지만, 이 운동이야말로 그들에 대한 가장 적절한 구제책이라는 것이다.

풍부한 체육시설과 클럽활동

일본에서는 원래 체육을 중요시해왔다. 그 이유는 인간은 신심일체(身心一體), 즉 마음과 몸이 하나가 되어서 존재하는데 마음이 존재하기 위해서는 몸이 있어야 되고 몸은 정신이 깃들어야 살 수 있기 때문이다. 마치'건전한 정신은 건강한 육체에 깃들인다'고 하는 것처럼 육체와 정신은 밀접한 관계 속에 있고 어느 쪽을 빼고 생각할 수 없다.

그러므로 건전한 정신을 형성하기 위해서는 꼭 육체의 단련(鍛鍊)이 필요하다고 생각해 왔다. 특히 초 · 중학교 9년간의 의무교육 과정에서는 그 의의는 대단히 크다. 이 시기는 인간의 인격의 기초를 형성하는 것과 동시에 육체가 가장 많이 발육할 때이기 때문이다.

원래 일본 초등학교에서는 읽기, 쓰기, 계산 등의 기초 능력 습득을 목표로 했지만, 그와 동시에 중요시 한 것으로서 사회성교육이 있다. 나라의 법을 준수(遵守)하고, 사회 질서를 잘 지키는 국민을 만드는 것에 교육의 근본적인 목적이 있었다. 그리고 이를 수행하는데 체육을 중요시했던 것이다. 규칙(規則)을 몸으로 배운 스포츠를 함으로서 나라의 법과 사회적 질서를 지킬 수 있는 국민을 양성(養成)할 수 있다고 믿었기 때문이다.

옛날 무사(武士)는 무도(武道)를 통해 정신단련(精神鍛鍊)을 했는데 이는 육체에 의한 민첩(敏捷)한 동작의 원인이 바로 정신에 있다는 사실을 보여 주며 또 정신을 단련하기 위해서는 꼭 육체를 단련해야 한다는 사실을 가르쳐준다. 후에 무사도 소양으로 학문을 하게 되었지만, 앉아서하는 학문과 일어서서 하는 무술은 사실, 일체를 이루고 있었다.

그와 같은 이유로 일본의 초・중・고등학교는 모두 운동장, 실내 체육관, 수영장을 가지고 있으며 이들 시설을 다 완비하지 않으면 학교 성립의 허가를 받을 수가 없다.

이러한 일본에서 중학교의 큰 특징은 아무래도 클럽활동에 있다 하겠다. 이는 한국의 동아리 활동과 같은 것이 지만, 일본 중학교의 클럽활동은 체육부(體育部) 위주로 진행하는 것에 특징이 있다. 체육부만 예로 들어도 육상(陸上)부, 야구부, 축구부, 농구부, 배구부, 체조부, 수영부, 유도(柔道)부, 검도(劍道)부, 가라테(空手)부, 합기도(合氣道)부, 테니스부, 탁구부, 배드민턴부 등 다양하다. 중학생이라면 거의 모두가 참가하게 되는 이 과외활동은 참가 하지 않을 수 없는 듯한 전통과 분위기를 가지고 있다.

그러므로 중학교에 입학한 어린 신입생들은 학교에 들어오자마자 자신이 들어갈 클럽을 결정해야 하고 거기서 이들은 후배라는 지위를 얻는다. 각 클럽은 부실(部室)이라고 해서 학교 안에 각 방을 가지고 있으며 거기서 옷을 갈아입고 회의도 한다. 선・후배의 상하관계는 철저하며 후배는 선배의 심부름은 물론 방 청소와 그라운드 정비, 체육관 청소등, 모든 봉사를 담당한다.

2학년생은 중견(中堅)이다. 그들은 1학년생을 지도, 관리하고 3학년생을 모신다. 여기서 2학년생은 시합(試合)에 있어서 중심 일원인 동시에 중심 간부이기도 하다. 3학년생은 고등학교 입시 준비 때문에 은퇴한다. 그들은 가끔 부실을 방문하고 후배를 격려한다. 선・후배간의 인사는 철저하며 마치 군대처럼 행해진다. 이러한 질서의식이 중학 시절로부터 확립되는 것이다. 시대의 흐름으로 인해 개인주의, 이기주의를 막을 수 없는 현실에서 예의(禮儀)의 기본이라고 할 수 있는 선배에 대한 경의(敬意)나 인사를 가르칠 수 있는 것도 클럽의 큰 특징이다.

이렇게 해서 일본의 많은 하급 중학생들은 아침 일찍 등교한다. 운동장을 정비하고 체육관을 청소하고 근육운동 등 준비체조를 하고 그날의 연습을 준비하기 위해서이다. 또 시합이 가까워지면 조연(早練)이라고 해서 아침 6시부터 연습을 할 때도 있다. 아침에 일찍 일어나서 운동하고 수업을 받고, 또 수업이 끝나자마자 운동하고 집으로 가는 이들은 저녁을 먹으면 이미 마음도 몸도 피로곤비(疲勞困憊)한다. 그러나 그들은 있는 힘을 다 내고 그날의 수업의 복습과 내일의 예습을 해야 한다. 텔레비전도 인터넷도 그들에게는 그다지 관련이 없는 물건이다.

이러한 생활은 평일뿐만 아니라 일요일이나 방학 때에도 계속되기 때문에 그 가혹(苛酷)함에 대해서 우려하는 학부모의 목소리도 많다. 그러나 이것이 특별한 일부 학생의 경우가 아니라 정도의 차이는 있지만, 일본 중학생 전반의 일반적인 경향이라고 할 수 있다.

학교와 관련된 사회행사는 여러 가지가 있으나 체육계 클럽활동이 활발한 일본에서 학생들에게 친밀한 것은 각종 스포츠 대회이다. 많은 일본 중학생들에게 가장 큰 삶의 긴장감을 주는 것은 실은 학교 학업이 아니라 스포츠의 시합(試合)이라고 해도 과언이 아니다. 학교대항으로 이겨내고 현(縣)대회로 가고 최후에는 전국 대회까지 오르는 것이 그들의 꿈이다. 공부와 운동이라는 학교생활의 성과가 평가될 결실이 바로 체육대회에서의 승리라는 것이다.

건강한 성장의 열쇠는 운동

일본에서 중학생에게 특별히 운동을 강요하는 이유는 발육이라는 관점뿐만이 아니라, 또 하나의 중요한 이유가 있다. 일찍 남녀공학제도를 실시해 온 일본에 있어서 사춘기(思春期)의 아이들을 도덕적으로 옳고 심신(心身) 건강한 인간으로 육성하기 위해서 문제가 되는 것은 무엇보다도 사춘기의 최대의 특징인 성(性)을 중심으로 하는 정서(情緖)적 생리적 문제이다.

이성에 대한 관심은 물론, 자신의 신체변화에 동요하고 불안(不安)과 고민에 빠지기 쉬운 이 시기의 아이들에게 운동은 최대의 구출수단이 될 수 있다. 육체단련을 통해 과도로 남는 에너지와 우울한 마음이 겹쳐 쌓인 우울(憂鬱)을 발산(發散)시켜 성적욕망을 승화(昇華)시킬 수 있다.

청소년은 운동에 열중하고 있는 사이에 시간을 잊어 신체의 발육과 인격적 성장 및 학업을 동시에 성취할 수 있는 것이다.

그러나 최근에는 핵가족화(核家族化)로 인한 개인주의와 소자화(少子化) 등 대중(大衆)적 정보화(情報化)사회에서 인간과 인간의 의사소통에 어려움을 느끼는 많은 신세대 아이들이 급증하고 있다. 그들은 집단생활이나 선배와 후배 등의 상하관계를 좋아하지 않은 경향이 있다.

학교폭력, 이지메, 등교거부(登校拒否), 성(性)문제, 음 주, 흡연 등, 전에는 예상하지 못했던 여러 문제 속에 소・중학교 교육은 어려움을 경험해 왔다. 최근에 일본 문부성(文部省)의 조사에 의하면 아이들의 체격은 많이 개선되어 있는데도 불구하고 몸의 유연(柔軟)성은 현저하게 저하되어 있고 운동능력도 계속 내려가고 있다고 한다. 많은 청소년은 몸의 이상을 호소하고 있고 놀이나 자연경험의 결여에서 오는 마음의 비뚤어짐도 일반적으로 나타나고 있다.

도코도(東京都)의 소・중학생을 대상으로 한 조사에 의하면 5명 중 한 명이 성인병(成人病)의 가능성이 있고 4명 중의 한 명이"큰 소리를 내고 난폭하게 굴고 싶다"거나, "짜증 난다" 등의 정신적 스트레스에 의한 자각증상을 호소하고 있다. 소・중학생의 12%가 비만(肥滿)이며 12%가 콜레스테롤의 평균수준을 넘어 16%가 불면(不眠)에 고민하고 있고 60%가 "언제나 잠이 온다"며 수면부족을 호소하고 있다고 한다. 또 남자

중학생의 10명 중 한명은 1주일 에 한번 이상 음주하고 성장기의 심신을 장해하고 있다는 조사결과도 있다. 사춘기에 술을 마시면 뇌나 생식기의 발육에 큰 영향을 미칠 것은 말 할 필요도 없다.

이러한 심각한 상황속에 일본 문부성(文部省)은 20년 전부터 교육 개혁을 계획했고, 이미 1 0년 전부터 새로운 교육을 실시하고 있다. 새로운 교육의 큰 특징은 창조력과 개성을 키우는 것이다.

즉, 기존의 지식을 기억하는 교육이 아니라, 스스로 생각하는 교육이며 학교는 경쟁하는 곳이 아니라 개성을 키우는 곳이다. 한마디로 '지식 중심'에서 '창조성 중시'로 변했다고 할 수 있다. 그러나 운동부족으로 인한 여러 장애는 여전히 해소하지 못하고 있다.

운동의 참뜻을 다시 새길 때

한국의 중・고등학교는 아직도 남녀공학을 실시하고 있지 않은 곳도 많고, 입시위주의 엄한 스케줄 속에 학생들은 공부로 바쁘게 보내도록 유도하고 있다. 많은 학생은 심한 경쟁논리 속에 성적의 점수에만 관심을 가지면서 어려운 사춘기를 넘어간다. 그러나 이제 인터넷 등 과학기술의 발달을 수단으로 하고 윤리나 도덕을 무시하는 여러 상품들에 누구나 쉽게 접할 수 있는 오늘의 상황에서는 어떤 것을 막는 식의 교육은 이미 효과가 없다. 이러한 무방비 상태에서 어떻게 건전한 남녀공학을 이룰 수 있겠는가?

무엇보다 이제 한국교육도 창조력 개발위주의 교육으로 변해야 될 오늘의 이 시점에서 앞으로 청소년에게 주게될 자유 시간을 어떻게 활용하게 할 것인가? 이런 문제를 생각할 때 우리는 다시 운동의 의의와 효과에 대해서 생각할 때가 아닌가 생각한다.

---

* 위의 글은 서울특별시체육회 "시민체육"에 게재된 글입니다.

V

청소년 건강, 미래가 달려있다

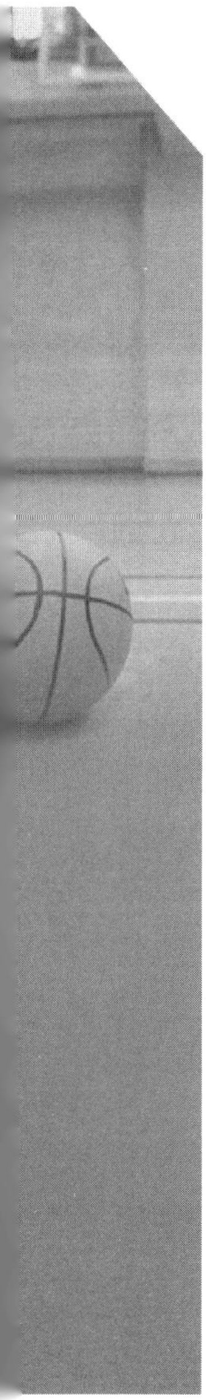

- 학교체육이 바로서야 생활습관병으로 인한 경제손실 줄인다
- 요즘 아이들 건강이 흔들린다
- 비만치료를 위한 기초 체력반 운영 중인 제주 동초등학교
- 성인병 불러오는 청소년 비만 실태
- 체육계 고등학교 교육과정 개선, 소질과 가능성 중심 선수 선발 필요
- 체육지도자의 자질 향상과 재교육
- 학교 체육의 현황과 학생 체력 증진의 방향

◉ 청소년 건강, 미래가 달려있다 Ⅰ

학교체육이 바로서야 생활습관병으로 인한 경제손실 줄인다

김상국 · 세종대학교 교수

건강한 신체에 건강한 정신이 깃든다. '모 스포츠 용품 광고에 나왔던 이 카피문구, 고대 그리스 철학에서 나오는 말을 인용한 것이다. 그렇다. 사람은 쉼 없는 움직임을 통해 몸(body)의 건강을 유지하고 이를 통해 건강한 사고를 발현시킨다. 이는 동서고금을 통달하는 진리이자 생명을 관장하는 자연의 섭리이다. 그런데 현대인들은 고도화된 물질문명과 풍요로움에 기인하여 새로운 생활습관을 갖게 되었고 그 과정에서 자연의 섭리를 거역함으로써 스스로 위기를 초래하고 있다.

오늘날 인간이 겪고 있는 질환은 19세기나 20세기 초기에 유행했던 전염성 질환과는 차원이 다르다. 만성적인 에너지의 과잉공급 또는 에너지 조소비로 인해 발생한 당뇨병, 고혈압, 고지혈증, 골다공증 등이 그것이다. 과거 성인병으로 불리던 이 질환은 일상생활의 습관과 밀접한 관계가 있다고 해서 영국이나 프랑스, 일본 같은 선진국에서는 이를 생활습관병(lifestyle disease) 혹은 생활습관 관련 병(lifestyle related disease)이라고 명명하고 있다. 최근 한국 내과학회에서도 성인병 혹은 만성질환을 가리켜 "생활습관병"이라 이름을 붙였다.

이러한 만성질환은 그냥 방치하게 되면 회복되지 않고 진행되다가, 끝내는 동맥경화라는 합병증을 만들어 생명을 무참하게 빼앗아간다. 생활습관병이라는 의미는 질병을 바로 잡기가 힘들다는 의미가 내포되어 있는 반면에 또 한편으로는 생활습관에 주의하고 고치면 병을 예방하거나 막을 수 있다는 매우 긍정적인 의미로도 풀이할 수 있다.

지금까지 발표된 많은 결과들은 신체활동과 체력, 그리고 건강상태는 매우 상관관계에 있음을 과학적 근거를 들어 입증해 주고 있다. 즉, 신체활동은 건강을 유지하는데 결정적인 역할을 하며 생활습관병을 초기에 예방하는데 기여한다고 밝히고 있다. 규칙적인 신체활동은 전 연령대에 있어서 모든 종류의 사망원인의 위험율을 25% 이상 줄인다고 하며, 평균여명(life expectancy)이 전체 평균연령보다 약 2년 정도 증가한다고 한다. 종단적 역학 연구 결과에 의하면 비신체활동의 집단이 규칙적인 신체활동을 한 집단보다 심장질환(CHD)발단의 위험율은 두 배정도 높게 나타나기도 했다.

생활습관병으로 인해 지출되는 국민의료비 심각

생활습관병은 현대산업과 과학이 어우러져 만들어낸 인공적인 병원체인 운동부족, 영양불균형, 음주와 흡연, 스트레스 등이 주요 발병원인이다. 이로 인해 국민 의료비 지출이 날로 증가하고 있는 추세이다. 1997년 우리나라 국민 의료비 지축은 국내 총생산(GDP)의 4.0%를 차지하였으며, 국민 1인당 의료비는 총 587달러가 지출되었다. 이는 1995년도(483달러)보다 약 21.0%가 증가한 수치이다. 또한, 우리나라 모든 질병의 81%가 생활습관병으로 분류되며, 지난 2001년 국민의 절반에 가까운 46.2%가 만성질환을 앓은 것으로 나타났다. 그리고 생활습관병으로 인해 발생하는 생산성 손실은 국내총생산(GDP)의 약 0.96%나 된다. 그런데 더욱 심각한 문제는 이러한 생활습관병이 국가의 미래를 짊어지고 갈 우리 청소년들에게도 나타나고 있다는 것이다.

요즈음 우리나라 청소년들을 가르쳐 '덩치만 큰 약골'이란 말이 있는데, 이 말의 의미는 체격은 커지는 데 반해 체력은 오히려 약화돼 가는 현상을 말한다. 최근의 학생체력검사에 의하면, 우리나라 남녀 중 · 고등학생 발육과 영양평가의 지표가 되는 신장과 체중은 과거 1970년과 비교하여 모두 크게 향상되었다는 것이다. 이러한 현상은 1980년대를 기준으로 급속한 경제성장과 더불어 서구화된 식생활 및 학교급식을 통한 체계적인 영양관리가 이루어졌기 때문이라 볼 수 있다. 그러나 체력의 중요 지표 가운데 전신지구력의 지표인 오래달리기 능력의 변화 추이를 살펴보면, 1985년도를 기점으로 남녀별 중 · 고등학생들의 체력이 급격하게 약화되고 있음을 알 수 있다. 연구 결과에 따르면, 1972년도부터 1998년도에 이르기까지 전체 학년(남 · 여학생 불문)에서 오래달리기 능력이 현저하게 저하되었는데, 이러한 심폐지구력의 저하 현상은 고혈압, 당뇨병, 심혈관질환, 비만 등과 같은 생활습관병 발병 증가율과 무관하지 않다. 더욱 충격적인 것은 생활습관병의 발병연령이 점점 낮아지고 있다는 것이다.

특히, 초 · 중등학생의 경우, 좋은 환경과 식생활의 변화(과거의 낮은 칼로리와 높은 섬유질이 함유된 식사에도 최근 높은 칼로리와 낮은 섬유질의 식사습관)에도 불구하고 신체활동량의 감소로 인해 비만도가 급격히 증가되고 있다. 1984년 남학생의 비만 빈도가 9.0%에서 1994년에는 19.0%로 증가하였고, 여학생의 경우 7.0%에서 16.0%로 증가하여 10년 만에 2배 이상의 증가를 보였다. 아동비만은 성인비만으로 진행될 가능성이 높고 고혈압, 당뇨병, 고지혈증 등과 같은 소아 성인병의 위험 요인들이 조기에 발현될 수 있으며, 성인비만으로 진행되었을 경우에는 호흡기와 피부, 관절 등도 비만과 관련된 합병증이 한층 빈번하게 동반된다. 지금의 청소년들이 성인이 되었을 때 부담하게 될 국민 의료비의 심각성은 자명하다.

학교체육은 생활습관병을 예방하는 유일한 길

오늘날 우리 청소년들에게 당면하고 있는 생활습관병을 예방하는 유일한 대안은 학교체육의 활성화와 내실화이다. 학교체육은 일정한 교육 이념에 따라 교육목적을 수립하고, 그 성장 발달 단계에 따라 계획적으로 시행함으로써, 학생들의 건강 및 체력을 유지·증진하고, 즐거운 삶을 영위토록 하는데 있다. 그러나 필자가 "학교체육 실태조사 및 개선방안"에 관한 연구(2001)를 한 결과, 우리나라 학교체육은 여러 가지 문제점이 총체적으로 나타나고 있었다. '급격한 체력의 저하' '열악한 학교체육 예산과 시설' '학교체육의 중요성에 대한 인식결여' '비교육적 엘리트 학교체육 운영' '교원의 자질 및 체육지도의 부식' '지역사회와 연계성 부재' 등이 공통적으로 지적되었다.

작금의 실태를 보면, 아동들에게 있어 체육수업이란 그저 노는 시간으로 간주되고 있다. 프로그램에 의한 계획적인 시간이 아니라 단순한 게임 위주의 뛰어 놀고 즐기는 시간이며, 심한 경우 조요 교과과목으로 대체되거나 자습을 하는 경우가 다반사이다. 이와 같이 체육의 본질적 가치가 왜곡되는 것은, 전인교육이 무시되는 그릇된 '입시위주의 교육풍토' 때문이기도 하다. 학생들의 건강한 신체문화를 왜곡시킴은 물론, 지·덕·체의 균형있는 발전을 저해하는 현행 입시위주의 교육제도는 반드시 개선되어져야 한다.

청소년들의 체력저하 현상을 이대로 방치한다면, 이러한 추세는 개인의 경제적 손실뿐만 아니라 막대한 국가 경제의 손실을 초래할 것이므로 학교체육을 통해서 건강 및 체력을 유지·증진시킬 수 있는 대책이 절실히 요구된다.

청소년의 체력 향상을 위한 다각적인 프로그램을 적용해야

우리나라 청소년의 심각한 체력저하를 예방하기 위해서는 다각적인 체력 향상을 위한 프로그램이 요구된다. 그 첫 번째 방안으로, 가칭 "대통령 청소년체력 향상위원회" 운영을 생각할 수 있다.

미국의 대통령체력스포츠위원회(PCPFS)는 모든 미국인들이 연령을 초월하여 국민체력 향상 및 바람직한 스포츠 활동을 하도록 장려하고 있다. 특히, 이 위원회는 청소년 체력 향상을 위해 각종 프로그램을 개발하여 보급하고 있으며 각 부분에 우수한 학생들에게 대통령이 직접 사인한 각종 증서를 수여하여, 청소년들이 체력 향상에 동기를 극대화시키고 있다. 이 위원회에서 체력 향상을 위한 도전 프로그램(President's Challenge)이 제공되며, 대통령체력상, 국가체력상, 체력참가상, 건강체력상, 대통령 우수생활습관상 등이 주어진다.

여기서 국가체력상이란 학생들에게만 주어지는 상인데 5가지 건강관련체력 중 50% 이상 합격하면 주어지는 상이다. 가칭 "대통령 청소년체력 향상위원회(President's Council on Youth Physical Fitness Promotion)" 운영(안)은 청소년 체력 향상에 가장 큰 영향력을 발휘할 것으로 본다. 이 조직은 별도 대통령산하 특별위원회 형식으로 각종 전분가들을 포함하여 운영하는 것이 필요하다고 생각된다.

다음으로, 체력장의 부활을 생각할 수 있다. 학교 체력장은 1972년도에 도입하여 실시하여 오다가 1994년도 폐지되고 말았다. 폐지 배경에는, 체력장 실시종목의 하나인 오래달리기를 하던 중에 안전사고로 인해 언론으로부터 비판 여론이 있었으며, 이러한 비판 여론은 급기야 체력장의 변별력에 대한 문제점을 제기하게 이르렀던 것이다. 이와 함께, 체력장을 이끌어 가는 현장의 교사나 학생들 사이에 체력장에 대한 가치인식이 결여된 것도 그 이유가 되었다. 그러나 체력장을 이끌어 가는 현자의 교사나 학생들 사이에 체력장에 대한 가치인식이 결여된 것도 그 이유가 되었다. 그러나 체력장은 점점 약화되어가고 있는 청소년 체력을 향상시키는 한편 지병을 예방하는 가장 효율적이고 현실적인 방안 중 하나라고 판단된다. 단, 운동관련 체력 검사보다는 건강관련 체력측정(심폐지구력, 유연성, 신체조성, 근력, 근지구력)에 포인트를 두는 것이 바람직할 것이다. 체력장 시행은 학교별 혹은 지역별로 자율화하되 변별력을 높여 차등화 하는 방안을 고려해야 할 것이다. 그리고 그 결과를 대학입시에 반영할 수 있도록 각 대학에 홍보하여 장려・유도하는 방안을 상정할 수 있을 것이다.

그 외에도 전교생 건강달리기의 정례화나 집단체조 실시 등을 상정할 수 있으며, 교육효과를 고려하여 전통적인 운동 방법보다는 생활습관을 병행하는 교육방법도 검토할 필요가 있다.

결론적으로 이제 청소년체력 향상 문제는 국가적인 차원에서 심도 있게 다뤄야 할 이슈이다. 청소년을 바르게 지도하고 육성하여 사회의 건전한 일원이 되도록 교육하는 것은 국가의 중요한 책무 중에 하나이기 때문이다. 그 일환으로 국민 건강의 기본인 학교체육을 살려야 한다. 학교체육이 빈사상태에 빠지면 저변 축소에 따른 엘리트 체육의 약화, 생활습관병 증가, 그리고 생활체육의 연결고리마저 취약해 진다는 사실을 잊어서는 안 될 것이다.

◉ 청소년 건강, 미래가 달려있다 II

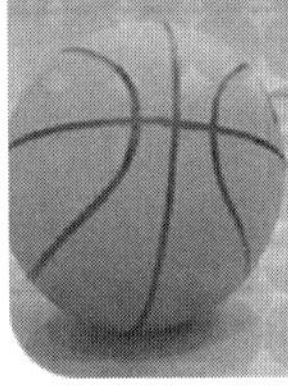

요즘 아이들 건강이 흔들린다

- 청소년 비만, 학교에서 해결할 수 있다 -

이경옥 · 이화여자대학교 체육대학 교수

데카르트는 “나는 생각한다. 고로 나는 존재한다”고 했다.

그러나 편리함만을 추구하는 현대 사회에서는 “나는 움직인다. 고로 나는 존재한다”가 더 필요할지 모른다.

백년 전만 해도 죽음의 원인 중 대부분은 전염성 질병에 의한 것이었다. 의학의 발달은 이러한 질병을 치료할 수 있는 약의 개발을 이루었고 이로 인한 질병은 사라지고 인간의 수명은 연장되었다. 그러나 생명을 위협하는 또 다른 요인들이 등장하였다.

편리함만을 추구한 결과 운동 부족증(Hypokinetic)으로 인한 성인병의 위험에 빠지게 되었다. 그러나 이것은 비단 성인에게 뿐만이 아니라 어린이에게도 심각한 결과를 초래하여 성인병이 아닌 현대병이라고 하게 되었다.

많이먹고, 적게 움직인다

일반적으로 섭취 에너지가 소비 에너지보다 많으면 잉여 에너지가 지방으로 저장되어 비만에 이르게 된다는 것이 비만에 대한 정설로 되어 있다.

비만증은 지방 조직의 형태에 따라 지방 세포 증식형과 지방 세포 비대형으로 구분된다.

지방 세포 증식형은 세포수의 증가에 의한 비만의 대부분을 차지하며 소아비만의 경우가 많다. 지방 세포 비대형은 지방세포의 수보다는 크기가 증가하는 것으로, 성인에게 발생하는 비만의 대부분을 차지한다.

지방세포 증식형 비만의 경우 한번 늘어난 지방세포의 수는 다시 줄어들지 않는다는 데에 그 심각성이 더하며, 따라서 소아 비만이 성인 비만으로까지 이어지게 되고, 비만

치료에 의해서도 큰 효과를 볼 수 없는 경우가 많은 것으로 보고되고 있다.

서울시내 사립 초등학교 5,6학년을 대상으로 실시한 성별에 따른 일일 에너지 총 섭취량과 소비량은 여자는 평균 2,153Kcal를 섭취하나 1,383Kcal를 소비하므로 770Kcal의 잉여 에너지를 갖고, 남자의 경우 2,288Kcal 섭취하고 1,238Kcal 소비하므로 1,050Kcal의 잉여 에너지를 갖는다.

여자의 경우 하루 평균 770Kcal의 잉여 에너지가 저장되면 10일만에 1kg이 증가하고 1달이면 3kg이 증가하는 결과를 낳게 될 것이다.

남자의 경우는 좀 더 심하여 일주일에 1kg씩 증가하여 1달이면 4.5kg이 증가할 수 있다는 결과를 알수 있다.

반면에 지방 1kg을 줄이려면 약 7,000kcal를 소비해야 하는데, 보통 빠르기로 약 7시간 30분 정도 걸어야 소비할 수 있다.

실제로 조사 대상자들의 비만 정도를 보면 남자의 경우 전체 131명 중 정상 체중은 38명(29%) 뿐이고, 비만이 52명(40%)으로 나타났으며, 64.4% 정도가 과체중 이상으로 우리나라 초등학교 남학생들의 건강 상태가 심각한 것으로 나타났다.

여자의 경우는 전체 128명 중 정상 체중 66명(52%)이며, 과체중과 비만의 상태가 40%정도였다.

건강한 체력이 수명도 연장해

1960년대 후반부터 미국에서는 좋은 체력이 만성질환, 특히 심폐계 질환을 이겨내는데 중요하다는 사실을 많은 연구를 통해 입증하였다. 체력 프로그램에 정기적으로 참여한 사람들이 심폐 계통으로 인한 사망률이 떨어진다는 결과가 나타났다.

운동과 심폐 질환으로 인한 조기 사망률 사이의 역관계를 나타내는 연구 중 다른 하나는 신체 활동 습관과 사망률과의 연관성에 대한 연구로 하버드 대학 졸업생 16,936명을 대상으로 한 것이 있다. 이 연구는 신체 활동이 증가할수록 심폐 질환으로 인한 사망률이 감소됨을 보고하였다

심폐 지구력과 모든 질병으로 인한 사망율과의 관계를 입증한 또 다른 재미있는 연구는 Steve N.Blair 박사와 달라스, 텍사스에 있는 유산소 연구소(Institute of Aerobics Research)와의 공동 연구로 8세 이상의 13,344명을 대상으로 한 것이다.

이 연구는 나이와 다른 위험 요소와 상관없이 심폐 지구력과 사망률과의 항상성 있는 역관계를 보고하였다. 좀 더 높은 수준의 심폐 지구력을 지닌 사람은 좀 더 오래 살았다.

체력이 좋지 않은 남자들의 사망률은 어떠한 이유에서든지 체력이 가장 좋은 남자들보다 3.4배 이상 높았다. 체력이 약한 여자의 경우 체력이 가장 좋은 여자보다 사망률이 4.6배 이상 높았다.

일일에너지 소비권장량 늘려야

서울 소재 사립 초등학교에 다니는 5,6학년 학생들은 일일 에너지 권장량보다 섭취하는 영양은 많으나, 소비는 적게 하고 있다는 것을 알 수 있다. 이들의 비만 상태는 일일 에너지 총 섭취량 보다는 일일 에너지 총 소비량에 의해 더 많은 영향을 받았으며, 체력에 가장 영향을 많이 미치는 것은 비만이며, 비만한 사람이 비만하지 않은 사람에 비해 체력이 떨어진다는 사실을 알 수 있다.

그러므로 하루의 정상적인 생활을 위해 일일 에너지 권장량이 필요하듯이 인간이 건강하고 행복하게 오래 살기 위해 일일 에너지 소비 권장량도 필수적이라는 것이 강조되어야 한다.

이제 체육 교사들은 학교 영양사가 식단을 짜서 학생들에게 하루에 필요한 음식의 양과 영양을 결정하여 제공하듯이 학생들의 연령, 성별, 신체 구성, 개인적 성향에 맞는 운동 단을 제공해야 할 것이다.

나는 움직인다. 고로 나는 존재한다. 그러므로 학교가 존재하는 한 학교 체육은 필수여야 한다.

* 위의 글은 서울특별시체육회 "시민체육"에 게재된 글입니다.

비만치료를 위한 기초 체력반 운영 중인 제주 동초등학교

이기영 · 호서대학교 식품공학부 교수

청소년 비만으로 인한 성인병이 망국을 초래할 지도 모른다는 위기의식이 팽배한 지금, 한 초등 교사가 학교 내에 비만어린이들의 치료를 위한 '기초 체력반'을 운영해 큰 성과를 거두고 있다. 이 사례를 소개한다.

우리나라 청소년들의 비만이 문제가 된 것은 세계화가 본격적으로 이루어지기 시작한 1997년 외환위기 이후다. 도심 중심가의 대형 빌딩 1층에는 어김없이 햄버거와 피자, 그리고 치킨집이 들어서기 시작했다. 대부분 미국에서 들어온 프랜차이즈인 이들 식품기업은 자본주의의 상징으로 전 세계의 식탁을 점령해가고 있다. 주로 기름에 튀긴 음식과 당분이 듬뿍 든 음료를 주 메뉴로 하는 패스트푸드는 칼로리가 높고 미네랄 함량이 적은 것이 특징이다. 한편, 이때부터 무한 경쟁이라는 말이 신자유주의라는 경제용어와 함께 사람들의 입에 오르내리기 시작했다. 교육계에도 경쟁바람이 거세지자 우리나라 아이들의 사교육비 비율이 세계 1위를 차지하면서 놀이터에서 뛰어노는 어린이들이 거의 보이지 않게 되었다. 어린이들은 방과 후 놀이터에서 뛰어놀지도 못하고 두세 군데나 되는 학원을 다니다보면 스트레스 때문에 아마 먹는데 더 열중하게 되었을 것이다. 더구나 학교에서의 체육시간도 선택이 되어버렸다. 이에 따라 당뇨, 고혈압 등 성인병이 아동들에게도 나타나기 시작했다.

이에 제주 동초등학교에서는 이용중 선생님의 지도로 2002년도에 특기적성 교육의 일환인 '비만 클리닉'을 운영해 보았다. 하지만 아이들 관리가 어렵고 지속적으로 유지하는데도 한계가 있어 2003년부터는 교사들의 적극적인 노력으로 학부모들을 설득해 '비만 치료를 위한 기초 체력반'이란 이름으로 4학년에 한 학급을 편성했다. 우리나라 최초로 교육기관 내에 만들어진 이 '비만 치료반'은 고도비만 3명, 중등도비만 12명, 경도비만 7명, 과체중 4명, 정상 6명의 학생들로 구성되었다. 집중적으로 지도한 내용은 아이들을 비만으로 이끄는 설탕과 지방이 많이 함유된 과자, 아이스크림, 청량음료와 패스트푸드 등의 섭취를 줄이고 대신 정상적으로 세끼 식사를 꼬박꼬박 빠지지 않고 하는 것. 또한 주 4회 하루 2시간씩 300~400kcal의 에너지를 소모하는 운동을 하는 것인 데 운동은 방학 중에도 계속 진행시켰다. 1년 동안 운영 평가해 본 결과 아이들의 체력도 증진되고 성격도 밝아졌으며 비만 치료도 기대 이상의 결과를 얻을 수 있었다.

기초 체력반 편성 및 어린이 교육

성과를 바탕으로 본격적으로 2004학년도에는 2~6학년까지 매 학년 당 한 학급씩 5개 학급의 '기초 체력반'을 구성하였다(표-1). 중등도 이상의 비만 어린이는 의무적으로 참가하도록 했고 인원이 모자라거나 남녀 비율이 심한 격차를 보이는 학년은 경도 비만도 그 대상으로 했다. 학부모들의 동의를 받아 어렵게 학급 편성은 이루어졌으나 방과 후 운동을 하는 '코끼리 스포츠단' 활동에는 학원에 다니는 학생들 다수가 빠져나가 전원이 참여하지 못해 운영과정에 문제가 발생하기도 했다.

전 학년 어린이를 대상으로 학년 당 1회씩 '비만은 심각한 질병이다'라는 주제로 학습 시간을 가졌고 방과 후 체력단련을 시키는 '코끼리 스포츠단'은 기초 체력반 어린이 중 희망자로 결정했다. 이런 우여곡절을 거치며 총 146명으로 기초 체력반 편성이 이루어졌다.

표-1 기초 체력반 편성상황

학년반	남	여	학생수	비만도에 따른 어린이 수				
				정상	과체중	경도	중증도	고도
2-1	22	9	31		15	12	11	3
3-6	15	12	27			9	16	2
4-3	13	18	31		3	9	15	4
5-8	14	16	30		6	10	14	
6-8	16	11	27	1	8	5	12	1
전체	80	66	146	1	22	45	68	10

방과 후 코끼리 스포츠단 운영

기초 체력반 어린이 중 99명이 참가하는 '코끼리 스포츠단'을 따로 구성해 방과 후 주 4회 일일 약 2시간씩 운영했다. 운영방법은 2~3km 정도의 빨리 걷기와 수영 등을 실시했다. 운동량은 학년에 따라 약간씩 조정했으나 5~6학년은 약 400kcal, 3~4학년은 약 350kcal, 2학년은 약 300kcal 정도로 진행했다.

아침 시간을 활용하여 20분 줄넘기를 하고, 자투리 시간은 간단한 운동을 할 수 있도록 지도하였다.

기초 체력반 담임교사 확보

기초 체력반은 정규 교과 과정을 이행해야 하고 방과 후에 비만 치료를 위한 코끼리 스포츠단을 월 · 수 · 목 · 금 2시간씩 주4회를 지도해야 한다. 이 코끼리 스포츠단은 방학 때도 계속되었으며, 담임교사를 정하고 전문성을 높이기 위해 3월 이후 자체 연수를 수회 실시하였다.

학부모 교육

기초 체력반 학부모들을 대상으로 4회에 걸쳐 2시간씩 교육을 실시했으며, 어린이 비만의 문제점, 기초 체력반 교육과정, 비만 어린이의 운동량과 가정에서 할 일, 비만 어린이를 위한 올바른 먹거리, 아이들을 병들게 하는 중독성 물질인 설탕 등에 대한 내용을 다루었다. 또한 비만 예방과 치료를 위한 올바른 식습관, 올바른 운동요법, 비만 예방을 위한 생활수칙, 성장과 건강 등을 주제로 한 내용으로 가정 통신문을 작성해 수회 발송하였다.

한편 식생활, 운동량, 비만 관련 이야기가 담긴 내용으로 '몸 살피기, 마음 가꾸기'라는 일기장을 제작해 학생들에게 배포하고 이 일기장을 이용해 학생들이 자기 점검의 기회를 갖도록 하였다.

월별 각종 통계 측정 활용

매월 3종목의 체력과 키, 몸무게, 표준체중을 측정하여 어린이들의 변화를 스스로 실감할 수 있도록 하며 변화를 알아보는 자료로 활용하였다.

1. 각종 건강검진과 혈액분석과 체성분 분석

3월, 7월, 10월 3회 인슐린, TC, TG, HDL-C, LDL-C, GPT, GOT 등의 체성분 분석을 실시하였다. 비만 어린이들은 고지혈증을 비롯한 각종 성인병에 노출되어 있어 건강검진을 통해 질병을 예방하고 조기에 치료하는 데이터로 삼았다.

<표-2>는 이 프로그램을 시작하기 전에 측정한 학생들의 초기 비만자료이다.

이 통계는 2004년 4월 30일 학교 신체검사로 측정한 자료를 바탕으로 통계를 작성하였다. 2003년 10월에 측정한 것과 비교하면 약 5%의 정상어린이가 비만으로 편입이 되어 어린이 비만은 활동량이 적은 겨울철을 중심으로 급격히 늘어나고 있음을 알 수 있었다. 어린이 비만도가 31%를 보인다는 사실은 다수가 성인비만이나 당뇨로 진행될 수 있어 매우 심각한 사회 문제를 야기해 국가의 장래까지 위협하는 중대한 사안이라고 볼 수 있다. 특히 저학년인 경우 만 11~13세가 되면 약 40% 이상 비만으로 발전될 것으로 추산돼 특단의 대책이 요구된다. 특히 여학생들은 학년이 올라가면서 비만율이 증가되는 현상이 뚜렷이 나타난다.

표-2 학년별 남녀통합비만 합산통계(2004.4.30)

학년	총 학생수	과체중	경도	중증도	고도과체중 이상	총비만 학생수
1	248	34(13.7%)	19(7.7%)	7(2.9%)	2(0.8%)	62(25.0%)
2	211	44(20.8%)	18(8.5%)	14(6.6%)	4(1.9%)	80(37.9%)
3	226	31(13.7%)	23(10.1%)	17(7.5%)	2(0.9%)	73(32.3%)
4	235	34(14.5)	19(8.1%)	16(6.8%)	4(1.7%)	73(31.1%)
5	264	36(13.6%)	26(9.8%)	15(5.7%)	1(0.4%)	78(29.5%)
6	266	43(16.2%)	21(7.9%)	18(6.8%)	2(0.8%)	84(31.6%)
전체	1,450	222(15.3%)	126(8.9%)	87(6.0%)	15(1.0%)	450(31.0%)

2. 2004년 현재 6학년 학생들의 지난 학년별 비만 발전 상황

2004년도 6학년 아이들의 경우 1999년 입학 후 1학년 때 12%의 비만율을 보였으나 6학년이 되어서는 31.6%까지 높아졌다. 성장기 비만이 최정점에 달하는 만 11~15세 사이에 우리나라 어린이들의 비만율이 30%에 이르고 있다는 결과이다. 지난 5년간 비만이 높아지는 우리나라 추세와 나이가 들어감에 따라 비만율이 높아지는 것이 중첩되어 나타난 현상이라고 생각된다.

3. 연도별 1학년 어린이 비만현황

제주 동초등학교에서 1학년 입학할 당시 어린이들의 비만현황을 조사한 자료를 보면 1999년 12%이었던 초등학교 입학생의 비만도가 5년만인 2004년에는 31.6%로 2배가 증가했다. 유아기 비만이 급속도로 증가하고 있음을 알 수 있다.

미국은 올해 초 성장기 비만이 20년 만에 2배로 늘어났다고 대통령이 나서서 패스트푸드와의 전쟁을 선포하였다. 그러나 우리나라 어린이들의 경우는 비만이 5년 만에 2배 이상 늘어나고도 지속적으로 증가함에도 불구하고 보건복지부나 교육부의 자성의 목소리가 제대로 들리지 않고 있다. 비만에 대해 문제 제기를 하지만 흥미 중심이고 주로 어른 중심의 다이어트용으로 보도가 되고 있을 뿐이다. 이미 초등학교 저학년은 비만도가 결코 미국보다 뒤지지 않는 상황이다. 또한 1학년 아이들이 5월에서 10월까지 활동량이 많은 기간 동안에 10%가 새로이 비만군으로 편입이 되었다. 이 현상은 전국적인 현상이라고 추정되어진다.

기초 체력반 어린이 비만도 변화

10개월 동안 기초 체력반을 운영해본 결과를 <표-4>를 통해 볼 수 있다. 그래프가 정상과 과체중 쪽으로 많이 이동해 있음을 한눈에 볼 수 있다. 학기 초인 3월에는 고도비만 10명과 중등도 비만 65명을 합해 중증 비만이 75명이었는데 2005년 1월에는 고도비만이 2명, 중등도 비만이 30명으로 중증 비만이 32명으로 대폭 줄어들었다. 과체중 이상으로 비만했던 어린이 중 25명이 정상으로 돌아왔다.

아이들이 10개월 동안 자란 키와 감량 체중을 <표-5>를 통해 보면 학년별로 약간씩 차이가 나는데 발달단계에 따른 차이로 판단이 된다. 2학년은 키가 4.19cm가 자랐고, 몸무게는 2.68kg이 줄어들었다. 3학년은 키가 4.63cm 자랐고, 몸무게는 3.58kg이 감량되었다. 4학년은 키가 5.28cm 자라고, 몸무게는 4.24kg이 감량됐다. 6학년은 키가 5.56cm가 자랐고, 몸무게는 7.21kg이 감량됐다. 방과 후 코끼리 스포츠단 활동을 전원이 했다면 감량 체중은 평균 1kg 정도 더 늘었으리라 추측된다.

설탕류 섭취를 최대한 줄이기 위해 과자, 아이스크림, 청량음료 등 군것질을 하지 못하도록 지도하고 하루 300~400kcal 정도의 운동을 실시한 결과 나타난 결과이다. 표에서 보면 학년이 올라 갈수록 체중 감량의 수치가 커지고 있다. 이것은 아이들이 성장기이기에 불가피 한 현상이다. 아이들의 수치를 성인에 비교하여 환산하면 10kg 내외를 감량했다는 결과가 나온다. 5학년의 변화가 상대적으로 낮은 것은 4학년 때 유일하게 비만 치료를 위한 기초체력반을 편성, 1년 동안 진행한 아이들이 절반이 넘어 체중 조절 속도가 느려진 것으로 추정된다.

기초 체력반 어린이의 체력변화

또한 10개월간 학생들의 체력이 눈에 띄게 향상되었음을 확인할 수 있다. 그 중에서도 지구력을 나타내는 오래달리기와 복근력을 측정하는 윗몸일으키기에서 두드러지게 높아졌다. 아이들의 체격은 커지는데 체력은 약해진다는 말이 나오기 시작한지 10년이 넘었다. 체력이 약한 아이들을 양산하는 현재의 교육 시스템은 하루빨리 교정되어야 한다.

표-4 기초 체력반 어린이의 체력변화

학년	자란 키 cm(평균)	감량체중 Kg(평균)	오래달리기 단축시간	윗몸일으키기 증가횟수	윗몸앞으로굽히기 증가치(cm)
2	4.19	2.68	96.0초(600m)	14.2회	3.5cm
3	4.63	3.58	28.5초(600m)	7.0회	2.7cm
4	5.28	5.00	146.5초(800m)	18.9회	2.7cm
5	5.87	4.24	75.8초(1000m)	5.5회	2.2cm
6	5.56	7.21	68.1초(1000m)	19.1회	3.5cm

맺는말

어린 시절 체력은 평생을 좌우하는 건강의 척도이고 능력 있는 어른으로 키우는 필수조건이다. 체력은 염두에 두지 않고 학력만을 외치는 것은 우리 교육을 더욱 병들게 만드는 행위이다. 특히 정보화 사회의 특성상 만성적인 운동 부족을 초래해 아이들의 건강을 위협하는 사회적 병리현상이 나타나는데 정부나 학교는 아직 뚜렷한 대책을 세우고 있지 못하고 있다. 컴퓨터 능력을 향상시키는 것이나 영어 교육을 강화하는 것 못지않게 아이들의 체력을 향상시키는 일이 매우 중요한 일이다.

비만 치료를 위한 기초 체력반 운영은 아이들의 체력을 증진시키고 몸무게를 줄이는 효과도 주었지만 식습관, 운동습관 등 기본습관 형성과 더불어 끈기와 절제를 기르는 본질적인 교육의 목표와도 일치한다.

성장기 어린이들의 지방세포는 암세포처럼 무한 증식할 수 있는 유일한 정상세포이다. 지방세포수는 일정하나 세포크기가 커지는 '지방세포 비대형'인 어른과 달리, 아동비만은 지방세포의 크기는 다 같은데 세포수가 증가하는 '지방세포 증식형'이기 때문이다. 어린 시절 지방세포수를 불려놓은 아이들은 나중에 몸무게가 150kg이 넘는 코끼리형 거대비만환자가 되기 쉽다. 서구에서는 이런 거대비만환자를 흔히 볼 수 있다. 제주 동초등학교의 비만치료학급 프로그램이 전국의 많을 학교로 퍼져 성장기비만 감소의 획기적인 전기가 되길 기대해본다.

* 위의 글은 서울특별시체육회 "시민체육"에 게재된 글입니다.

성인병 불러오는 청소년 비만 실태

유형준 · 한림의대 한강성심병원 내분비내과 교수

성인병 불러오는 청소년 비만 실태

성인병이란 병명은 노인병에서 유래되었다. 과거에는 주로 만 65세 이상 노인에서 발생되던 여러 가지 질병이 경제발전으로 식생활이 개선되고 생활양식이 편리해짐에 따라서 30대 후반의 젊은 연령층에서도 볼 수 있고 최근에는 소아 성인병이라는 말이 나올 정도로 청소년에서도 발생되어 문제가 되고 있다.

청소년에게 성인병이 생기게 된 주된 원인으로는 현대 사회의 환경적 변화를 들 수 있다. 즉 유전적요인, 사춘기 이전의 상대적 영양결핍과 더불어 생활양식의 서구화와 스트레스, 운동부족 등이 복합적으로 어우러져 발생한다고 볼 수 있다. 그중 성인병(생활습관병)인 고혈압, 당뇨병(특히 제2형 당뇨병), 고콜레스테롤혈증, 관절염, 지방간 등은 비만에 뒤따르는 경우가 대부분이다. 실제로 체중을 10% 감소시키면 혈당은 2.5mg/dL, 혈중 콜레스테롤은 11.3mg/dL, 수축기 혈압은 6.6mmHg, 혈중 요산은 0.33mg/dL 내려가며 결과적으로 심혈관 질환을 약 2% 감소시키는 효과가 있다. 청소년에게는 이러한 경향이 더욱 두드러진다. 따라서 청소년의 비만을 살피는 것은 청소년의 성인병을 이해하고 걸맞는 대처 방안을 구하는 지름길이다.

청소년의 비만 및 성인병 발병 실태

서울지역에서 1979년과 1996년 사이의 비만의 정도별 유병률(어떤 시점에서 단위인구에 대한 질병에 걸린 사람의 비율)의 변화를 보면 경도비만은 남아에서는 3.3배, 여아에서는 2.3배 증가하였으나 중등도 이상의 비만은 남아에서 6.6배, 여자에서 7.2배 증가한 것으로 나타났다. 특히 고도 비만아는 1979년도에는 거의 없었으나 1996도에는 약 1~2% 정도로 증가되었다. 또한 1998년 광주지역에서 초등학교 아동을 대상으로 신장별 표준체중을 구하고 조사한 비만 유병률은 남아 11.1% 여아 9.3%이였다. 실제로 어렸을 때 비만에 걸리면 그 중 60~80%가 성인비만으로 이행된다. 6~7세 미만에서의 비만 예측률이 60~70% 이상이 되므로 적극적인 치료 대상이 된다. 그 외에도 성인이 되어서 비로소 증상이 나타나는 퇴행성 심혈관 질환이 이미 진행되어 있고, 비만 성인과 마찬가지로 고콜레스테롤혈증, 지방간, 고혈압, 당뇨병 같은 성인병이 많이 나타남으로 문제가 되는 것이다. 또한 성인기에 비만이 시작된 사람보다도 소아기에 비만이 시작된 사람은 비만이 정도가 심하고 비만의 합병증도 더 크다는 연구 결과도 있다. 실제로 서울의 각 초등학교의 초등학교 때의 비만과 성인기의 비만사이의 관련성을 보면, 3학년 때 비만이었던 사람은 그렇지 않은 경우보다 성인기의 고혈압이 발생할 확률이 1.4배 높았고, 4~6학년 때 비만이 있던 사람은 성인기에 비만이 될 위험이 약 2배나 높았다. 그러므로 고콜레스테롤혈증, 비만과 심혈관계 질환의 다른 위험인자들은 소아기에 미리 선별검사로 발견하여 이 아이들을 여러 가지 질환의 위험에서 벗어나게 해야 한다. 소아시기에 과체중과 비만의 발견 및 치료는 예방 소아과학적 측면에서 뿐만 아니라 소아들의 육체적, 사회적 그리고 정서적 건강의 증진과 성인 시기에 나쁜 영향을 미칠 수 있다는 점을 포함하는 공중위생 측면에서 중요하다.

청소년 비만 관리가 어른 비만 관리와 다른 점

청소년 비만과 어른 비만 관리의 차이점은 청소년은 계속 성장한다는 점이다. 그렇기 때문에 첫째, 청소년은 비만도의 감소를 치료 목적으로 삼는다. 어린이는 계속 크기 때문에 경도-중등도의 경우 더 이상 체중이 늘지 않도록 하며 키가 크기를 기다리면 적당한 체격이 된다. 둘째, 성장을 해치지 않게 극도의 저칼로리 요법(초저칼로리 식이요법)을 쓰지 않는다. 셋째, 신체적, 정신적으로 미숙한 상태이므로 부모님의 적극적인 이해와 협력이 필요하다. 식이요법과 운동요법을 무조건 강요하기 보다는 치료에 부모를 참여시키는 것이 절대적으로 필요하다. 넷째, 성장곡선을 자주 체크하여 비만이 될 것 같은 시점에서 치료하여 비만을 예방한다.

개선 방안

청소년 비만은 우선 개개인의 적절한 치료를 찾아야 한다. 이미 잘 알고 있듯이 식사요법, 운동, 행동 수정 요법, 약물, 수술 등의 방안 중에서 합당한 것을 정하여 실시한다.

물론 성인과는 달리 약물 요법이나 지방 흡입술을 비롯한 수술 치료는 권장되지 않는다. 기본적으로 칼로리 섭취는 줄이고 에너지 소비를 늘려야 한다는 사실은 누구나 잘 알고 있으나 실제로 이를 시행하기가 쉽지 않다. 복잡한 내용일 수 있는 것을 행위 표현으로 다음과 같이 요약 열거한다.

비만이나 식습관 개선을 평가하기 위한 스스로 체크할 수 있는 List

[좋지 않은 것]

- 한꺼번에 과다하게 먹는다.
- 끊임없이 시간에 관계없이 군것질을 한다.
- 야식을 자주 한다.
- 먹는데 걸리는 시간이 짧다(20분 이하).
- 한 입에 들어가는 양이 많다.
- 공부하거나 TV를 보면서 먹는다.
- 끼니를 거른다(특히 아침 식사).
- 패스트푸드 같은 기름기 많은 음식을 먹는다.
- 쥬스, 과자, 아이스크림 등 당분이 함유된 식품을 좋아한다.
- 짜게 먹는다.

[좋은 것]

- 매일 저녁 간단한 스트레칭을 한다.
- 매일 운동의 종류, 운동 시간, 운동 강도를 써본다.
- 외식을 피한다.
- 매일 신선한 채소 반찬을 충분히 먹는다.
- 선물로 과자, 초콜릿 등의 음식을 주지 않는다.
- 식사시간을 규칙적으로 정한다.
- 가족이 함께 식사를 하면 식사분위기를 즐겁게 이끈다.
- 음식은 식탁에서만 먹는다.
- 식사 전에 물이나 국을 마시게 한다.
- 음식은 여러 번 씹고 천천히 삼키게 한다.
- 매일 먹는 음식의 종류, 음식량에 대한 일기를 함께 작성한다.
- 냉장고나 식탁 위 등 눈에 띄는 곳에 군것질거리를 놓지 않는다.

그러나, 이러한 사항들을 실행하고 유지하는 일은 청소년 스스로는 말할 나위 없고 대부분의 가정 역시 혼자 힘만으로 감당하기가 힘들므로 소아 비만 전문가와의 만남을 통해 도움을 받는 것이 좋다. 성공적 비만 관리를 위해서는 영양 교육, 행동 습관 개선, 운동 등 신체 활동 증가 등에 대한 동기부여, 지속적 자극 강화가 가정은 물론 학교를 포함한 주위 사람들의 협조가 반드시 필요하다는 것이다.

학교에서의 비만 대책

그래도 우리 현실에서 타당한 것은 학교에서의 비만 대책이라 여겨진다. 특히 학교체육의 활성화와 내실화가 그 중요한 부분을 담당해야 한다. 학교체육은 일정한 교육이념에 따라 교육목적을 수립하고, 그 성장 발달 단계에 따라 계획적으로 시행함으로써, 학생들의 건강 및 체력을 유지 · 증진하고, 즐거운 삶을 영위토록 해야 한다. 더불어 학교에서 올바른 식생활 지침, 운동의 필요성, 일상생활 양식 운동, 비만에 좋은 운동, 비만의 불편한 점 등을 교육을 통해 가르친다. 청소년 본인만을 대상으로 하는 것 보다 부모 가족을 동참시키는 것이 훨씬 효율적이라는 점은 당연히 강조된다. 이때에 진정하고 효과적 협조를 얻기 위해서 반드시 짚을 것이 있다. 비만으로 청소년에게 수치심을 주는 일을 피하도록 한다. 부모나 교사, 친구들이 그들의 체중에 과도한 관심을 보인다면 아동 스스로가 부적절함을 느끼고 수치심을 갖게 되며, 그들의 눈을 의식하여 자신의 체중에 지나치고 왜곡된 신경을 쓰게 된다는 것이다. 6~9세의 아동들은 비만을 "게으르고 무기력하다"라고 여기며, 7세 이전에도 벌써 사회의 매력의 관점(날씬함)을 인지한다고 한다. 이로 인한 체중과 외모의 지속적인 관심은 거식증이나 폭식증과 같은 식이장애로까지 연결될 수 있다. 따라서 이러한 계획을 실천하기 위해서는 잘 훈련받은 비만 관리 담당 교육자들의 양성이 우선되어야 한다. 나아가서 이미 선진국에서 시도하고 있는 좀 더 큰 규모로 '지역 비만 대책', '국가 비만 대책'을 세우고 진행하는 것도 적극 강구해야 할 지금 당장의 화두이다. 예를 들어 햄버거 크기, 콜라 양을 따져보자고 끊임없이 권고했던 때가 선진국에선 대략 20여 년 전이었다. 그 때 그 권고를 진지하게 받아들였다면 온통 비만해진 선진국의 현재는 아니었을 것이라 판단한다. 우리 청소년들의 앞으로 20년 뒤, 20년 뒤의 새로운 청소년들. 그때와 그들을 잠깐만 생각해도 20여 년 전 선진국 비만학자들의 걱정을 정말 되새기지 않을 수 없는 안타까움이 솟구친다. 끝으로, 청소년 비만과 그에 의한 성인병이 퍽 빠르게 증가하고 있는데 이미 선진국이 겪고 있는 현실을 그저 바라보기만 하는 일이 얼마나 안쓰러운지 다시 한 번 되짚으며 글을 맺는다.

---

* 위의 글은 서울특별시체육회 "시민체육"에 게재된 글입니다.

체육계 고등학교 교육과정 개선, 소질과 가능성 중심 선수 선발 필요

임재홍 · 서울체육고등학교장

현재의 체육계는 수요자 관점에서 목표를 설정하는 것이 아니고 공급자 관점에서 모든 체계가 형성됨으로써 선수 자원의 감소, 운동선수의 학업 소홀, 과도한 훈련과 부상 등의 풍토가 현재의 체육계를 위기에 서게 하는 원인이라 할 수 있다.

우리나라는 1970년대와 1980년대에 형성된 엘리트 체육 진흥 정책으로 스포츠 강대국과 경쟁을 하면서도 상위권을 유지해 왔다. 하지만 최근 사회 환경 변화에 따른 엘리트 체육의 근본적인 문제점들이 발생하고 또한 생활 체육으로의 전환이라는 시대적 요구의 변화로 우리의 엘리트 체육은 매우 불안한 처지에 이르게 되었다.

문제의 원인으로는 성적 지상주의에 따른 결과로써 그 동안 체육계가 직면한 모든 문제를 미미한 문제로 치부한 결과, 현재 많은 문제점이 누적되어 나타나고 있는 것이다. 또한 현재의 체육계는 수요자 관점에서 목표를 설정하는 것이 아니고 공급자 관점에서 모든 체계가 형성됨으로써 선수 자원의 감소, 운동선수의 학업 소홀, 과도한 훈련과 부상 등의 풍토가 현재의 체육계를 위기에 서게 하는 원인이라 할 수 있다. 그러나 이러한 많은 문제점의 해결방안을 모색하기 위해 체육계는 현실적인 공감대가 형성되고 있으며, 체육단체, 학계, 연구원 등에서 많은 연구를 진행하고 있다.

한국형 엘리트 체육 육성의 전략 개발의 필요성

국가체육의 정체성은 보다 많은 사람이 체육활동에 참여하도록 인프라를 구축하면서 경기력 향상을 추구하는데 있기 때문에 사회체계와 조화 및 협력을 통해 경기력 향상을 추구할 수 있는 선수육성의 체계 개선에 많은 노력을 기울여야 한다.

따라서 엘리트 체육의 시스템은 정치, 경제, 사회, 문화 등 현 한국사회 패러다임을 수용해야 하며, 사회적 지탄이나 무시, 오해의 대상이 아닌 합리적이고 소수를 배려하는 패러다임으로 전환되어야 한다.

학교의 스포츠 활동 활성화가 필수적으로 이루어져야

지금까지 우리나라의 엘리트 체육이 학교 체육의 근간이었다고 할 수 있다. 최근 일부에서 학원 엘리트 체육보다는 선진국형인 클럽스포츠를 통한 선수 육성을 강조하지만 현실적으로는 어렵기 때문에 기본적으로 학교 스포츠 활동의 활성화가 이루어져야 한다. 따라서 정과체육의 개선을 통해 수업의 다양성 및 체계성을 확보함으로써 평생체육의 기틀을 마련하는 정과체육의 실질적 기능 회복이 무엇보다도 우선해야 한다. 더불어 학교 내 동아리활동 활성화를 통한 스포츠 참가를 통해 평생체육 습관을 형성하여 저변확대가 이루어짐으로써 지역사회 클럽 운영의 디딤돌 역할을 할 수 있도록 해야 한다.

선수 육성 체계의 개선

현재 우리나라의 경우 엘리트 체육과 관련한 선수 육성은 체육계학교와 학교 운동부로 구분할 수 있다. 체육계 고등학교의 선수육성 과정을 살펴보면 육성 종목의 한정, 전국 규모 대회 실적 중심의 선수 선발, 운동기술 숙달만을 위한 교육과정 등의 문제점이 있기 때문에 우수한 엘리트 선수 육성을 위해서는 교육과정 개선을 통해 학생 선수들이 지적 능력을 향상시켜야 한다. 전문 선택교과의 다양성을 추구하고 신입생 선발은 현재의 실적 중심에서 소질과 가능성 중심으로 전환해야 한다.

학교 운동부는 무리한 합숙훈련을 금지하고 학교장에게 합숙에 관한 권한을 부여해 합・숙소 시설의 안전 및 운영의 투명성을 확보해야한다. 더불어 코치 위상과 역할을 조정함으로써 코치의 역할을 기능전수 및 관리자(운동지도, 학부모관리, 실적관리)에서 전문교육자(인성지도, 역할모델, 운동문화 전수)로서 재조정해야 한다.

지역사회의 스포츠 활동 활성화

현재 학교 운동부와 체육계 학교 위주의 선수육성체계는 한계에 직면하고 있다. 따라서 선수저변을 확대하고 학교 체육이 정상화되기 위해서는 학교 운동부 운영이 정상화되는 동시에 지역 선수육성을 담당할 주체를 육성하여 선수공급원을 다원화할 필요가 있다. 이러한 관점에서 판단할 때, 현재의 생활체육클럽, 전문스포츠클럽, 프로스포츠클럽, 자생적(개인적) 클럽에서는 선수를 육성하는데 한계가 있으므로 생활체육클럽의 선수 양성소를 운영하여 전문 지도자를 배치, 지원함으로써 활성화하는 것도 바람직할 것이다.

우수체육인재의 발굴 및 체계적 육성의 필요성

우수 체육 인재 발굴 및 체계적 육성은 엘리트 체육 발전에 있어 매우 중요한 영향을 미치는 요인이기 때문에 각 종목들의 특성을 고려한 장단기 프로그램의 개발을 국가적인 차원에서 구체적이고 세부적인 육성 과정에 관한 계획이 이루어져야 한다.

따라서 단기적으로는 꿈나무· 후보 선수의 발굴과 체계적 육성과 더불어 장기적으로는 연령별로 구분하여 육성할 수 있는 체계를 구축하며, 과학적인 우수 선수 선발 및 훈련 방법 개선을 통해 우수 선수 육성의 활성화를 도모해야 한다.

특히 우수 체육 인재를 발굴하고 육성하는 실현 방안에 절대적으로 필요한 조직과 재정은 적합하고 효율적인 구조적 시스템을 가져야 한다.

선수활동 여건의 개선

선수활동 여건이라 하는 것은 선수 개개인의 삶의 질을 높이는 것으로 운동선수들의 사회적인 지위를 향상시키는데도 매우 긍정적인 영향을 미치는 요인이라 할 수 있다. 따라서 선수등록 개선과 지역 리그제 도입, 선수 랭킹제 도입 등을 통해 대회구조를 개선하고 지도인력 개선을 위하여 경기지도자들을 양성하여 각 사회단체에 배치 및 활용해야 한다.

또한 선수 안전 · 의료 · 보험체계를 구축하고 경기단체 운영의 민주성 및 투명성을 제고함으로써 가능한 많은 선수들에게 혜택이 될 수 있도록 해야 한다. 학생 스포츠의 활성화를 위해서는 진학제도 개선의 하나로서 반드시 체육특기자 제도의 개선은 필수적이라 하겠다.

전문 체육시설의 확충 및 활용도 제고

일반적으로 실업 선수들에 비해 학생 선수들은 매우 열악한 전문 체육시설의 환경 아래에서 운동을 진행하고 있다. 따라서 전문 체육시설 확충 및 활용도 제고를 위하여 종목별 종별 기준의 개정(관람석 등)과 노후시설을 리모델링하며, 근본적으로 체육시설법, 학교체육시설설비 기준령 등의 시설관련 제도를 현실적으로 개정해야 한다.

또한 지역사회와의 연계를 통해 체육시설 이용확대 및 활용도를 공동적으로 운영할 수 있도록 제고하며, 또한 전문체육시설 확충 및 활용도 제고 실현을 위한 구조적인 조직과 이에 수반되는 재정에 대한 충분한 뒷받침이 이루어져야 한다.

* 위의 글은 서울특별시체육회 "시민체육"에 게재된 글입니다.

◉ 청소년 건강, 미래가 달려있다 Ⅵ

체육지도자의 자질 향상과 재교육

류태호 · 고려대학교 체육교육학과 교수

21세기의 급변하는 지식사회에서 체육교사의 업무와 지식 또한 급변하고 있다. 체육교사는 교육의 질적인 향상을 이루기 위해 이러한 변화와 발걸음을 같이해야 한다. 변화하는 체육교육 환경을 주도적으로 이끌어가는 것이 교사의 핵심적인 역할이기 때문이다.

체육관련 시민단체에 참여하면서 체육관련 지도자와 체육교사를 질타하는 소리를 자주 듣게 된다. 지도자와 교사의 폭력문제에서부터 "체육수업을 제대로 하지 않는다"는 체육교사에 대한 비난에 이르기까지 그 내용과 범위는 다양하다. 이러한 질책을 들으면 조금은 자괴감이 들고 힘이 빠지기도 하지만, 방학기간에 연수에서 만났던 수많은 교사들을 떠올리면 새로운 희망이 솟는다. "사람은 평생 배운다"라는 말을 실천하면서 체육의 문제와 체육교사의 일, 체육수업에 대해 토론하며 밤을 지새우는 열정 가득한 교사를 만나는 연수는 그래서 늘 행복한 경험이다.

체육교사가 하는 일은 다양하다. 수업, 담임업무, 운동부 지도가 대표적이다. 이 중에서도 수업과 관련한 교과내용 지식과 교수 방법에 대한 지식은 전문성의 핵심이다. 21세기의 급변하는 지식사회에서 체육교사의 업무와 지식 또한 급변하고 있다. 체육교사는 교육의 질적인 향상을 이루기 위해 이러한 변화와 발걸음을 같이해야 한다. 변화하는 체육교육 환경을 주도적으로 이끌어가는 것이 교사의 핵심적인 역할이기 때문이다. 결국, 체육교사의 전문성은 정체되어 있는 것이 아니다. 새로운 지식을 습득하고, 아이들과 만나면서 얻게 되는 실천적인 지식을 지속적으로 축적함으로서 전문성의 폭과 깊이는 더해진다.

필자는 대학으로 오기 전 10년 가까이를 체육교사로 재직하면서 각종 연수에 참석하기도 하고 연수 강사가 되어 현장의 체육교사를 만나기도 했다. 그 경험 중 연수를 통해 체육교사가 무엇을 배우고자 하는지를 살펴보고, 다양화된 교사 연수 프로그램을 살펴보자.

풍경 1. 5년 만에 다시 만나는 교수님들

90년대 초반으로 기억된다. 체육교사로 근무하면서 서울시 교육청에서 주관하는 '중등 체육과 직무연수'에 참여하게 되었다. 2주일 동안 오후에 진행되는 관계로 오전에 수업을 미리 당겨서 하고 바쁘게 연수 장소로 향해야 하는 고된 과정이었다. 6년간의 교직을 돌아보는 기회가 될 거라는 기대와 동료 선후배를 만나는 기대감도 있었다. 하지만, 대학 때 만났던 교수님들을 반복해서 만나는 일은 시간이 갈수록 연수를 힘들게 했다. 대학 때 배웠던 운동 심리학, 스포츠 생리학, 운동역학 등의 과목을 축약해서 듣는 경우가 많았기 때문이다. 전공 지식을 다시 정리하는 의미는 있었지만, 1급 정교사로 승급하기 위한 통과의례 그 이상의 의미를 찾기는 어려웠다.

풍경 2. 3년 만에 만난 제자

교수가 되어 '1급 정교사 자격연수' 강사로 초대받았다. 제자들을 만나는 설렘을 안고 강단에 올랐다. 교사가 된 제자들의 개인적 성장과 함께 제자들의 체육수업이 궁금했다. 활동하기를 싫어하는 여학생들을 체육활동의 세계로 잘 안내하고 있는지, 기능이 떨어지는 학생들에 대한 지도는 잘 이루어지고 있는지…. 이 궁금증은 연수 후 제자와의 대화를 통해 쉽게 풀 수 있었다. 연수에 초빙된 강사들이 많은 부분 현장 교사들로 채워져 있었고, 강의의 내용이 내가 품고 있던 이런 의문들을 풀어내는 실천적 주제들로 채워져 있음을 확인했기 때문이다. 연수가 교학상장(敎學相長)의 현장임을 확인했다.

대학에서 체육교사를 양성하는 교육은 교사가 되기 위한 '1단계 자격 교육'으로 이해된다. 이에 비해 현직연수를 통해 교사의 전문성을 높이는 교육은 교사의 지속적인 성장을 돕는 '2단계 전문성 교육'으로 규정할 수 있다.

때문에, 그 내용은 체육교사의 필요성에 기반한 실천적인 지식 즉, 체육관련 내용지식과 방법지식이 주 내용이어야 한다. 과거의 연수는 이런 점에서 체육교사의 전문적이고 실제적인 지식을 채워주는데 실패했다고 판단된다. 대학교육의 축소판으로 현장에서 요구되는 실천적인 지식을 제공하기보다는 체육 전공 지식을 이론수준에서 나열하는 경우가 많았기 때문이다. 강사진이 대부분 교수나 장학사로 채워져 왔다는 사실을 기억하면 공급자 중심, 이론 중심의 연수를 연상하기는 어렵지 않다.

그러나 2005년도에 진행된 각 지역청의 1급 정교사 자격연수 프로그램을 검토해 본 결과 서울시와 인천시의 경우 체육교사의 요구의 파악하여 적극적으로 반영하였음을 확인했다. 연수를 통한 교사 재교육의 가능성을 새롭게 열어가는 희망적인 징후라고 판단된다. 이런 성과가 모든 지역으로 확대된다면 교사 재교육의 의미는 더욱 확대될 것이다.

체육교사의 재교육 연수

체육교사의 대표적인 재교육 연수는 교육청 단위에서 주관하는 '1급 정교사 자격연수와 직무연수'다. 지역에 따라 대학에 위탁하는 경우와 직접 교육청에서 주관하는 등 지역에 따라 차이가 있지만, 연수 시간은 1정 연수 180시간, 직무연수 60시간으로 운영한다. 또한, 일정 경력이 쌓이면 모든 체육교사가 통과의례처럼 거치는 의무적인 과정이다. 프로그램의 내용은 크게 체육관련 전공 지식, 체육 수업과 관련한 실제적 지식, 교직관, 교양 강의, 체육행정 실무 등으로 나뉜다.

둘째는 교육청에서 교사의 재교육에 적당하다고 인정한 연수기관에서 주관하는 '특수분야연수'이다. 음악 줄넘기에 관심 있는 체육교사가 '○○줄넘기회'에서 주관하는 줄넘기 연수에 참가하거나, 스포츠 댄스에 관심 있는 체육교사가 '○○스포츠댄스협회'에서 주관하는 30시간짜리 연수에 참가하는 경우이다. 이러한 연수는 연수시간에 따라 교사의 연수학점으로 인정되고 일부 재정적 지원(보통 연수비의 50%정도)도 있다.

셋째는 재정적 지원이나 연수점수는 없지만 '전국체육교사모임'과 같은 단체에서 주관하는 자율연수이다.

마지막으로 학교 내에서 이루어지는 자율연수도 주목해야 한다. 위의 연수처럼 중앙이나 지역단위에서 진행되고 명시적으로 제도화되지는 않았지만, 학교 내부의 동료교사를 대상으로 이루어지는 것으로 교육과 체육수업이라는 구체적인 문제를 현장에서 해결하는데 실질적인 도움을 준다.

지금까지 체육교사의 재교육은 승진이나 자격을 얻기 위한 과정(1급 정교사 자격연수)으로 제한적으로 이해되어 왔다. 자격 연수가 교사의 성장을 이루는 핵심적인 과정이기 때문이라고 이해할 수도 있지만, 자격연수만을 인정하는 지금의 제도는 체육 교사의 계속적 성장을 보장하기 위한 장치로서 미흡하다.

체육교사의 자질향상은 계속적인 연수를 통해서 가능하고 계속적인 연수는 교사의 요구와 필요에 의해서 언제든지 참여 가능한 형태이어야 한다. 그러므로 자격연수보다는 위에서 언급한 특수 분야 연수 ·자율연수 그리고 '교내 교사의 재교육'과 같은 형태의 연수들이 더욱 강조되고, 이 결과가 체육교사의 전문성을 판단하는 중요한 잣대가 될 수 있도록 제도화되어야 한다.

이야기를 잠깐 운동부 지도자의 문제로 돌려보자. 우연한 기회에 일본 중학교 클럽팀과 우리나라 중학교 축구팀의 경기를 관전할 기회가 있었다. 경기를 이끌어가는 양팀 감독의 태도가 확연히 달랐다. 일본의 감독은 작전판과 기록지를 들고 계속 기록하고, 우리나라의 감독은 큰 소리로 소리치며 선수들을 독려했다. 필자의 눈에는, 우리나라 팀의 감독은 자신의 축구에 관한 지식과 경험을 아이들을 통해 실현시키기 위해 노력하는 지도자로 보였고, 일본 팀의 감독은 축구와 선수들에 대해 공부할 것이 많다고 생각하고 계속 연구하고 공부하는 지도자로 보였다. 어떤 지도자가 올바른 모습인지에 대해서는 쉽게 판단할 수 없다. 하지만, 두 감독 중에 지도자로서 누가 발전가능성이 높은가를 묻는다면 일본 감독의 손을 들어주고 싶다. 그에게는 계속 공부하려는 태도가 있었기 때문이다. 이러한 판단을 연장해서 우리나라와 일본의 미래 축구시합 결과를 예측해 본다면 어떻게 될까? 당연히 공부하고 연구하는 지도자를 양성하는 일본 축구가 승리할 확률이 높지 않을까?

'교육의 질은 교사의 질을 넘지 못 한다'는 말이 의미하듯이, 교육의 질적 수준을 높이는 첫걸음은 우수한 교사와 지도자를 양성하고 재교육하는 데 있다. 체육교사와 각 종목의 지도자의 전문성을 심화시켜 주는 제도를 정비하여 다양한 형태의 연수를 쉽게 받을 수 있도록 지원하고, 실천적인 지식을 항시 접할 수 있도록 하는 일은 체육교육과 체육문화 발전을 위한 시급한 과제가 아닐 수 없다.

* 위의 글은 서울특별시체육회 "시민체육"에 게재된 글입니다.

◉ 청소년 건강, 미래가 달려있다 Ⅶ

학교 체육의 현황과 학생 체력 증진의 방향

정상익 · 교육인적자원부 지방교육지원국 학교체육보건급식과 교육연구사

21세기의 세계화, 지구촌화, 지식정보화 시대로의 변화와 더불어 건강과 참살이(wellbeing)에 대한 관심, 여가시간의 증대에 따른 신체 활동 수요의 증가 등은 학교 스포츠에도 새로운 변화와 혁신을 요구하고 있다. 이와 더불어 학생들의 체력 저하에 따라 정부에서는 학교 스포츠에 새로운 혁신을 모색하고 있다.

최근 학생신체검사 결과 식생활 개선 등으로 체격(키, 몸무게)은 커졌으나, 운동부족으로 인해 체력이 감소한 것으로 나타나, 향후 의료비 증가 등 엄청난 경제적 손실과 국가적 부담이 될 것이라는 우려의 목소리가 높게 일고 있다. 전문가들은 학생들의 비만, 체력 저하 현상의 원인으로 지나친 PC 게임, TV 시청, 입시 공부 등으로 인한 운동 부족, 잘못된 식습관을 주요 원인으로 지적한다. 다행히 올해 교육부 내 학교 체육 전담 부서가 신설되어, 학생 체력 증진 및 학교 체육 정책을 포괄하는 다양한 노력을 기울이고 있다.

특히 지난 5월『학교체육 혁신방안(2005.5.27)』을 수립 · 발표한 바 있다.『학교체육 혁신 방안』의 골자는 '흥미 있고 즐거운, 스스로 하는 체육 활동'을 권장해, 생활 · 평생 체육으로의 활성화를 통한 삶의 질을 향상시키는 것이다.『학교체육 혁신방안』에는 세 가지 과제가 있다.

먼저 첫 번째 과제는 학생 체력 증진을 위한 제도의 개선이다. 이를 위한 방안으로는 맞춤형 학생 건강 체력 평가 시스템 구축 및 활용, 학교체육진흥 관련 법적 기초 마련, 체육과 교육 과정 개편 및 초등교사 전문성 제고 등 세 가지 방안을 마련했다.

두 번째 과제는 '자율 체육 활동' 활성화를 위한 여건을 마련하는 것이다. 이를 위해서는 학교 내 스포츠 보급 이벤트 전개, 1교 1기, 1인 1운동 익히기 운동 추진, 체육 동아리 활성화를 위한 생활 · 평생 체육으로의 연계 추진, 학교 체육 시설 확충 및 선진

화 등의 방안을 수립하였다.

마지막 과제는 엘리트 체육 육성의 내실화 및 지원체제를 개선하는 것이다. 여기에는 학생 선수 학습권 보장 및 학교 운동부의 효율적 운영, 전국소년체육대회의 운영 방법 개선 등의 방안이 뒤따른다.

또한 이 세 가지 과제를 위해 타 부처 및 관계 기관, 단체 등 협조 체제를 강화하고, 정책 홍보를 통한 인식의 전환 및 학교 현장 정착을 극대화하며, 체육 정책 수요자(학생, 학부모, 교사 등)의 의견 수렴 체제를 구축할 예정이다.

다음으로는 『학교체육 혁신방안』 중 체력 증진과 가장 밀접한 관련이 있는 '맞춤형 학생 건강 체력 평가 시스템(physical activity promotion system ; PAPS)'을 중심으로 그 대책을 모색해보기로 하겠다.

현행 학생 체력 검사는 1971년 국가 관리하에 전면 시행되어 고입 성적(1772년)과 대입 성적(1773년)에 반영되어 오다가, 1994년 대입에 반영되던 제도가 폐지되고 1995년부터는 고입 반영 제도가 폐지되면서, 사실상 유명무실하게 이루어져왔다.

또한 체력 검사 결과에 대한 해석, 통보의 체계가 미비해 검사 결과를 활용한 운동 처방 등의 후속 조치가 없이 학생 건강 기록부에 단순 기록 · 보관됨으로 인해 일회적이며, 학생과 학부모가 정보를 용이하게 접근할 수 없는 실정이다.

미국의 경우 대통령 체력 도전 프로그램(The President's Challenge Physical Fitness Program)이라는 건강 체력장을 실시하고 이 결과를 토대로 학생들의 체력 수준을 평가하고 있다. 그 평가 결과를 학생과 학부모에게 통보하고, 대통령 이름으로 학교장이 우수 체력 보유 학생들에게 표창장(인증서)과 메달을 졸업식장에서 대신 수여함으로써 체육 활동 참여의 동기를 유발하는 등 긍정적 호응을 얻고 있다. 이 외에도 캐나다의 청소년 체력 인증 프로그램(Canada Fitness Award Program), 호주의 체력 교육 인증제도(Australian Fitness Education Award System), 홍콩의 학교 체력 인증제도 등 세계 각국은 학생들의 체력 증진을 위해 지방 정부 및 국가 차원에서 지원하고 있다.

이에 대해 교육부에서는 학생의 요구 변화와 활용성 제고를 위하여, 웹 기반 '맞춤형 학생 건강 체력 평가시스템'을 구축하여 현행 체력 검사 제도를 전면 개선하고자 한다. 즉, 학생 건강 체력 검사 실시 → 건강 체력 평가 → 개인의 체력 상태에 맞는 운동 처방, 건강 체력 수준 상시 열람, 우수 체력 보유자 표창 · 인증 등 일련의 과정을 거치게 될 것이다. 이를 위해 2006년부터 정책 연구를 통해 건강 체력 검사 종목, 평가 규준(norm), 운동 처방 매뉴얼을 개발하고 웹 기반 운동 처방 교육 프로그램을 구축하여, 시범학교를 운영하고, 학생 체력 검사 규정을 개정하여 전면 시행하게 되는 장기적인 정책 과제가 추진될 것이다.

현행 학생 체력 검사와의 차이점을 종목, 측정 대상과 방법, 활용 등의 측면에서 정리하면 다음의 <표-1>과 같다.

표-1 현행 학생 체력 검사와의 비교

구분	현행학생체력검사	맞춤형 학생건강체력 평가시스템
종목	• 운동수행 증력에 필요한 체력검사 종목으로 구성 - 50m 달리기 - 1,600(1,200)m 달리기 - 앉아윗몸앞으로굽히기 - 제자리멀리뛰기 - 윗몸일으키기 - 팔굽혀펴기(오래매달리기) ※ 문제점 : 건강관련 체력측정 미흡, 단조롭고 흥미없음, 수업과 연계 곤란, 종목별 당위성 결여 등	• 건강체력을 측정할 수 있는 종목으로 구성-정책연구를 통하여 다양한 종목 개발 - 건강체력 개념이 포함된 종목 - 신개발 IT장비의 활용 : 디지털계기(inbody, speed chip 등)활용 - 수업과 연계한 종목 개발 : 학생의 흥미 고려(체력증진 동기유발) - 필수종목 + 선택종목(학교여건 고려)으로 실시 가능토록 구성 ※ 종목 개발 과정에 학생, 현장교사 참여 확대
측정	- 대상 : 초5 ~ 고3 - 횟수 : 연 1회(9 ~ 10월) - 방법 : 초시계, 줄자 등을 사용, 분, 초, 횟수 등 단순측정	- 대상 : 초1 ~ 고3 - 초 1 ~ 4의 체력 측정 중요 - 횟수 : 연 2회(4월, 10월경) - 방법 : IT기반의 측정도구 활용
활용	• 검사결과가 단순 기록 · 보관되고, 1회성 행사로 끝남. - 건강기록부에만 기록되고 학생 · 학부모에게 통지 · 활용도 낮음	• 자신의 건강체력 정보의 누가적 관리 및 운동처방 제공 - 웹을 기반으로 언제 어디서나 자신의 건강 체력을 관리할 수 있는 시스템 구축

특히 교육부와 문광부가 지방자치단체와 공동으로 2006년부터 2010년까지 총 1,772억원을 투자하여, 443개 학교에 인조 잔디 운동장 조성할 계획이다. 최근 인조 잔디의 기술이 발달하여 실제 잔디와 거의 유사하며, 오히려 천연 잔디보다 경제성, 활용성이 우수하여, 외국의 경우에도 각종 국제 경기장이나 대형 운동장의 천연 잔디를 인조 잔디로 교체하고 있는 추세이다. 중국에서도 황사를 대비하여 2008년 베이징 올림픽까지 중국 내 대도시 학교 전체 포설을 목표로 인조 잔디, 우레탄 설치 사업을 진행하고 있다. 이번 사업을 통해 먼지 나고 비 오면 질퍽질퍽한 곳에서, 학생들이 맘 놓고 뒹굴

수 있고 넘어져도 다치지 않는 건전한 체육 활동 공간으로 탈바꿈하게 될 것으로 기대한다.

그 밖에 『학교체육 혁신방안』 중 「교육기본법」 제3장 '교육의 진흥'에 학교 체육 관련 조항을 마련하고, 후속 조치로 (가칭)「학교체육 진흥법」을 제정하는 것은 곧, 학교 체육 활성화를 위한 근원적인 법 · 제도적 토대 구축이라고 볼 수 있다. 이 외에도 1교 1기, 1인 1운동 익히기의 지속 추진, 체육 동아리 활성화를 통한 생활 · 평생 체육으로의 연계 추진 등 학생 체력증진을 위한 중 · 장기 계획을 세워 추진하고 있다.

몸은 마음의 뿌리이며 운동은 몸의 보약이다. 신체 활동(physical activity)은 물질 문명의 풍요로움 속에서 상대적으로 무력화되어 가고 있는 청소년들에게 새로운 활력을 불어넣어 주며, 긍정적인 생활 태도, 남을 배려하는 마음과 공동체의식의 함양 등 우리 교육이 안고 있는 많은 문제들을 해결하는 하나의 대안이기 때문이다.

교육부는 향후 「학교체육 혁신방안」을 비롯한 학생 체력 증진 대책을 효율적 추진을 위하여 관련 부처와 기관 및 단체 등과 긴밀한 협조 체제를 유지하는 것은 물론, 체육 정책 수요자(학생, 학부모, 교사)와의 의견 수렴 체제를 강화하여 학교 현장에 무리 없이 정착될 수 있도록 할 계획이다.

'청소년은 하늘의 반짝이는 별이며 미래의 희망이다.' 우리 학생들이 즐겁게 운동하면서 자신의 특기를 개발하고 운동에 대한 좋은 기억을 살려 평생토록 운동을 생활화 할 수 있도록 길을 잘 닦아 나가야 한다. 교육부에서 추진하고 있는 학생 체력 저하에 대한 각종 정책이 성공적으로 정착될 수 있도록 지원을 부탁하며 글을 맺고자 한다.

---

* 위의 글은 서울특별시체육회 "시민체육"에 게재된 글입니다.

VI

신나는 학교, 그 현장 이야기

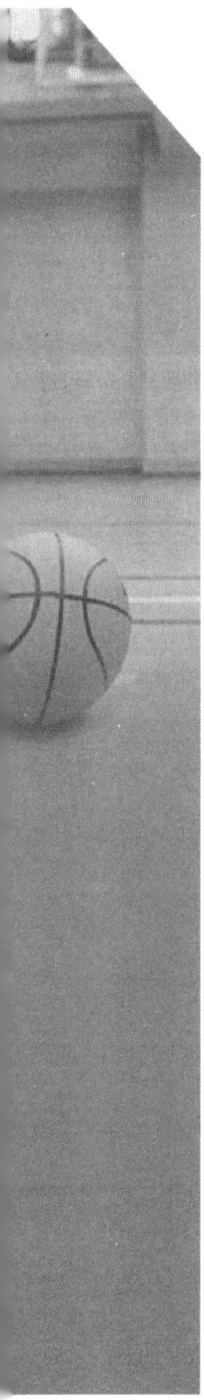

- 서울 대모초등학교
- 서연중학교
- 용산고등학교
- 영남중학교
- 리라초등학교
- 상경중학교
- 서울사대 부속고등학교
- 혜화초등학교
- 중평중학교
- 홍익사대 부속초등학교
- 잠신고등학교
- 목동중학교

◉ 신나는 학교, 그 현장 이야기 – 서울 대모초등학교

풍부한 체육시설, 지역사회와 더불어 어머니의 품속 같은 배움터에서

- 평생체육의 바탕을 배워 -

대모산이 맑은 공기와 해맑은 웃음을 머금고 운동장을 뛰노는 아이들. 서울 대모초등학교를 처음 찾았을 때의 인상은 대모산의 위엄과 운동장을 가르는 아이들의 웃음에서 시작되었다. 특히, 겨울의 찬바람을 아랑곳하지 않고 체육 수업에 열중하고 있는 아이들은 수업을 하는지, 놀이를 하는지 구분이 안 될 정도로 즐겁고 자유로워 보였다. 그 신나는 즐거움의 이유는 체육 수업이 뛰노는 것처럼 재미있기 때문일텐데… 그렇다면 서울 대모초등학교에는 뭔가 특별한 것이 있을 것이다. 아이들의 체육수업이 늘 활기를 띨 수 있는 바탕이 되는 그 특별함은 과연 무엇일까?

학교 지도가 바뀌다

서울 대모초등학교(교장 김점옥)는 강남구 일원동에 위치한 공립초등학교이다. 1994년 개교 이후 10여 년의 역사를 지닌 대모초등학교는 대모산속에 자리잡고 있어 가파른 절개지와 좁은 운동장이 항상 고민거리였다. 하지만 200년 서울시로부터 학교 옆 빈터운동장을 무상사용 할 것에 대한 승인을 받아 1000여평 규모의 운동장이 확장 공사에 들어갔다. 또한 항상 위험 속에 노출되어 있었던 대모산 절개지는 학교, 학부모, 학생들의 적극적인 노력과 지역주민의 후원으로 완화공사에 들어갔다. 이후 절개지에는 골프장이 들어섰고, 넓어진 운동장에는 각종 체육시설과 체육공원이 조성되었다.

실내골프장을 비롯해서 인라인스케이트장, 그레이 · 하드 테니스 코트장, 실내 · 실외 인조잔디축구경기장, 완벽한 5.1 채널의 입체음향을 갖춘 DVD 상영관을 겸한 실내체육관과 2명의 사서, 전자도서 3,000여권, 일반도서 7,000여권을 갖춘 도서관이 밤 9시까지 운영되고 있어, 공립초등학교로선 우리나라 최고 수준의 각종 시설을 완벽히 갖춘 학교로 거듭났다. 또한 지역사회와의 활발한 연계를 통해 건강한 문화체육 활동의

구심점 역할을 하게 되었다. 이러한 훌륭한 체육시설이 대모초등학교에 자리잡기까지는 전 문재일 교장 선생님(현 서울 금북초등학교장)과 이하 교직원들의 헌신적인 노력이 있기에 가능했다.

체육시설과 체육공원이 들어섬으로써 학교의 지도가 바뀐 대모 초등학교는 더욱 활기가 넘쳐갔다. 특히 전학년이 다양한 스포츠를 접하고 배울 수 있게 된 것은 대모초등학교의 큰 자랑이 되었다. 이 또한 교내에 다양한 체육시설이 있기에 가능할 수 있었다.

모든 학생이 특기체육 수업

지난 해 대모초등학교 1~2학년은 축구, 3학년은 종합체육, 4~5학년은 롤러스케이트, 6학년은 골프를 전학년 특기 체육으로 배웠다. 주 3회의 체육시간 중에서 1회는 각 학년별로 교내 체육시설을 이용해 체육 수업을 진행했다.

축구는 먼지 풀풀나는 운동장 대신 인조잔디 돔 축구장에서 기후나 계절적 영향을 받지 않고 수업을 진행한다.

미니 축구시합을 통해 여학생들도 흥미롭게 축구 수업에 참여한다. 특히, 대모초등학교는 서울시 롤러 시범학교로 지정되어 있다. 2003년 3월 롤러부가 창단을 했으며 전교생이 학급별 롤러학습을 중점적으로 진행한다. 이러한 롤러수업도 교내 인라인장에서 이루어진다. 절개지 완화공사와 더불어 조성된 2층 26타석의 골프연습장에서는 교양 골프수업이 진행된다. 그 외 테니스장과 농구장 등의 체육시설을 활용해 다양한 특기체육 수업이 매년 전학년에게 골고루 제공된다.

입학을 해 졸업을 할 때까지 롤러, 골프, 축구 등의 스포츠를 두루 접할 수 있는 대모초등학교 아이들은 명실공히 평생체육의 바탕을 어릴 때부터 학교에서의 다양한 체험과 활동을 통해 익히게 되는 것이다. 체육이 따분한 수업이 아니라 즐겁고 신나는 놀이가 되어 아이들의 건강한 성장에 기여하는 것이다.

특히, 대모초등학교의 체육시설은 방과 후 지역 주민들에게 항상 개방되어 있다. 건강 지압장, 대모쉼터는 지역 주민의 휴식공간이 되고 있으며, 게이트볼장은 노인 분들이 주로 이용을 하는데 게이트볼 동호인들의 활발한 모임 공간이 되고 있다. 또한 우레탄 농구장과 인라인장도 야간이나 휴일 날 지역의 많은 청소년들의 심신단련의 장이 되고 있다. 그리고 2면의 테니스장도 대모초등학생들의 특기·적성활동 공간은 물론 동호인 활동의 활발한 장이 되고 있다. 또한 이 모든 체육시설은 무료로 이용할 수 있다.

아쉬운 것이 있다면 이러한 시설을 적극적으로 활용해 지역주민들에게 저렴하면서도 양질의 스포츠강좌를 제공하기에는 전문강사가 턱없이 부족한 현실이다. 학교에서 학생들의 특기수업을 도와주는 특기강사만으로는 지역주민들에게 다양한 스포츠강좌를 제공할 수 없기 때문이다.

학교 체육시설 조성의 건강한 모델

우리가 흔히 학교체육의 문제를 얘기할 때 무엇보다 학교체육시설에 대한 부분이 중요하게 대두된다. 시설이 없기 때문에, 다양한 수업을 할 수 없는 것은 우리나라 학교체육이 직면한 가장 큰 현실적인 어려움 중에 하나이다.

서울대모초등학교는 그러한 점에서 다양한 학교체육시설 조성의 건강한 모델이 된다. 교육청과 학교 그리고 지역사회가 함께 일구어낸 각종 체육시설은 곧 학생들과 지역주민이 함께 활용할 수 있는 장이 되고, 학생들에게 여러 가지 스포츠를 접할 수 있는 기회를 제공함으로 평생 체육의 바탕과 소양을 길러 준다.

풍부한 체육시설을 바탕으로 지역사회와 더불어 건강한 평생체육의 장을 만들어 가는 서울 대모초등학교. 신나는 학교체육, 그 현장에 주목해 보자.

"안과 밖의 고른 성장을 위해 노력할 터" 서울 대모초등학교 김점옥 교장

"우리 학교는 최고수준의 각종시설을 완벽히 갖춘 초등학교라고 자부하고 있으며, 지역사회의 구심점 역할을 해오고 있습니다. 그러나 우리는 그처럼 눈에 보이는 외형적인 것에만 주의를 끌려 하지 않습니다. 안으로 더욱 내실을 기하는 교육으로 우리의 희망이자 내일의 주인이 될 밝고 맑은 1,200여명 어린이들이 싱그럽게 자라, 더욱 슬기롭고 참되며 즐겁게 커갈 수 있도록 노력할 것입니다. 무엇보다 건강한 신체에, 건강한 정신이 길러지는 만큼 교내의 다양한 체육시설을 활용해 학생들의 체육수업을 통해 평생체육의 바탕을 마련해 줄 것입니다. 또한 학교의 다양한 체육시설을 지역주민들이 적극적으로 활용할 수 있도록 전문 지도강사의 지원이 이루어졌으면 좋겠습니다."

---

* 위의 글은 서울특별시체육회 "시민체육"에 게재된 글입니다.

내실있는 체육활동으로 학생들의 적성과 소질을 개발해 나가는 서연중학교

윤영하

서연중학교를 가게 되면 두 번 놀라게 된다. 한 번은 자그마한 학교규모에 놀라게 되고 다른 한 번은 이러한 환경에도 아랑곳없이 열기를 더해가는 펜싱부와 화려한 수상경력에 놀란다. 8백 평 규모의 작은 운동장이지만 다양한 체육수업을 통해 환경에서 오는 제약을 최소화하고 규모보다는 내실로 체육활성화에 만전을 기하고 있는 서연중학교를 찾았다.

"마르셰(전진)! 마르셰!"

"팡트(공격)! 팡트!"

서대문구 연희동에 아담하게 자리 잡은 서연중학교. 새롬터로 불리는 펜싱장 안에는 하얀 펜싱복을 입은 학생들이 펜싱연습에 한창이다. 감독 선생님의 구령에 맞춰 전진과 찌르기를 반복하는 아이들의 표정이 더없이 진지하다.

"펜싱을 배우니까 몸무게가 줄어들고 근육이 많이 생겨 힘이 강해졌어요."

인근 성원초등학교에서 방학을 이용하여 펜싱을 배우러 온 신형섭(성원초등학교 6년) 군은 펜싱으로 단단해진 근육을 자랑한다.

서연중학교에서는 겨울 방학 동안 펜싱스포츠교실을 열어 평소 쉽게 접할 수 없었던 펜싱을 다른 초·중학교 학생들에게까지 경험할 수 있는 기회를 제공하고 있다. 스포츠교실은 서울시 교육청 주관으로 운동시설이 잘 갖춰진 서울 시내 초·중학교를 선정, 동·하계 방학을 이용해 학생들이 평소 배우고 싶었던 운동을 배울 수 있도록 한 교육활동이다. 서연중학교는 펜싱스포츠 학교로 지정되어 지난 겨울방학 기간인 12월 29일부터 2월 2일까지 다른 학교 학생들을 포함해서 30여 명의 학생들이 펜싱스포츠교실을 찾았다.

대중화된 운동은 아니지만 펜싱은 자라나는 청소년들에게 여러모로 유익한 운동이다. 상대방의 움직임에 민감하게 반응하기 때문에 순발력과 자제력, 정교한 기술은 물론이고 예를 갖춘 운동으로 상대방을 존중하는 마음을 기를 수 있기 때문이다.

"검을 들었다고 해서 막무가내로 휘두르지 않습니다. 교묘하게 상대의 허점을 노리면서 결정적인 순간이 다가오기까지 끈질기게 기다리지요. 아이들에게 인내력과 관찰력은 물론 체력까지 튼튼히 키울 수 있는 심신조화 운동입니다."

펜싱부 감독을 맡고 있는 이재하 선생님의 말이다.

교사, 학부모 선수가 3위일체 된 펜싱 명문학교

서연중학교에서 처음 펜싱부를 창단한 것은 지난 1986년이다. 1985년에 개교를 했으니 개교와 동시에 창단된 셈. 지금까지 서연중학교 펜싱부는 각종 대회에서 우수한 성적을 차지하여 펜싱 명문학교로 이름을 떨치고 있다. 2002년 체육교육 우수학교, 2003년에는 특기 적성우수학교로 표창을 받은 한편 2002, 2003년에는 전국소년체육대회에서 우승의 영예를 안았다. 현재 서울시 소재 중학교 가운데 펜싱부를 육성하고 있는 학교는 서연중학교를 포함하여, 신수중학교, 덕원중학교(강서), 신동중학교(강남), 천호중학교 5개 학교뿐이다. 펜싱이 학교체육으로 활성화되지 못한 것은 인식이 높지 않은 비인기종목일 뿐만 아니라 고가의 장비를 수입해야 하는 등 물품과 장비 구입에 많은 예산이 소요되기 때문이다. 하지만 서연중학교는 감독 선생님 외에 펜싱을 전문적으로 전공한 코치 선생님을 영입하는 등 학생들의 특기적성개발에 앞장서서 훌륭한 선수육성과 확보에 주력하고 있다. 현재 서연중학교 펜싱 선수는 모두 10명으로 이 선수들은 대부분 우수한 성적으로 고등학교에 특기자로 진학하고 있다. 또한 서연중학교는 자질이 있는 학생들을 발굴한다는 사명감 아래 서울특별시 체육종목별 연구시범학교 운영을 통해 학교와 교사, 학부모, 선수들이 3위일체가 되어 펜싱부 육성에 강한 의지를 보이고 있다.

아이들의 꿈을 키워 나가는 특기적성활동

서연중학교는 펜싱부 육성 외에 지난 96년부터 시작한 특기적성교육의 우수모범학교로도 이름이 높다. 도자기 반, 재즈댄스 반, 배드민턴 반 등의 특별활동(CA)을 특기적성활동과 연계해 전교생 및 전교직원들이 참여하는 대표적 행사로 자리잡아 학생들의 적성과 소질을 개발해 나가고 있다. 펜싱의 경우도 특별활동과 특기적성활동 그리고 동·하계 방학 중 실시하는 스포츠 교실을 통해 학생들이 펜싱을 경험하고 이해하게 된다. 이 과정을 통해 펜싱에 대한 관심이 높고 소질이 있는 학생들을 대상으로 전문적인 훈련을 통해 선수로 육성하고 있는 것. 서연중학교 전창영 교장은 무엇보다 학생들의 자발적이고 적극적인 참여를 강조한다.

"어떤 활동이든 아이들의 자발적인 참여가 가장 중요합니다. 특기적성교육은 아이들이 자연스럽게 자신의 소질과 적성을 발견해 나가는 데 의의가 있습니다."

그 외에도 서연중학교에서 체력을 증진시키는 체육활동으로 전교생의 1기 1종목 줄넘기 운동을 비롯해 풋살축구대회, 3:3농구대회, 보디가드피구대회, 배구대회, 탁구대회 등으로 다채로운 자기표현의 기회를 제공하고 있다.

학교체육 활성화는 자라나는 학생들의 건강한 신체발달과 건전한 정서함양에 그 본질이 있음은 두말 할 나위가 없다. 입시위주에 치우친 교육과정에 밀려 점점 그 자리를 잃어 가는 현 상황에서 아이들의 소질을 개발하는 운동종목 육성과 특기적성교육 활성화를 통해 열린 교육에 앞장서고 있는 서연중학교를 주목해 본다.

* 위의 글은 서울특별시체육회 "시민체육"에 게재된 글입니다.

◉ 신나는 학교, 그 현장 이야기 - 용산고등학교

전통과 명예를 이어가는 운동부 육성

윤영하

허재, 김병철, 양경민, 김경섭, 유효식… 수많은 스타플레이어를 배출한 용산고등학교. 예로부터 '공부 잘하고, 운동 잘하는 학교'로 이름을 떨치고 있는 명문 고교다. 역대 최강의 팀을 이끌었던 농구는 물론 하키에서도 작년 전국체육대회 우승의 빛나는 성과를 올린 용산고등학교를 찾았다.

지난 1946년 개교한 용산고등학교는 학교의 오랜 역사와 전통만큼이나 운동부의 역사도 오래되었다. 현재 용산고등학교에서 육성하고 있는 운동부는 67년 창단된 농구부, 63년 창단된 정구부, 1957년에 창단되어 오는 2007년에 50주년을 맞는 하키부, 그리고 최근 2001년에 창단된 골프부가 있다. 용산고의 운동부들이 이렇게 오랜 역사를 지니게 된 바탕은 학교 교훈에서 비롯되었다. '매사에 정성을 다하라'는 지성의 교훈 아래 '학업은 물론 체육도 잘하는 용산인'이라는 자부심으로 학생들의 체력향상을 위한 운동부 지원에 힘을 기울여 온 것. 현재는 졸업한 동문들까지 그 힘을 보태고 있다. 용산고의 체육시설은 1만여 평의 부지에 수영장, 역도장, 검도장, 체육관, 정구장, 농구장, 골프연습장등 웬만한 학교에서는 엄두도 못낼 다양한 시설들을 자랑한다.

수영장의 경우 25m 8레인의 시선을 갖춰 학생들의 수업용으로 이용되고 있다. 수영은 1학년 학생들의 경우 필수 과목으로 2,3학년의 경우 선택과목으로 학기말 성적에 반영하고 있다. 운동부의 체력훈련장 및 역도부 동아리의 보디빌딩 연습장으로 활용되는 역도장은 벤치 프레스와 헬스 싸이클 등 체력단련을 위한 최신 시설이 잘 갖춰져 있다. 일반 학생들은 체육시간 및 방과 후 희망자에 한해 이용할 수 있다. 70여 평 규모의 검도장은 월, 수, 금 특기적성시간에 이용되고 있으며 동문 순배가 강사로 참여해 시범강의를 보인다. 운동장 오른편에 위치한 80평 규모의 정구장은 아침 6시부터 8시까지 마을 주민들에게 개방이 되고 있으며 정구부 학생들의 연습장으로 이용되고 있다.

그 외 실외 농구장, 골프연습장 또한 학생들의 특기적성 교육 및 운동부 학생들의 연습 공간으로 활용되고 있다.

제2의 전성기를 꿈꾸는 농구부

무적함대라 불리는 용산고 농구부는 최전성기 때 전국대회 4관왕, 22연승 등의 화려한 전적으로 주목을 받았다. 또한 농구천재 허재, 김병철 등 수많은 스타플레이어들을 배출했을뿐 아니라 한국 농구의 모체라는 별명으로 불리기도 했다. 근래에 들어와서는 선수층의 약화로 다소 침체되어 있지만 올해는 제 2의 전성기를 꿈꾸며 연습에 매진하고 있다. 작년 연맹 회장기 전국농구대회 3위 입상의 성적을 낸 농구부는 이번에 유망주 신입생의 영입으로 전력이 한 층 강화됐다.

"우수한 역량을 지닌 신입생들이 대거 영입되었고 선수들이 뿌리를 잊어버리지 않는다면 옛 명성 회복은 시간문제라고 생각합니다. 올해는 무엇보다 단단한 팀웍을 바탕으로 선수들의 특징이나 기량에 가장 잘 맞는 전략과 전술을 구사함으로써 팀의 전력을 극대화할 것입니다." 농구부를 맡고 있는 이효상 감독의 설명이다.

"올해는 꼭 우승을 목표로 최상의 컨디션을 만들어 가고 있습니다. 저희 용산고 농구부는 전통과 팀웍으로 파이팅이 좋습니다. 열심히 해서 허재 선배님처럼 되는 것이 저희들의 꿈입니다." 주장을 맡고 있는 3학년 송수인 선수의 각오가 대단하다.

전통을 이어나가는 정구부와 전국대회우승 하키부

서양의 테니스가 일본을 거쳐 우리나라에 들어오면서 변형된 스포츠가 바로 정구다. 용산고등학교에 정구부가 생긴 것은 지난 63년으로, 오랜 전통을 가지고 있으며 작년 전국 종별선수권대회 3위의 우수한 성적을 자랑하고 있다. 하지만 선수는 현재 6명으로 비인기종목인 만큼 초등, 중등에서 선수수급이 안 되고 있는 것이 가장 큰 난관이다.

"서울에서 정구부가 있는 남자 고등학교는 용산고 뿐입니다. 다른 지역에 비해 급속히 쇠락하고 있지요. 대학에서 필요로 하는 인원이 많은 데 비해 선수는 부족한 실정입니다. 서울시와 교육청에서 정책적인 지원이 필요한 때입니다." 정구부 김대성 감독 선생님이 안타까움을 토로한다. 비인기 종목의 정책적 지원이 필요한 건 하키도 마찬가지. 용산고등학교 하키부는 작년 전국체전에서 우승을 거뒀을 정도로 막강한 팀웍을 자랑한다. 꾸준한 경기력 향상을 위해서 일주일에 세 차례 이상의 웨이트 트레이닝으로 체력을 다지고, 일주일에 두 번은 경기도 성남시의 하키장이나 국군상무부대 하키장을 빌려 연습하고 있다.

감독을 맡고 있는 유영채 선생님은 "서울시내에는 하키전용 구장이 없어 떠돌이 생활을 전전하고 있습니다. 추운겨울에는 연습할 마땅한 공간이 없어 학교 강당에서 하고 있는데 강당벽에 구멍이 뚫리는 바람에 800여만 원의 수리비가 들어가게 생겼습니다. 하키전용구장 건립이 시급한 과제입니다."라며 하키전용구장의 필요성을 역설한다.

끈끈한 선후배 관계와 인성교육

용산고는 운동부 육성 외에도 몇몇 돋보이는 특생을 가지고 있다. 그 중 하나는 끈끈한 선후배 단결력을 들 수 있다. 용산고가 공립학교임에도 불구하고 여느 사립학교보다 훌륭한 체육시설을 자랑할 수 있는 것은 선배들의 적극적인 후원 덕분이다. 운동부원들의 재정적인 지원은 물론 체육시설 건립에 큰 힘이 되고 있다. 또한 매년마다 졸업생과 재학생이 형제 결연을 맺어 3억 2천만 원 가량의 장학금을 전달하고 있으며, 이러한 선배들의 정신적·물질적 지원은 학교를 발전시켜 나가는 원동력이 된다.

"용산인들은 불의를 보면 참지 못하는 기질이 있어요. 그리고 어느 동창보다 잘 뭉치지요. 용산고 출신 3명만 모여도 교가를 부른다는 말이 있을 정도로 학교에 대한 애착이 강합니다." 스스로도 용산고 출신임을 말하는 유영채 선생님의 말에 자부심이 가득하다.

또 하나 용산고의 자랑은 인성교육에 있다. 학업이나 운동에 치중하여 자칫 소홀할 수 있는 인성교육을 용산고에서는 최고의 덕목으로 여기며 엄격한 생활지도를 겸하고 있다. 용산고에서는 지각 않기, 담배 안 피우기, 휴대폰 안 가지고 다니기 이 세 가지가 철저하게 지켜지고 있다고 한다.

"올바른 인성교육을 통한 바른 사람을 만드는 것. 그것이 우리 학교의 전통입니다. 우리 용산인들은 선·후배 할 것 없이 누구나 하나로 뭉쳐 이 정신을 이어나가고 있습니다."

운동부뿐만 아니라 전교생들이 스스로 기초체력을 다지고, 체육수업을 충실히 하여 건전한 체력과 정신을 기르는 데 힘쓰고 있는 용산고등학교. 한마디로 지, 덕, 체가 하나로 뭉쳐져 패기 있는 용산인상을 이어가고 있다.

---

* 위의 글은 서울특별시체육회 "시민체육"에 게재된 글입니다.

◉ 신나는 학교, 그 현장 이야기 - 영남중학교

새로운 체육수업실험장

학교체육은 개인적으로는 신체 균형을 유지하는 것과 사회적으로는 스포츠를 통한 건강 한 경쟁과정을 경험하게 되는 훌륭한 교육소재다. 선진국에서는 많은 학생들이 학창시절에 스포츠를 경험할 수 있도록 권장하며, 많은 스포츠 장을 마련해 주고 있다. 하지만 우리나라의 학교체육은 그렇지 못하다. '엘리트 선수 중심', '입시체제'라는 상황에서 일반학생들을 위한 체육이 등한시 되는 결과를 발생시킨 것. 이런 가운데 학교체육 활성화를 위한 특기 적성반 운영과 일반학생들이 쉽게 즐길 수 있는 새로운 개념의 체육 수업을 시도하고 있는 영남중학교를 찾았다.

"오른쪽! 센터 패스~패스~!"

"골슈터에게 넘겨!"

오전 8시, 서울 영등포구 대림동에 위치한 영남중학교 운동장 농구 골대에는 축구공만한 공을 들고 땀 흘리며 뛰어다니는 여학생들을 볼 수 있다. 이른바 넷볼(netball) 특기 적성반 아이들로 이들은 매일 아침시간을 이용해 경기를 가진다.

넷볼은 영국을 비롯한 호주 등 영연방 국가들에게 인기있는 여성 전용 스포츠로 1900년에 두 명의 영국 여성이 미국의 농구 경기를 보고 이를 여성에게 적용할 수 있도록 고안한 경기다. 우리나라에 도입된 지는 4년째, 영남중학교에서는 3년 전 체육교사로 부임한 이민표 선생님에 의해 시작되었다.

"우리나라는 여성스포츠가 활발하지 못해요. 심지어 체육교사들도 여학생들보다 남학생들이 체육수업에 관심도가 높다는 고정관념을 가지고 있었죠. 그러던 중 전국체육교사모임 연수에서 넷볼을 알게 되었는데 여학생들에게 잘 어울리는 스포츠라는 생각이 들었어요."

넷볼은 골대를 세워놓고 공을 바스켓에 넣는 것은 농구와 마찬가지지만, 농구와 다른 점은 드리블이 없고 패스만 가능하다. 또한 공도 농구공보다 작은 넷볼 전용공이나 축구공을 사용하고, 공 잡은 선수로부터 상대편 선수가 90cm 이상 떨어지지 않으면 반칙이기 때문에 신체접촉이 없어 부상의 위험으로부터 안전한 장점을 가지고 있다. 공을 잡은 후 3초이내 패스를 해야 되기 때문에 경기가 빨리 진행되어 스피드나 조직력에서 운동과 흥미를 한껏 느낄 수 있는 것도 특징. 무엇보다 한 번 넷볼을 경험한 여학생들이 이 경기의 마니아가 될 정도.

"저도 처음에 굉장히 놀랐어요. 운동을 싫어할 것 같았던 여학생들이 넷볼을 소개하자 굉장히 좋아하고 적극적으로 참여하는 거예요. 지금은 재학생뿐만 아니라 졸업생들까지 자발적인 클럽을 만들어서 운동을 계속하고 있어요."

영남중학교에서는 넷볼 외에도 아침시간을 이용한 축구, 탁구 등의 특기 적성활동이 활발하다. 학생들이 아침시간을 이용하는 것은 몇 가지 이유에서다. 방과 후에는 운동부 학생들이 운동장을 비롯한 체육시설을 사용하기 때문에 일반학생들이 함께 사용할 수가 없다는 것. 다른 하나는 학원등 다른 과외활동 때문에 쉽사리 짬을 낼 수 없다는 것 때문. 그래서 보통 축구는 아침7～8시까지, 탁구는 7시30분～8시 30분, 넷볼은 7시 50분～8시 30분까지 다른 학생들보다 조금 더 일찍 등교해 아이들 스스로 운동에 참여한다.

새로운 스포츠의 실험 현장인 체육시간

영남중학교의 체육 수업 또한 특별하다. 수업종이 울리자 학생들은 반바지에 면 티셔츠, 알록달록한 체육복 등 각자의 개성에 맞는 활동하기 편한 복장으로 운동장에 집합한다. 간단한 준비체조를 마친 아이들이 과녁처럼 생긴 작은 골대를 가져와 게임을 벌인다. 일반인들에게 생소한 이 경기는 이른바 '츄크볼'이라고 불리는 신개념의 스포츠, 스위스에서 개발되어 우리나라에서는 영남중학교에서 처음 실시하고 있는 경기종목이다.

"우리가 알고 있는 대부분의 구기운동이 문화적으로 말하면 공격형 스포츠라고 할 수 있습니다. 상대편 골대에 골을 많이 넣을수록 이기는 경쟁적 스포츠는 공동체 문화 형성에 좋지 않다는 비판이 제기되면서 개발된 운동입니다."

츄크볼은 상대편 골대의 구분이 없을 뿐 아니라 패스부터 골을 넣을 때까지 상대팀에게 공을 뺏을 수 없기 때문에 신체접촉이 없다. 튕겨져 나오는 볼만 상대 상대편이 가져갈 수있기 때문에 비경쟁적으로 스포츠를 즐길 수 있다는 것.

"처음 해보는 경기라서 규칙이 좀 어렵게 느껴지긴 한데 친구들끼리 몸싸움 없이 공을 패스하고 골을 넣는 게 재미있고 신나요." 츄크볼 시합을 마친 이주현(중 1년)양의 소감이다.

츄크볼 뿐만 아니라 영남중학교는 딱딱한 배구공 대신 크고 부드러운 공을 사용하는 소프트 발리볼을 사용하고 있다.

이민표 선생님은 "평소 우리가 학교 현장에서 가르치고 있는 농구, 배구와 같은 경기의 경우 제대로 즐기려면 기술을 익히기 위해 오랜 기간 동안의 수련이 필요하고 딱딱한 공과 신체접촉으로 부상의 위험도 감수해야 한다."라며 "특히 여학생들이 더욱 기피하곤 하는데 누구나 부담없이 운동을 즐기도록 넷볼, 츄크볼, 소프트 발리볼 등 새로운 스포츠의 도입 등 여러 가지 보완장치를 고려"하고 있음을 밝혔다.

학생들이 자발적으로 참여하는 체육활동 분위기 조성

총 6명의 체육교사가 있는 영남중학교는 다른 학교에 비해 특이한 체육활동과 행사가 많다.

체육행사를 보면 1년 동안 봄 구기대회, 가을 종합체육 대회등 전교생이 참여하는 큰 체육대회 외에 축구, 넷볼 등 3학년들의 학급 대항전 대회와 교내 탁구시합이 열린다. 넷볼의 경우 방학을 이용해 지방 교류전을 갖는 등 크고 작은 행사가 줄을 잇고 있다. 내용과 형식에 있어서도 주목해 볼 만하다. 또한 매년 운동회 형식으로 진행되어 오던 가을 종합체육대회를 올해는 오전 · 오후로 나눠 오전에는 학급대항전과 발표회, 그리고 오후에는 40여 개의 장터식 경기마당을 만들어 학생들이 원하는 경기를 찾아가면서 참여할 수 있는 행사를 진행할 예정이다. 획일적으로 강제하는 체육문화가 아닌 아이들 스스로 자발적으로 참여하는 체육대회를 만든다는 것이 이 행사의 취지.

또한 지난 3월부터는 학생들의 체육 활성화를 위해 점심시간용으로 학교에서 별도 공을 구비해 학생들에게 대여하고 있다. 축구, 농구, 배구, 핸드볼, 넷볼 등 총22개의 공이 구비되어 있으며, 3학년 자원봉사자들이 점심시간 동안 공이 필요한 아이들에게 나눠주게 된다.

학교체육 활성화를 위해 선결해야 될 과제

영남중학교 뿐만 아니라 각 학교에서도 이처럼 학교체육 활성화를 위해 많은 노력을 기울이고 있지만 아직 해결해야 할 선결과제가 많다. 이민표 선생님은 가장 아쉬운 부분으로 절대적으로 부족한 체육시설을 지적한다.

"그나마 있는 시설도 운동부 아이들이 독점하고 있어요. 일반 학생들에게 체육시설은 심하다 싶을 정도로 모자른 상황이지요. 국가차원에서 시설이나 프로그램의 보급이 절실한 상황이에요."

또 하나 해결 되어야할 가장 큰 과제는 바로 입시문제이다. 일반학생들은 입시 때문에 운동을 하고 싶어도 시간과 여력이 안돼서 혹은 부모님들의 차단에 의해 하고 싶어도 못하는 경우가 많다는 것.

"예를 들어, 부모님들은 헬스클럽을 다니시면서 아이들은 학원만 보내려고 해요. 건강을 위해서는 누구나 운동이 필요합니다. 체육은 특정인의 전유물이 아닌데, 체육에 대한 인식이 잘못된 데서 나온 안타까운 결과지요."

운동을 좋아하는 아이들이 친구가 많고 건강한 것은 당연한 결과이다. 반면 운동을 싫어하는 아이들은 활동성이 떨어질 뿐만 아니라 비만 등 건강 문제가 생기기 쉽다는 게 이 선생님의 설명.

"요즘 아이들은 특별히 다칠 이유가 없는 데도 불구하고 쉽게 다치는 현상들이 생기더군요. 체육 수업시간만 봐도 90년대 초와 지금을 비교해 보면 지금 아이들의 체력이 많이 저하되었다는 것을 알 수 있습니다. 그럼에도 불구하고 우리 사회는 지식교육으로만 가고 있어요. 결과는 불을 보듯 뻔한 일인데, 그런 부분들이 안타깝습니다."

국민들이 얼마만큼 자기 삶을 즐기면서 행복하게 사느냐는 문제는 결코 국민 건강과 무관하지 않은 부분일 것이다. 특히 팀 스포츠를 비롯해 학생 때 경험한 체육활동의 긍정적인 효과는 굳이 거론하지 않더라도 짐작할 만하다. 하지만, 우리학교의 상황은 체육활동에 관한 인식이 아직 여의치 않다. 이런 어려운 여건 속에서도 일반학생들의 체육활동 활성화를 위해 새로운 체육프로그램의 도입과 정착의 선행사례를 만들어 가고 있는 영남중학교. 그 실천적 의지가 운동장에서 신나게 뛰고 있는 아이들의 웃음소리에 그대로 전달되는 듯 했다.

---

* 위의 글은 서울특별시체육회 "시민체육"에 게재된 글입니다.

스포츠를 통한 평생행복 추구

생활수준이 높아질수록 스포츠가 인간의 문화생활에서 차지하는 비중이 높아진다. 스포츠는 삶의 질을 높이고 여가시간을 즐기기 위한 기본적 영역이다. 이런 점에서 학생들이 일찍이 스포츠의 가치를 일깨우고 몸소 체험하게 한다면 어른이 되고 나서도 풍요로운 삶을 누릴 수 있는 소중한 자산으로 남을 것이다. 개교 이래로 시작한 전교생 스포츠 활동으로 학생들의 신체건강과 페어플레이 정신함양 등 전인교육의 장을 만들어 나가고 있는 리라초등학교를 찾았다.

전교생이 참여하는 음악체조 시간

점심시간이 끝날 때 즈음, 리라초등학교 운동장은 이내 노란 교복을 입은 아이들로 가득 채워진다. 전교생이 운동장과 교실복도를 가득 메우면 방송을 통해 흥겨운 음악이 흘러나오고 아이들은 음악에 맞쳐 율동을 시작한다.

"색종이를 곱게 접어서 물감으로 예쁘게 색칠하고 알록달록 오색실을 꼬리 달아 비행기를 만들자~"

바로 리라초등학교의 음악체조시간. 매일 오후 12시 50분부터 10분여간 전교생이 모여 체조와 율동, 동요가 어우러지는 음악체조시간은 이 학교 음악선생님들이 직접 곡을 선택하고 율동을 만든 창작물이다. 예전의 딱딱한 국민체조 등과는 달리 대중가요, 동요 등 아이들이 흥겨워 할 만한 음악을 선택해서 편곡하고, 마지막 부분 친구들끼리 옹기종기 모여 부르는 동요는 한 달에 한 번씩 바꿔 새로움을 더한다.

"전교생이 참여하는 음악체조 시간은 아이들의 학습 피로를 덜고, 조화와 협동을 기르는 목적으로 시작 됐어요. 음악이 나오면 자발적으로 흥겹게 몸을 움직일 수 있고 운동량이 충분할 수 있도록 동작 하나하나에 세심한 배려로 구성을 했지요."

아이들과 함께 음악체조를 마친 현복연 교부부장 선생님의 말이다.

하체의 힘을 길러주는 롤러스케이트와 빙상

"하나 둘, 하나 둘, 출발!"

전문 강사의 구령에 맞춰 롤러스케이트 기본동작을 연습하던 아이들은 출발 신호와 더불어 신나게 운동장 트랙을 달린다. 교내 운동장은 초록 고무판과 인조잔디를 깔아 아이들이 안전하게 롤러를 즐길 수 있도록 되어 있다. 리라초등학교의 전교생 필수 체육 종목의 하나인 롤러스케이트는 하체를 튼튼하게 단련 시켜주기 위한 기초 운동이다. 1,2학년들은 교내 운동장에서 주 1회 교육을, 3, 4, 5, 6학년들은 한 달에 두 번 동부이촌동 롤러장으로 야외 수업을 가진다.

소순권 체육부장 선생님은 "롤러는 자라나는 어린이들에게 필수적인 하체운동의 기본으로 겨울에는 빙상, 스키를 연계해 효과를 높이고 있다."라며 "특히 빙상은 30여 년의 오랜 역사로 전교생이 고른 실력을 갖추고 있을 뿐만 아니라 유명선수들을 배출해 각종 국내·외 대회를 휩쓸고 있다"고 말한다.

동계올림픽 금메달리스트 김기훈, 이준호, 원혜경, 채지훈 선수 등이 리라초등학교 출신이며, 골프의 박지은 선수도 리라초등학교 때 롤러, 스케이트, 스키 등의 기본기를 바탕으로 골프를 시작했다고 한다. 하지만 소순권 선생님은 유명선수를 배출하긴 했지만 이것이 학교체육의 주 목적은 아니라고 한다.

"우리의 교육은 선수양성을 목적으로 하는 엘리트 체육이 아닌 생활체육으로서 전교생에게 체육을 가르치고 있습니다. 운동은 한번 익혀놓으면 평생 잊혀지지 않는 것으로 개인의 평생행복권을 위해 하는 교육입니다. 그러나 본인들이 뛰어난 소질이 있다면 선수가 될 수 있는 여건도 만들고 있습니다."

절도 있는 생활 태도를 길러주는 태권도

"태권 리라! 태권 리라!"

리라초등학교 특유의 노란색 단복을 입은 어린 학생들의 목소리가 체육관을 쩌렁쩌렁하게 울린다. 3학년부터 시작해 매주 1시간씩 수련을 하는 태권도 시간은 아이들이 가장 좋아하는 시간이다.

4학년 김소진 양은 "발차기, 달리기, 리라 연결 동작 등이 제일 재미있고요. 학원에서 배우는 것보다 학교에서 여러 친구들이랑 같이 배우니까 훨씬 재미있다"라며 소감을 말했다.

태권도는 우리민족 고유의 전통 스포츠로 강한 체력과 자신감, 절도 있는 생활 및 예의 바른 태도를 길러주기 위한 운동으로 아이들이 원할 경우 개별적으로 승급시험을 볼 수도 있다.

그 밖에 생활체육으로는 하절기 전교생들을 대상으로 진행하는 수영교육으로, 가을부터는 동절기 운동인 빙상으로 체력을 증진시키고 있다. 2월에는 3박4일 일정의 스키캠프를 열어 친구간의 화목과 협동심을 가르치고 있다. 또한 아이들에게 성취감을 심어주기 위해 롤러, 수영, 빙상, 스키 등 교내 대회를 열어 기량을 뽐낼 수 있는 자리를 만들고 있다.

설립자의 "평생행복" 의지가 담긴 전인교육

지난 1965년에 설립된 리라초등학교는 설립자인 권응팔 박사가 교장을 맡고 있다. 개교 이래 시작된 전교생의 체육교육은 평소 스포츠에 많은 관심을 가진 설립자 권응팔 박사의 선진적인 생각에서 비롯된 결과물이다.

권응팔 박사는 학창시절, 특히 초등학교에 다니는 아이들에게 운동은 신체와 정서의 건강에 중요한 영향을 미친다고 보고 개교 당시부터 전교생을 상대로 스포츠를 가르치기 시작했다. 본인 스스로도 아마레슬링 유단자로 스포츠에 관심이 많으며, 1976년 대한레슬링연맹 회장을 맡고 있을 당시 몬트리올 올림픽 대회에서 양정모 선수가 국민들에게 첫 금메달을 안겨 줄 수 있었을 정도로 온 전력을 쏟았던 스포츠 마니아이다.

"1965년 리라초등학교를 시작하면서 생활체육에 많은 관심을 가졌습니다. 학교교육은 한 인간이 평생 동안 행복하게 살 수 있는 기본적인 것을 가르쳐 주어야 하며 그 중 하나가 스포츠라는 생각이 들었습니다."

리라초등학교가 이처럼 전인교육을 위한 생활체육을 육성할 수 있었던 것은 '사립초등'이라는 기본적 토대가 있었기 때문에 가능한 일이었을지 모른다.

하지만 '스포츠를 통한 평생행복 추구'라는 설립자의 뜻깊은 의지가 없었더라면 아마도 리라초등학교는 지금과는 다른 모습으로 서 있을지도 모른다. 운동을 통해 얻은 성취감으로 밝게 웃는 아이들의 활기찬 모습을 보며 리라뿐만이 아닌 다른 초등학교 학생들도 이러한 '평생행복'이 가능해질 날을 기대하며 교문을 나섰다.

* 위의 글은 서울특별시체육회 "시민체육"에 게재된 글입니다.

◉ 신나는 학교, 그 현장 이야기 – 상경중학교

적극적 투자가 이뤄낸 활기찬 학교교육

윤영하

학교체육이 활성화되기 위해서 가장 시급한 과제 중 하나가 바로 시설문제다. 좁은 운동장, 낙후된 체육시설, 그에 따른 형식적 운동종목은 학생들이 체육활동에 흥미를 잃게 만드는 요인 중 하나다. 이런 문제점을 개선하기 위해서는 학생들의 다양한 체육활동을 지원해 줄 수 있는 시설확충이 절실하다. 체육관, 수영장 등의 시설확충과 다양한 체육프로그램의 개발로 학교체육 활성화의 본보기가 되고 있는 상경중학교를 찾았다.

체육수업의 질적 상승을 가져온 시설투자

"저는 원래 인라인스케이트를 못 탔었는데 학교에서 배워서 잘 탈 수 있게 됐어요. 다른 학교 애들이 부러워해요."(1학년 정현진)

"일주일에 2시간 정도 학교에서 수영을 배우고 있는 데요. 오늘은 킥판 잡고 발차기를 배웠어요. 우리 학교는 수영장이 있어서 수영대회도 할 수 있고요, 이런 시설들이 있는 것이 너무 자랑스러워요."(2학년 김지원)

서울시 노원구 상계동에 위치한 상경중학교. 전교생 1,200여 명, 총 35학급으로 겉보기엔 평범한 중학교처럼 보인다. 하지만 지난 2002년 공립중학교로서는 처음으로 수영장, 체육관, 체력단련실을 갖춘 '송난 체육관'이 들어서면서 학교가 활기를 띠기 시작했다.

송난 체육관은 800여 평 규모의 총 2층 건물로 1층은 수영장, 2층은 정규 농구코트가 있어 학생들은 물론 지역주민들에게도 개방되는 복합 체육문화 시설이다.

체육관이 들어서면서 가장 먼저 달라진 것은 체육수업의 질적 상승이다. 기존 운동장에서만 진행되던 수업이 실내 체육관과 수영장을 적극 활용하게 되면서 다양한 수업 여건이 만들어지게 되었다.

"예전에는 운동장에서 보통 3~4개의 학급이 동시에 체육수업을 진행해야 하는 관계로 수업내용이 제한적일 수밖에 없었습니다. 날씨의 영향은 물론이고 운동장에서 할 수 있는 체육 프로그램 자체가 그다지 많지 않았어요. 하지만 수영장을 갖춘 실내 체육관이 들어서면서 날씨에 상관없이 마음 놓고 수업에 열중할 수 있어 체육활동에 활력을 찾고 있습니다."

신상욱 체육부장 선생님은 수영장, 체육관, 운동장의 공간을 학년별로 나눠 수업을 진행하기 때문에 보다 효율적인 수업진행이 가능하다고 한다.

"1학년은 체육관, 2학년은 수영장, 3학년은 운동장에서 각각 수업을 하기 때문에 학년간의 위화감을 방지하고 학생들에게 충분한 기능을 익힐 수 있는 집중적인 체육수업을 진행하고 있습니다."

새로운 학습자료 개발을 통한 흥미유발

상경중학교의 체육활동이 특별한 것은 비단 시설에만 의존한 프로그램 운영이 아니다. 시설을 최대한 효율적으로 이용하면서도 학생들이 체육활동에 흥미를 가질 수 있는 새로운 프로그램 개발에도 적극적으로 나서고 있다.

"과거 학교체육이라고 생각하면 축구, 배구 등 구기종목이나 기능성 운동이 전부였지만, 지금은 시대가 변한 만큼 학생들이 관심을 가지고 적극적인 참여를 할 수 있는 프로그램을 고민하게 되었습니다. 학교에서 배운 체육활동이 일반적으로 사회에 나가서도 여가 생활 등에서 활용될 수 있다면 더욱 좋은 일이겠지요."

상경중학교에서 운영 중인 체육 프로그램을 살펴보면 1학년의 경우 인라인스케이트, 태권도, 소프트발리볼, 2학년의 경우 수영, 스노클링, 소프트발리볼, T-볼, 3학년은 배구, 배드민턴, 육상 등이다. 이 중 인라인스케이트, 스노클링, 소프트발리볼, T-볼 등은 체육선생님들의 새로운 학습프로그램 개발과 연구수업을 통해 도입된 신종 스포츠.

"먼저 평생 스포츠로서 사회에 나가서도 꾸준히 연계성을 가질 수 있을 것. 둘째는 학교체육의 장점인 개인과 단체의 특성을 살릴 수 있는 운동 종목일 것. 세 번째는 수업을 진행하면서 학생들의 안전상 문제가 없는 스포츠 등을 기준으로 삼았습니다."

또한 학생들이 부담을 줄이기 위해 인라인스케이트, 스노클링 등에 필요한 기본 장비를 학교예산에서 구입하고 있다. 나성준 체육선생님은 이런 체육활동이 아이들이 흥미를 가지고 적극적으로 수업에 참여하는 토대가 되고 있다고 덧붙인다.

"가장 눈에 띄는 변화는 체육시간에 앉아 있는 학생들이 없어졌다는 겁니다. 시설이 뒷받침이 되다보니, 가르치는 내용들이 학생들에게 바로 흡수 되고 반응이 바로 나타날 정도로 아이들에게 체육시간이 가장 재미있고 참여도가 높은 시간이 되었습니다."

시설유지관리를 위한 재원 마련이 관건

상경중학교와 같은 수영장 · 체육관 시설은 서울시와 시교육청, 구청이 공동으로 학교와 지역주민을 위해 건립하고 있는 체육 · 문화시설로 최근 서울시내 초 · 중학교에서 건설이 한창이거나 진행 중이다. 운영은 학교 또는 위탁시설에서 맡고 있는 게 일반적인데, 상경중학교에서는 직접 운영을 맡았다.

"학교에서 직접 운영을 할 경우, 학생들의 수업위주로 운영이 될 수 있다는 장점이 있으나, 안전사고에 대한 전문적 경험미비와 별도의 재정 지원이 없기 때문에 시설유지 보수 등을 전적으로 수익사업에 의존해야 하는 부담이 가장 어려운 점입니다."

운영의 주체가 교육기관이 되면 학생 편에 서서 탄력적으로 운영할 수 있는 장점이 있는 반면, 유지관리를 위한 수익창출에서 전문성이 결여 될 소지가 있다는 것. 현재 상경중학교는 교장, 교감 선생님, 체육부장 선생님을 비롯한 체육과 선생님, 서무부장, 어머니회 회장, 일반 교직원 등으로 구성된 '체육진흥회'를 구성하고 학교 운영위원회에서 심의를 받아 운영을 하고 있다. 하지만 아직까지 이러한 시설 운영 사례가 많지 않아 선생님들의 순수한 열정과 노력이 주축이 되어 유지되고 있고 있는 실정이다.

"저희 학교가 사례를 만들어 나간다는 생각으로 운영해 나가고 있습니다. 앞으로 저희가 실행하고 있는 체육관련 프로그램들을 정리하고 자료로 만들어서 다른 학교에서도 함께 공유할 수 있도록 준비하려 합니다."

신상욱 체육부장 선생님을 비롯 상경중학교 체육과 선생님의 경우 수영장이 개관하면서 아침 6시 출근해서 밤 10시에 퇴근하는 일이 다반사다. 하지만 이러한 노고에도 불구하고 학생들을 위한 좀 더 나은 시설확충과 프로그램 개발에 눈빛을 빛내고 있는 선생님들의 열의에 저절로 고개가 숙여진다.

아이들이 마음 놓고 뛰어 놀 수 있는 체육 시설, 재미있고 흥미진진한 체육프로그램, 그리고 이러한 학교체육을 이끌어 나가는 체육선생님들의 열정적인 힘이 있는 상경중학교에서 새로운 학교체육의 대안이 피어오르고 있었다.

* 위의 글은 서울특별시체육회 "시민체육"에 게재된 글입니다.

교육과정에 맞는 모범적 체육수업 이행

윤영하

입시교육에 밀려 날이 갈수록 줄어들기를 계속하는 학교체육. 더구나 이번 7차 교육과정의 시행으로 고등학교 2 · 3학년의 예체능 과목선택이 가능해지면서 학교체육은 갈수록 그 설자리를 잃고 있다. 심지어 고등학교의 경우 체육시간의 규정시수를 지키는 학교를 발견하기도 쉽지 않은 현실에서 교육과정에 입각한 모범적인 체육수업을 이행하고 있는 서울대학교사범대부속고등학교(이하 사대부고)를 찾았다.

땀 흘리며 뛰는 아이들

수업종이 울리자 하늘색 상의와 남색 하의 체육복을 갈아입은 2학년 여학생들이 별관 무용실로 몰려든다. 오늘은 학력평가가 있는 날로 그동안 익힌 '십자달리기'의 기량을 평가받는 날이다. '십자달리기'는 민첩성을 측정하는 종목으로 십자로 놓여진 코스의 깃대를 빨리 돌아 14초안에 들어와야 하는 운동이다. 단순한 것 같으면서도 깃대를 돌 때 자칫 중심을 잃기 쉽고 재빠르게 방향전환을 해야 시간 안에 들어올 수 있다.

"몇초야?"

"16초. 조금 더 빨리 뛸걸."

"15초야, 아이 아까워."

진지한 표정으로 평가를 기다리며 줄서 있는 아이들에 반해 평가를 마친 아이들은 자신의 기록을 보며 아쉬워한다. 평가가 진행될 동안 한쪽에서는 반장의 "준비, 시작" 구령에 따라 윗몸일으키기를 시작한다. 1분에 보통 22개 정도를 한다는 한 여학생의 이마에는 어느새 땀이 송글송글 맺혔지만, 아이들은 마냥 즐겁다는 표정이다.

같은 시각, 운동장에서는 남학생들의 체육수업이 한창이다. 넓은 운동장을 가르며 한켠에서는 1학년생들의 럭비수업이, 다른 쪽에서는 2학년생들의 농구경기가 펼쳐지고 있다.

"럭비는 축구나 다른 운동 경기에 비해 까다롭고 체력소모도 많은 운동인 것 같아요. 조별로 나눠서 시합을 하는데 저희 조는 아직 한번도 이기지 못해 속상해요. 하지만 이렇게 힘껏 땀 흘리고 나면 기분도 좋고 공부도 더 잘되는 것 같아요." 방금 경기를 뛰고 온 1학년생 김익환 군이 검게 그을린 건강한 얼굴을 활짝 웃으며 말한다.

전교생의 적극적 체육활동 장려

서울사대부고에서 실시 중인 체육활동의 원칙은 크게 두 가지로 나뉠 수 있다. 그 첫째는 체육정규수업의 준수다. 서울사대부고는 1학년은 물론 2·3학년까지 적극적으로 체육활동을 장려하고 있다. 교육과정을 살펴보면 1학년의 경우 1학기 청소년 체조, 민속무용(여), 개인운동으로 탁구(남), 단체운동으로 럭비(남), 배구(여)를 가르친다. 2학기에는 달리기, 뜀틀, 축구(남), 농구(여)를 하고, 2학년 1학기에는 농구(남), 창작무용(여), 십자달리기가, 2학기에는 중거리달리기 소프트볼(남), 핸드볼(여)을 실시한다. 3학년 1학기에는 중거리 달리기 2학기 배구, 배드민턴 등이 짜여져 있다. 특히 7차 교육과정의 시행으로 1학년은 체육활동이 주당 2시간 필수과목으로 지정돼 있으나 2·3학년은 체육을 포함한 미술, 음악 중에서 선택하도록 되어 있다. 치열한 입시경쟁에서 자칫 체육수업은 제 기능을 상실할 우려가 크지만 서울사대부고에서는 이에 아랑곳없이 체육수업을 충실히 이행하고 있다.

학교실정에 맞는 내실 있는 체육수업

또한 서울사대부고는 학교실정에 맞게 다양한 방법을 이용한 체육수업을 운영하고 있다. 수업시간에 학생들이 직접 고안한 창작무용은 실내 체육수업 시간 전 준비체조로 활용되어 학생들이 흥겨운 음악에 맞춰 즐겁게 수업을 시작할 수 있게 만든다. 학교 운동부인 럭비부를 육성하고 있는 서울사대부고는 운동부 뿐만 아니라 일반 학생들에게도 럭비를 수업에 접목시키고 있다. 또한 5월에는 학생, 교사, 학부모가 모두 참여하는 체육대회를 개최해 학교체육에 대한 참여와 관심을 높이고 있다. 체육대회에 선보이는 종목은 수업과 연관된 체육교과 과정에 있는 내용으로 구성 될 뿐만 아니라 체육대회를 통해 대내외적인 기량을 뽐내고, 지역사회와 학교간의 유대를 강화하는 기회를 부여하고 있다.

"크게 민속놀이, 협동경기, 학부모 경기, 달리기, 포크댄스 · 에어로빅 시범공연 등으로 나눠 학부모, 교직원, 학생들이 화합할 수 있는 대동단결의 장을 만들고 있습니다. 중 · 고등학교의 일반적 체육대회가 아니라 마치 초등학교 운동회를 방불케 하는 축제의 장입니다."

특히 입시를 앞두고 있는 고등학교에서 이런 대규모 체육대회를 개최하는 것은 쉽지 않은 일이다. 하지만 이창석 체육선생님은 "체육활동을 한다고 해서 결코 학업을 소홀히 하는 것이 아닙니다. 저희는 규정된 교육과정에 따른 체육활동을 충실히 이행하면서도 우수한 학업성적을 유지하고 있습니다. 오히려 이러한 체육활동으로 단련된 체력과 정신력이 학업을 향상시키는 바탕이 됩니다"라며 학교체육의 중요성을 강조한다.

이처럼 서울사대부고에서 이행하고 있는 체육교육은 어떻게 보면 평범하다. 특별한 프로그램을 도입하고 있는 것도 아니고, 특별한 체육시설이 있는 것도 아니다. 하지만 교과과정에 규정된 체육활동조차 보장받지 못하고 있는 오늘의 입시 현실 속에서 흔들림 없이 묵묵히 체육수업을 이행해오고 있는 서울사대부고의 '당당한 교육'을 통해 살아있는 학교체육의 희망을 만날 수 있었다.

---

* 위의 글은 서울특별시체육회 "시민체육"에 게재된 글입니다.

◉ 신나는 학교, 그 현장 이야기 – 혜화초등학교

학생, 학부모가 함께하는 학교체육

윤영하

무더운 여름, 학교는 일제히 방학이 시작하는 시기이지만 혜화초등학교는 여름일수록 더욱 신이난다. 그것은 바로 방학마다 계절 스포츠 교실이 열리기 때문. 혜화초등학교는 지난 2002년부터 하계 · 동계로 나눠 스케이트, 수영, 스키 등 체육교육과정에 제시된 계절 스포츠 가운데 학교 시설 및 여건 등의 제약으로 실현하기 어려운 스포츠를 방학 중에 이수하고 있다. 그 현장을 찾아가 보자.

한여름에 스케이트 타는 아이들

지난 22일 오후 1시, 고려대학교 실내 스케이트장에는 한여름임에도 불구하고 스케이트를 즐기는 아이들로 북적거린다. 바로 혜화초등학교의 스케이트 교실이 열리는 현장. 저학년인 1～2학년과 고학년 3～6학년으로 나눠 진행된 스케이트 교실은 7월 19일부터 23일까지 5일간 하루 1시간씩 고려대 실내 스케이트장에서 이뤄졌다.

어린학생부터 학부모까지 마치 더위를 잊은 듯 신나게 얼음을 지치는 혜화초등학교의 여름 스케이트 교실은 학생, 학부모 모두가 대환영이다. 작년 처음 실시했을 때 142명의 학생이 희망했으나, 올해는 그 배가 넘는 366명의 학생이 참가를 신청했으며, 아이와 함께 스케이트를 배우려는 학부모도 함께 참여했다.

“여름에 스케이트를 타니까 너무 시원해서 운동을 해도 땀이 안 나서 좋아요. 친구들하고 같이 시합도 하고 게임도 하고 함께 어울려서 노는 것이 재미있어요.”

5학년 박소영 양은 인라인스케이트도 곧잘 타곤 했었지만, 친구와 함께 시원한 아이스링크에서 스케이트를 타는 게 재미 만점이라며 즐거워한다.

“아이에게 스케이트를 가르치고 싶었는데, 비용이 너무 비싸서 망설였어요. 하지만 학교에서 저렴한 비용으로 스케이트를 배울 수 있는 기회를 제공해 줘서 신청했어요. 아이도 강사 선생님께 제대로 자세를 배우고 나서 인라인 스케이트까지 제대로 타기 시작하더라고요."

1학년과 4학년인 두 자녀를 스케이트 교실에 보내고 있다는 학부모 최지선 씨는 작년에 이어서 올해도 참가했다. 개인지도에 비해 훨씬 더 저렴한 참가비는 학부모들에게 높은 호응을 얻고 있는 한 요인. 그리고 겨울 스포츠를 더운 여름에 즐김으로써 학습효과가 높은 것도 장점으로 들 수 있다.

"이런 스케이트를 비롯한 학교체육활동을 통해 아이들과 학부모가 즐겁습니다. 특히 혜화초등학교에서는 스키, 레프팅, 가족 산행 대회 등 여러 가지 행사를 통해 학부모의 참여를 높이는 등 지역과 학교가 하나가 되는 가교 역할을 해나가고 있습니다."

아이와 함께 스케이트를 배운다는 1학년 김원영 학생의 학부모인 김형일 씨는 학교에서 이뤄지고 있는 다양한 체육활동이 학부모들에게 학교에 대한 관심을 높이는 주요 요인이 되고 있다고 말한다.

이 행사의 진행을 맡고 있는 양승만 선생님은

"작년에는 3학년 이상의 희망학생들을 대상으로 운영해 오던 스케이트 교실을 올해는 전교생으로 확대하여 실시하고 있다"라며

"아이들에게 다양한 스포츠 체험 활동의 기회를 제공해 주기 위해 스케이트를 계획하게 되었다"고 밝혔다.

학부모가 참여하는 다양한 체육활동

혜화초등학교의 다양한 체육활동은 이뿐만이 아니다. 매년 5월에는 학부모와 지역사회가 함께하는 '한어울마당'을 개최해 달리기, 단체경기, 줄다리기 등 20여 개의 프로그램을 실시하고 있다. 여름방학 중에는 농구, 배구 등 실내경기가 가능한 운동경기 중 체육관을 이용해 주말체육교실을 운영하고 있다. 이는 방학을 맞아 잠시 나태해지기 쉬운 아이들의 체력을 보강하고, 비만 방지 및 다양한 스포츠 체험활동 기회를 제공한다. 또한 학교 인근에 있는 종로구민생활관 수영장을 이용한 전교생 수영교실을 열어 학생들에게 기초적인 수영능력을 기르고 있다.

이 외에도 학생들의 학부모, 학생, 교사가 함께 참여하는 레프팅 교실이 열려 개별적으로 익히기 어려운 계절 스포츠를 체험 할 수 있도록 하고 있을 뿐만 아니라 겨울철에는 경기일원의 스키장을 이용해 2박 3일간의 수준별 스키교실을 열어 학생들의 스포츠 생활화를 위한 노력을 기울이고 있다. 또한 학교 옥상을 골프장으로 활용하여 특기적성 골프부를 개설하고 교사, 학부모까지 골프를 익힐 수 있는 공간을 만들었다.

이처럼 혜화초등학교에서 이뤄지고 있는 체육활동을 살펴보면 대부분의 프로그램이 학생들뿐만 아니라 학부모의 참여가 가능하다는 점이다.

"가정에서 개별적으로 익히기 어려운 스키, 레프팅, 골프 등을 학교 교육과정에 편성해 체계적으로 운영하고 있습니다. 아울러 아이들뿐만 아니라 학부모까지 기회를 확대하여 함께하는 생활체육으로 거듭날 수 있도록 자리매김 할 예정입니다."

혜화초등학교 박종우 교장은 사회체육 차원에서 학부모들의 참여를 유도해 아이들과 함께 체력증진은 물론 학교에 대한 관심과 인식을 높일 수 있는 장을 마련하고 있다고 덧붙인다. 특히 학교에서 체육 시설 및 여건에 제약으로 실행하기 어려운 체육활동을 학교 주변 지역 스포츠 시설을 적극 활용하고 있다.

자체적으로는 학교 옥상을 개발하여 골프장으로 활용 하는 등 시설을 개발하고 있을 뿐만 아니라 레프팅, 스키, 수영 등 요즘 아이들이 관심을 가지고 있는 체육 프로그램을 지역 공공시설 등을 이용하여 체험기회를 제공해 줌으로서 학생들의 스포츠 활동 능력을 개발해 내는데 앞장서고 있는 것.

이러한 시도는 요즘 학생들과 학부모들은 다양한 특기적성 프로그램과 체육활동에 관심이 많은 만큼 학교의 이미지를 높이고 학교와 지역사회를 발전시켜 나가는 데 긍정적인 영향을 미칠 것으로 기대된다.

---

* 위의 글은 서울특별시체육회 "시민체육"에 게재된 글입니다.

제2의 이보나를 꿈꾼다

지난 아테네 올림픽 대회 사격에서 각각 은·동메달을 획득한 이보나, 진종오 선수의 멋진 모습에 응원을 보낸 분들이라면 사격에 많은 관심을 가지고 있으리라 본다.

어린시절 총싸움을 생각하면 친근하게 느껴지는 스포츠임에도 불구하고, 사격은 안전성이나 장비 등의 제반여건으로 쉽게 접할 수 없는 스포츠 중 하나다. 중평중학교에서는 사격운동부를 모범적으로 운영하고 있을뿐만 아니라, 하계스포츠교실의 일환으로 사격교실을 열어 일반학생들이 사격을 배울 수 있는 기회를 제공하고 있다. 그 현장을 찾았다.

"탕, 탕!"

간격을 두고 울리는 연발의 총성.

노원구 하계동에 위치한 중평중학교 사격장에는 더운 여름에도 불구하고 십여 명의 학생들이 사격에 열중이다. 지난 7월 21일부터 8월 20일까지 한 달간 일주일에 두 번씩 하계스포츠 교실의 일환으로 열리는 중평중학교 사격교실에는 중평중학교 외에 인근 중평, 선곡초등학교 학생들이 사격을 배우러 온다.

"사격을 하니까 집중력이 좋아지고, 인내심이 생기는 것 같아요. 최고 점수인 10점을 맞췄을 때가 가장 기분이 좋아요."

자신이 쏜 표적의 점수를 계산 중이던 중평초등학교 5학년 박광현 군은 요즘 사격 재미에 푹 빠져 방학 중이지만 꼬박꼬박 수업에 참석하기 위해 노력 중이다.

"우연히 친구 따라 왔다가 사격을 하게 됐는데 굉장히 재미있어요. 중학교 올라가서도 계속하고 싶어요."

선곡초등학교 6학년 최우성 군은 함께 연습 중이던 중평중학교 사격부 형들의 정확한 조준 솜씨에 연신 감탄을 자아내며, 사격을 계속 하고자 하는 의지를 불태운다.

이번 중평중학교 사격교실에 참가하고 있는 일반학생들은 모두 초등학생들로 10여 명. 인기종목에 비하면 그다지 많은 인원은 아니지만 선생님이나 부모님의 강요가 아닌 자발적 의지로 찾아온 학생들이라는 점. 그리고 처음 시작부터 지금까지 거의 출석률에 변동이 없다는 점을 본다면, 한번 사격의 매력에 빠진 학생들은 거의 빠짐없이 수업을 듣고 있다는 것이 증명된 셈이다.

중평중학교 사격부 감독이자 사격교실을 맡고 있는 이동희 선생님은 "사격은 스스로의 심리와 육체적 감각을 조절해야 하는 운동이므로 집중력을 높일 수 있고 인내심을 길러 주지만, 장비와 시설, 안전사고에 유의가 필요한 만큼 일반학생들이 평소에 쉽게 접할 수 없었다"라며 "이번 사격교실을 통해 주변 초・중학교 학생들이 사격을 배움으로써 자신도 몰랐던 자질을 개발할 수 있는 기회를 제공하게 되었다"라고 의의를 밝혔다.

특히 사격은 과녁을 겨냥하는 정확한 조정력과 집중력, 판단력, 자세 교정 효과로 특히 산만한 어린이들에게 적극 추천할 만한 스포츠임을 강조한다.

자질있는 선수 발굴을 위한 노력

지난 1994년부터 사격운동부를 운영해 오고 있는 중평중학교는 이외에도 일반학생들에게 사격을 할 수 있는 기회제공과 자질이 있는 선수 발굴을 위해 다방면의 노력을 기울이고 있다.

10대의 사대를 갖추고 있는 사격장은 인근 초등학생들의 사격캠프 장소로 제공하고 있으며, 매년 4월에는 일반학생 사격대회를 실시하여, 사격인구의 저변확대는 물론 선수발굴을 위해 힘쓰고 있다.

중평초등학교 6학년에 재학 중 특별활동시간에 처음 사격을 접하고 중평중학교에 진학하게 된 오유미(2년)양은 현재 사격운동부로 활동 중이다. "처음에는 사격이 어떤 스포츠인지 잘 알지 못했지만 우연히 중평중학교에서 사격을 처음 접하게 된 후 그 매력에 빠져 선수로 활동하게 되었다"라며 "힘들지만 최선을 다하는 노력으로 나중에 국가대표선수가 되는 게 꿈"이라며 포부를 밝혔다.

한편, 올해로 창단 10년을 맞은 중평중학교 사격부는 현재 임원 3명(지도교사 1명, 코치 2명), 선수 21명으로 남・여 공기소총, 공기권총부를 운영하고 있다.

사격부의 올해 입상 성적을 살펴보면, 전국소년체육대회 공기권총(남) 단체우승, 미추홀기 전국사격대회 공기권총(남) 단체우승, 개인 남자부문 1위를 비롯해 봉황기 전국사격대회 공기소총(남) 단체우승, 개인 남녀부문 각각 1위를 차지하는 등 각종 대회에서 우수한 성적을 거두고 있다.

또한, 중평중학교 사격운동부 출신 선수 중 박아영(현재 한국체육대학교 3년, 아테네 올림픽 공기권총 출전), 이호림(서울체육고등학교 1년, 국가대표 상비군)선수는 현재 국가대표로 활약하고 있으며, 현재 3학년에 재학 중인 김승태 선수는 공기소총부문에서 국가 상비군으로 활동하고 있을 정도로 뛰어난 기량을 자랑하고 있다.

사격 활성화를 위한 방안

사격은 일반인들에게 많이 알려지긴 했으나 아직까지 일반학생이나 일반인들이 쉽게 접하기에는 시설을 갖춘 장소와 장비가 턱없이 부족하다. 또한 사격에 이용되는 소모품의 비용이 만만치 않기 때문에 다른 운동부보다 선수 수급에 많은 어려움을 겪고 있다. 하지만 사격이 다른 종목에 비해 비용적 부담이 큰 것이 사실이나 이번 올림픽에서의 성과를 보더라도 사격에 대한 지원과 재정마련이 지속된다면, 저변 인구 확대와 우수 선수 발굴 등에서 사격은 무한한 발전의 가능성을 지니고 있는 종목임에 분명하다.

이동희 선생님은 "저희 학교의 경우에도 교장선생님의 전폭적인 지원 아래 성실히 운영하고 있으나 선수 수에 비해 부족한 사대수와 사격장의 확충이 절실한 실정임"을 토로한다.

또한 "한 번 사격을 접한 학생들이 사격을 쉽게 저버리지 않는 이유는 사격은 바로 자기 자신과의 싸움이기 때문에 경기 결과가 나쁘더라도 중도에 포기하지 않고 인내심과 결단력을 가지고 꾸준히 노력해 나갈 때 얻어지는 성취감은 살아가는 데 반드시 필요한 삶의 자세"라며 "비단 운동부뿐만 아니라 일반인들에게도 사격을 접할 수 있는 기회의 확대와 보급이 필요함"을 역설했다.

지난 2000년 시드니 올림픽에서 어린 강초현 선수의 은메달 선전 이후 관심을 가지던 사격이 어려운 경제사정 등 여러 요인으로 다시 그 열기가 식어가고 있는 추세다. 이번 아테네 올림픽을 계기로 다시 열기가 살아나는 듯하지만 단지, 올림픽에 의존해 달궈졌다 식는 '냄비육성책'이 아니라 좀더 거시적인 관점을 가지고 꾸준히 지속되는 육성정책이 필요한 때임을 중평초등학교에서 땀흘리며 사격에 열중하고 있는 어린 학생들을 통해 더욱 느낄 수 있었다.

---

* 위의 글은 서울특별시체육회 "시민체육"에 게재된 글입니다.

◉ 신나는 학교, 그 현장 이야기 - 홍익사대 부속초등학교

"덩더꿍 덩더꿍" 전통을 이어가는 체육활동

윤영하

현 재직 교사가 직접 개발한 덩더꿍 체조를 24년째 이어오고 있는 홍대부속초등학교. 어렸을때부터 익힌 우리 춤, 우리 가락으로 우리 전통에 대한 긍지를 심어 줄 뿐만 아니라 연중행사로 진행되는 전통있는 다양한 학교체육 활동으로 튼튼한 체력을 기르고 있다. 그 현장을 찾았다.

"덩더꿍 덩더꿍… 기지개를 켭시다, 갸우뚱 갸우뚱… 사뿐사뿐 뛥시다, 예쁘게~예쁘게~."

홍익대학교 사범대학 부속 초등학교(이하 홍대부속초등학교)아이들 전원은 2교시 수업이 끝나면 특별한 시간을 갖는다. '덩더꿍 체조'가 바로 그것. 이 학교 교사로 재직 중인 이종만(62) 선생님이 지난 1980년에 창안한 이 체조는 홍대부속초등학교에 벌써 24년째 이어오고 있는 전통이다.

덩더꿍 체조는 흥겨운 자진모리장단에 우리 춤사위를 응용해 아이들이 따라하기 쉬울 뿐만 아니라 가사도 재미있어 누구나 좋아하기 마련이다. 아이들은 신나게 팔을 뻗고 팔짝팔짝 뛰며 체조를 즐긴다.

"체조가 재미있고, 따라하기가 어렵지 않아서 좋아요."

"선생님과 매일 함께 해서 쉽게 배울 수 있고, 음악도 흥겹고 신나요."

이종만 선생님이 담임을 맡고 있는 1학년 반아이들은 선생님과 함께하는 덩더꿍 체조시간이 즐겁기만하다. 이 선생님의 구령에 맞춰 이 반 아이들은 고사리 손을 흔들며 신나게 덩더꿍 체조를 따라한다.

이종만 선생님이 덩더꿍 체조를 만들게 된 계기는 가장 먼저 아이들을 위하는 마음이 컸다고 한다.

"문학에도 '어린이문학'이 따로 있지만, 무용에는 어린이만을 위한 무용이 따로 없더군요. 어린이 무용은 기성 무용과 차별화되어야 한다는 생각으로 직접 이를 만들어 보고자 마음먹었습니다."

이 선생님은 당시 또 다른 관심사였던 우리 전통춤을 어린이 체조에 적용시켜냈다.

"우리 가락은 어릴 적부터 많이 듣고 익숙해지는 것이 중요합니다. 전통 춤을 체조화시켜 매일 따라하다보면 우리 가락이 쉽고 편안하게 받아들여질 수 있겠다는 생각이었는데, 다행이 아이들이 좋아해서 보람을 느끼고 있습니다."

또한 요즘 학교뿐만 아니라 학원 등에서 하루 종일 의자에 앉아 있어야 하는 아이들에게 이 체조는 훌륭한 건강체조의 구실을 한다.

"아이들의 고른 신체발육은 물론 전통 춤사위로 인한 예술성, 창의성 등이 고루 발달할 수 있도록 고안을 했습니다."

무용에 대한 전문성을 기르기 위해 뒤늦게 서라벌 예술대 무용과를 졸업하고, 지금은 무용교육학 석사이기도 한 이 선생님은 현재 다양한 종류의 덩더꿍 체조 개발 및 보급과 창작 발표에도 힘쓰고 있는 중이다.

이 학교 최태만 교감선생님은 "날마다 2교시 후 전교 22개 학급에서 펼쳐지는 덩더꿍 체조로 학교가 흥겹다"라며, "우리 전통의 계승뿐만 아니라, 학생들의 건강 증진에 필요한 체조이기 때문에 계속 이어나갈 예정"이라고 덩더꿍 체조에 대한 애정을 드러냈다.

홍대부속초등학교의 다양한 체육 활동

덩더꿍 체조 외에도 홍대부속초등학교는 연중 다양한 체육활동을 오랜기간 동안 개최해 오고 있어 아이들의 체력을 증진시키는데 앞장서고 있다. 먼저, 지난 1989년부터 시작한 수영교실은 1~3학년을 대상으로, 하절기 매주 토요일마다 수영 강습을 받고 있다. 아이들의 수영실력에 따라 수영을 전혀 못하는 어린이, 잘하는 어린이 등 각 급수로 나눠 전문 강사의 지도를 받기 때문에 보다 체계적이고 전문적인 수영 학습이 가능하다. 역시 같은 해부터 시행된 동절기 빙상교실은 매주 목, 금요일을 이용해 목동 아이스링크에서 아이들이 신나게 스케이트를 배운다. 또한 수업과 연계해 그간 갈고 닦은 수영, 빙상 실력은 매년 9월 첫째 수요일, 2월 첫째 화요일에 전교생들을 대상으로 열리는 수영대회, 빙상대회에서 검증 받는다.

"빙상대회의 경우 지난 74년부터 시작하여 현재 31회 대회를 맞고 있습니다. 당시 70년대에는 스케이트가 겨울철 유일 스포츠로 학생들의 체력증진을 위해 실시해온 것이 지금까지 이르고 있습니다."

이런 체육활동은 일반학생들의 운동능력의 동기 부여 뿐만 아니라 운동부 선수의 발굴에도 기여하고 있다. 홍대부속초등학교의 빙상수업을 계기로 국가대표급으로 커 나간 선수로는 한국 여자 쇼트트랙의 간판주자로 활동 중인 박혜원 선수와 고기현 선수가 바로 이 학교 출신 선수들이다.

"다양한 체육활동을 통해 자질이 있는 아이는 선수로 커 나갈 수 있는 가능성을 열어두고 있습니다. 학교체육은 일반 학생들의 체력증진 뿐만 아니라 체육 꿈나무들의 발굴이라는 측면에서도 지속적인 개발과 장려가 필요한 부분입니다."

그 뿐만 아니라 매년 5월 5일 단오절에는 줄다리기, 씨름, 그네뛰기 등의 민속경기대회를 열어 우리 민족 고유의 전통 놀이를 익히고 있다. 6월에는 전교생 계주대회를 열어 모든 운동 능력의 기초인 달리기 기능의 신장으로 학생들의 체력을 향상시킨다. 또한 겨울방학 기간인 1월에는 4～6학년을 대상으로 스키학교를 열어 동계 스포츠로 각광받고 있는 스키의 기본 기술을 익히고 극기 훈련으로 개척정신을 기르고 있다.

이처럼 연중으로 쉴새없이 계획되어 있는 체육활동으로 홍대부속초등학교 학생들은 누구 보다 튼튼한 체력을 자랑한다.

최태만 교감선생님은 "요즘 학교체육이 점점 설 자리를 잃어가면서 예전에 비해 학생들의 체력이 저하되고 비만이 급증하는 등 건강에 대한 우려가 높아지고 있지만, 우리 학교 학생의 경우 오랜 학교체육의 전통만큼 그 어느 학생들보다 튼튼한 체력을 지니고 있음"을 자신 있게 피력했다.

"자라나는 어린이들에게 학교체육은 모든 활동능력의 기초가 되는 체력을 향상시킬 뿐 아니라 서로간의 협동심을 발휘하여 건전한 경쟁을 기르게 합니다. 그리고 무엇보다도 아이들 스스로가 체육활동을 좋아합니다. 저희는 정규 수업 외에도 축구, 아이스하키 등의 특기적성부를 운영하는 등 학부모들도 체육활동을 적극 권장하고 있어 이러한 체육활동들을 점점 확대해 나갈 계획입니다."

취재를 마치고 나오는 운동장에는 마침 10월에 열릴 교내 구기대회를 위해 아이들이 열심히 운동장을 뛰어다니고 있었다. 어렸을 때부터 우리 전통 춤과 가락을 익혀나갈 뿐만 아니라, 다양한 체육활동으로 인한 튼튼한 체력으로 밝고 신나게 운동장을 활보하는 아이들의 모습이 가을의 드높은 하늘만큼이나 청량해 보였다.

---

* 위의 글은 서울특별시체육회 "시민체육"에 게재된 글입니다.

◉ 신나는 학교, 그 현장 이야기 - 잠신고등학교

달라진 체육시간, 참여하는 아이들

입시교육 위주의 교과편성, 학생들의 체육 기피현상 등으로 점점 학교체육이 제자리를 잃어가는 현실에서 스포츠 댄스, 자전거 타기 등의 다양한 체육 프로그램 개발로 학생들이 체육활동에 적극적으로 참여할 수 있도록 활력을 불어 넣고 있는 잠신고등학교를 찾았다.

"원 투 차차차, 쓰리 포 차차차, 여자는 왼발이 앞으로, 남자는 오른발이 앞으로~!"

잠신고등학교 2학년 체육수업시간. 강당에 모인 남녀 학생들이 체육교사인 이종무 선생님의 구령과 댄스 시범에 맞춰 스포츠 댄스 '차차차'의 스텝을 밟아 나간다. 이윽고, 동작을 정확하게 익히는 기본 스텝 강습 이후 음악과 함께 여학생과 남학생들이 손을 맞잡는 본격적인 댄스 차례. 처음에는 서먹서먹하던 분위기가 스텝이 꼬이고 도는 방향을 잘못 잡아 민망한 웃음을 던지는 사이 이내 자연스러워진다.

박은영(17)양은 "일단 수업에 흥미를 가질 수 있고, 평소 잘 몰랐던 남학생들과 서로 친해질 수 있는 기회가 되는 것 같다"며 만족해했다. 김균동(17)군은 "몸이 안 따라줘서 괴롭지만 이런 활동으로 인해 체육 수업시간이 더욱 기다려진다"라며 즐거운 표정을 지었다.

잠신고등학교에서 체육수업시간에 스포츠 댄스를 시작한 건 지난 2002년, 이종무 선생님이 체육교사로 부임해 오면서부터다. 평소 아이들의 인성교육과 체육활동 장려에 관심이 많았던 이 선생님은 남녀학생들이 적극적으로 참여할 수 있는 체육 프로그램을 고민하게 되었다. 그러던 차에 스포츠 댄스를 비롯한 민속 무용을 접하게 되었고, 벌써 10년째 학교에서 아이들에게 춤을 가르치고 있다.

"여학생들은 일상생활에서 운동에 참여할 기회가 적습니다. 자연히 체육활동에서 멀어지게 마련인데, 이를 극복할 수 있는 활동을 고민하다가 남학생과 여학생 모두 적극적으로 참여할 수 있고, 체력은 물론 인성 교육에도 효과가 큰 민속무용을 가르치게 되었습니다."

원래 대학에서 필드하키를 전공했던 이 선생님이지만 지금은 교육청에서 지원하고 있는 서울지역 초・중등 청소년 민속무용 교육 연구회 회장을 맡고 있을 만큼 무용에 전문가가 되었다.

이 선생님이 소개하는 스포츠 댄스의 장점은 일단 움직임이 많아 체력을 증진시키는 운동으로서 손색이 없으며, 특히 남녀 학생들이 서로를 배려해주는 매너를 익히게 되고 서로간의 교감이 존중될 수 있다는 것을 꼽는다. 뿐만 아니라, 학생들 스스로가 흥미를 가지고 적극적으로 참여한다는 것.

"처음 학교에 스포츠 댄스를 정규체육시간에 가르쳤을 때에는 학교나 학부모님들이 반대가 만만치 않았습니다. 하지만, 학생들 반응이 너무나 좋고, 직접 만든 창작무용을 학부모님께 보여드리고 나서는 오히려 학부모님들까지 동참해서 춤을 배우고 있는 상황입니다."

씽씽~ 신나는 자전거 타기 수업

잠신고등학교에서는 한 학기에 8~10시간 배우는 민속무용(창작무용, 스포츠 댄스 등) 외에도 자전거 타기를 수업시간에 도입해 학생들에게 흥미 있는 수업 참여와 체력단련을 돕고 있다. 특히 송파구는 자전거를 이용한 통학여건이 좋은 지역으로 잠신고등학교에서도 자전거를 이용한 통학율이 전체 5분의 1을 차지하고 있다. 지역뿐만 아니라 학교에서도 환경오염을 줄이고, 체력단련에도 도움이 되는 자전거 통학을 장려하고 있으며, 체육 시간에도 실시하게 되었다. 학교에는 통학용 개인 자전거 300~400대 외에 학교 수업용으로 15대의 자전거를 구입, 비치하고 있다.

"자전거는 자세교정 뿐만 아니라 호흡기, 소화기, 신경계통, 하부근 기능 발달 등 많은 장점을 가지고 있는 운동입니다. 다른 운동에 비해 지루함을 덜 느끼면서 즐겁게 할 수 있는 운동으로 한달에 2~3회 운동장 혹은 근처 고수부지를 달리면서 스트레스를 날려버릴 수 있는 운동이지요."

실제로 운동장에서 신나게 자전거를 타고 있는 아이들의 얼굴 표정은 한없이 해맑기 그지없다. 처음에는 한반에 반 이상이 자전거를 못 타다가 지금은 거의 자전거를 탈 수 있게 되었다고 한다.

"원래 자전거를 못 탔었는데 수업시간을 통해 배우게 되었어요. 너무 신나고 운동이 많이 되는 것 같아요."

양볼이 빨갛게 상기된 양나은(17)양이 숨을 가다듬으며 열심히 자전거 페달을 밟는다. 아이들은 신나게 운동장을 빙빙 돌면서 즐거움의 표정을 숨기기 않는다.

스포츠 댄스와 자전거 타기 외에도 잠신고등학교는 동계 스키캠프, 클라이밍 등 각종 체험학습을 통해 아이들에게 열린 사고와 건전한 체력단련 계획을 세우고 있다. 오수량 교장 선생님은 "7차 교육과정으로 고등학교 2, 3학년들은 체육이 선택과목으로 지정되어 학생들의 체육 기피현상이 두드러지고 있는 데 반해 우리 학교에서는 오히려 체육 과목 선택이 매우 높다"라며 "다양한 체육 활동은 학생들이 스트레스를 해소할 수 있고 인성 교육 및 학업성취도를 높일 수 있는 계기가 되는 만큼 앞으로도 꾸준히 장려할 계획"임을 밝혔다.

이종무 선생님은 "점심시간이면 체육관이 학생들로 꽉 찰 정도로 저희 학교 학생들은 체육활동을 좋아합니다. 체육 자체가 재미있으면, 아이들은 저절로 체육 시간을 기다리게 됩니다. 이렇게 학생들이 자발적으로 움직이게 된 데에는 흥미를 유발 시킬 수 있는 프로그램 개발과 자유롭고 편안한 분위기 조성한 덕분인 것 같습니다."라며 학생들이 흥미를 가지고 참여할 수 있는 체육 프로그램 개발의 중요성을 강조했다.

* 위의 글은 서울특별시체육회 "시민체육"에 게재된 글입니다.

◉ 신나는 학교, 그 현장 이야기 - 목동중학교

연구하는 선생님, 체육을 적극 장려하는 학교

현장에 있는 일선교사들이 한마음이 되어 새로운 체육 프로그램을 만들어 나가는 목동중학교. 열성적인 교사들에 힘입어 학교에서도 지원을 아끼지 않고 있다.

변화는 밖에서 부터가 아니라 안에서 스스로 만들어 나가는 것임을 보여주고 있는 현장을 찾았다.

"둥글게 둥글게~ 짝, 둥글게 둥글게~ 짝"

신나는 음악소리와 두 개의 긴 대나무 장대 박자에 맞춰 그 위를 고무줄 하듯 폴짝폴짝 뛰는 아이들. 한겨울에도 불구하고 아이들의 얼굴에는 연신 구슬땀이 흐른다. 6~10명이 한조가 되어 자유롭게 선택한 음악에, 함께 구상한 창의적인 동작을 박자에 맞게 움직여야 하기 때문이다.

지난 11월 23일, 양천구 목동에 위치해 있는 목동중학교 체육관에서는 3학년 학생들이 티니클링 수업이 한창이다. 티니클링(Tinikling)은 3/4박자 리듬에 맞추어 두 개의 긴 대나무 막대를 두 사람이 양쪽에서 잡고 바닥을 두드리면, 다른 사람들이 대나무 막대를 피하면서 대나무 안팎을 뛰며 추는 필리핀 전통 춤이다. 원래 티니클링이란 목과 다리가 길고 점잖게 걷는 새의 이름으로 일명 대나무 춤 혹은 뱀부 댄스라고도 불린다. 목동중학교에서는 이번 학기에 뉴스포츠인 티니클링을 3학년 체육 정규 수업시간에 도입했다.

"다함께 박자를 맞추는 것이 가장 어려워요. 대나무에 발이 닿지 않게 움직여야 하기 때문에 여간 힘든 일이 아니지만, 우리가 좋아하는 동작을 자유롭게 구성할 수 있어서 재미있어요."

4조에서 리더 역할을 하고 있는 구민주(16)양은 연습으로 가쁜 숨을 몰아쉬면서도 연신 재미있다는 표정을 지었다.

"보통 체육시간에 운동하는 애들은 하고 안 하는 애들은 하게 되는데, 티니클링은 모두가 참여하는 운동이기 때문에 딴전 필 새가 없어요. 운동이 많이 되고 땀도 많이 나요." 어떻게 보면 비슷한 한국 놀이인 고무줄뛰기도 해본 적 없는 남학생이라 처음에는 생소하기도 했지만, 아이들과 함께 땀 흘리며 팀웍을 맞춰나가는 게 너무 좋다는 김진형(16)군의 말이다.

티니클링을 처음 도입한 이병준 체육선생님은 그간 체육수업에서 창의력을 중요시하는 무용 수업이 실기능력 등의 문제로 소홀해 왔다는 점을 지적하며 "자기표현이 적극적인 지금의 청소년들이 쉽고 흥미 있게 접할 수 있고 비례, 대칭, 창의력을 기를 수 있는 무용 수업을 고민하던 중에 외국 사례를 통해 도입하게 되었다"고 말했다.

우리나라에서 처음 소개되는 뉴스포츠인 만큼 교재는 외국 사이트를 통해 다운받고, 미국과 일본 등지에서 수업장면을 담은 비디오를 구입해 연구했다. 또한 티니클링의 필수 교구인 대나무 막대는 전라남도 담양에서 직접 구입해 오는 수고를 아끼지 않았다.

"티니클링은 아이들에게 체육활동에 대한 흥미를 유발시킬 뿐만 아니라, 팀웍이 중요시 되는 경기이기 때문에 협동심 그리고 동작의 창의성, 운동력 등을 동시에 길러 줄 수 있는 새로운 스포츠입니다. 아직은 도입단계이기 때문에 자료제작이나 교구문제가 과제로 남아있지만, 수업사례를 통한 연구 과정을 거쳐 점차 정착시켜 나갈 계획입니다."

창의력과 협동심을 길러주는 스포츠 프로그램 연구

티니클링 외에도 올해 목동중학교에는 넷볼, 츄크볼, 플라잉디스크, 비비탄사격, 풋살 등의 뉴스포츠 수업을 실시했다. 김선일 체육선생님은 "기존의 체육수업이 '올림픽 종목'을 위주로 구성된 평가 위주의 수업이었다면, 지금은 아이들에게 흥미를 유발시키고 사회에 나가서도 활용할 수 있는 생활체육으로 바꿔야 한다는 생각"이라며 체육활동을 기피하는 아이들에게 '재미없는 체육활동'에 대한 고정관념을 탈피할 수 있는 뉴스포츠 종목을 선정하게 된 계기를 말했다.

이병준 체육선생님은 "새로운 체육의 도입으로 체육수업에 소외되는 아이들이 줄고 보다 적극적으로 다가설 수 있는 분위기가 조성되었다"라며 앞으로도 농구, 축구 등 기존 종목들과 병행해 뉴스포츠를 적용시켜 나갈 것임을 밝혔다.

한편, 목동중학교 7명의 체육교사들은 자체 연구모임인 '체육수업연구회'를 결성해 매년 학습주제를 통한 체계적이고 새로운 체육수업을 진행해 오고 있다. 2002년에는 협동학습, 2003년에는 자기주도적 개별학습 그리고 올해는 뉴스포츠를 주제로 체육수업을 진행시켜 왔다. 이들 수업은 기존 종목의 규칙을 변형하거나 경기시설을 변형하는 등 남녀학생 모두 스포츠를 즐길 수 있고 경기에서 배제되지 않도록 하는 시도도 병행되고 있다.

한 예로, 협소한 학교 운동장을 대신해 인근 안양천, 양천공원, 한강시민공원 망원지구에서 학년별로 분산해서 열리는 체육대회는 다른 학교에서 볼 수 없는 독특한 경기 진행방식으로 이루어지고 있다. '컴퍼스 리그'라는 새로운 진행방식은 전 학급이 동일한 경기 수를 가질 뿐만 아니라, 모든 학생들이 선수로 시합에 참가할 수 있게 했다.

"외국 사례를 통해 찾아낸 새로운 경기진행방식인 '컴퍼스 리그'는 기존 체육대회가 준비에 비해 실제로 학생들이 뛰는 시간이 너무나 적었던 문제점을 벗어나 개개별의 운동량을 훨씬 높이는 효과를 얻고 있습니다."

또한 올해 목동중학교에서는 스포츠과학을 실현시키기 위한 일환으로 러닝머신 등의 유산소운동 기계 13대와 학생들의 체지방을 분석할 수 있는 분석기를 도입해 '건강증진센터'를 마련했다. 내년부터 전교생을 대상으로 체형을 분석해 개개인의 몸에 맞는 운동처방을 발부할 계획이다.

"일선학교에서는 아마 저희가 최초로 실시하는 게 아닐까합니다. 정밀하고 과학적인 데이터를 통해 학생들에게 운동의 필요성을 증대시킬 뿐만 아니라 개개인의 특성에 맞는 운동처방을 내릴 수 있습니다. 본인 스스로가 운동의 필요성을 알고 실천할 수 있는 자기 몸의 성적표를 매길 예정입니다."

또한 김선일 체육선생님은 "이러한 건강증진센터는 학생뿐만 아니라 학부와 지역주민들까지도 이용할 수 있는 지역사회체육센터로 면모를 갖춰나갈 뿐만 아니라 우리나라 청소년 체력실체에 대한 자료를 모으는 데 표본으로 활용될 수 도 있다"라며 보다 진일보한 학교체육 육성에 대한 적극적 의지와 열의를 나타냈다.

---

* 위의 글은 서울특별시체육회 "시민체육"에 게재된 글입니다.

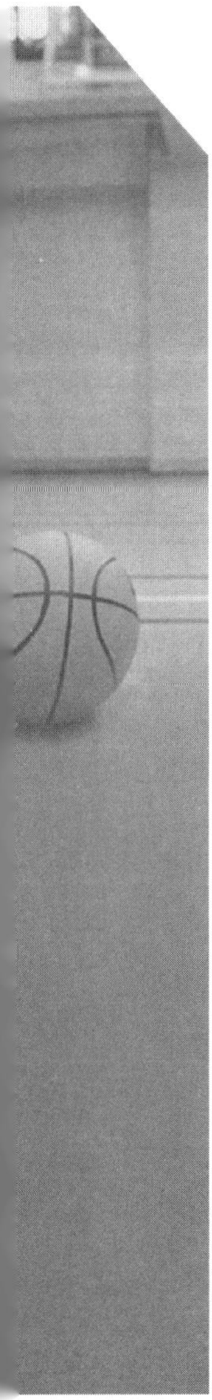

VII

학교체육의 문제점과 개선방안

- 경기도 청소년의 체력 향상을 위한 방안
- 국민체육에 있어 중등 체육교육의 문제점과 개선방안
- 한국 청소년의 체격 및 체력의 변화 : 문제점과 개선방안

경기도 청소년의 체력 향상을 위한 방안

- 경기도 청소년의 체력 향상을 위한 방안 -

김상국(세종대학교)

문제제기

- 학교체육은 전인 양성이라는 교육 이념을 바탕으로 하여, 인지적 · 정의적 · 심동적 발달을 지향하고 있다. 특히, 학교체육이 추구하는 목표의 핵심은 , 학생이 건강 및 체력을 유지 · 증진하고, 즐거운 삶을 영위할 수 있도록 하는 데 있다. 그러나. 학생의 건강 및 체력은 약화되고 있으며, 체육수업 중 즐거움을 경험하는 학생은 많지 않은 실정이다. 그 결과, 학교체육의 존재 이유 자체에 대한 부정론 까지도 제기되고 있다.
- 한 국가의 미래는 청소년의 정신적 · 신체적 능력에 달려 있다. 청소년을 바르게 지도하고 육성하여 사회의 건전한 일원이 되도록 교육하는 것은 국가의 중요한 책무 중의 하나이다. 특히 청소년들의 체력은 신체적 능력을 대표하는 요인으로서 일생 중 청소년기에 가장 현저하게 발달하며, 이 시기의 체력 수준은 성인기의 건강에 지대한 영향을 미친다는 점에서 그 중요성이 부각된다.
- 학교 체육교육의 가치 중에서 가장 실용적이고 중요하게 다루어져야 할 부분은 청소년의 체력 행상에 있다. 그리고 교육현장에서 가장 심각한 문제는 청소년들의 체력약화이다. 왜냐하면 규칙적인 체육활동은 이제 여러 가지 질병들을 예방 및 치료 효과가 있기 때문이다.
- 지난 30년 사이 청소년들의 체중은 평균 14kg 이상 증가, 사상 초유의 비만 시대가 시작됐다. 초등학교 10명 중 3명은 비만, 20명 중 한 명은 고도비만이라는 결과가 보고되고 있으며, 그와 동시에 성인병의 발병연령은 점점 낮아지고 있다. 심장질환으로 인한 20대 돌연사, 10대의 당뇨합병증까지 등장하고 있다.

- 키와 몸무게는 많이 커지고 늘어났지만, 기초체력 테스트인 제자리멀리뛰기와 턱걸이, 오래달리기 윗몸일으키기 등의 기록은 30년 전에 비해 현저하게 떨어졌다.
- 최근 각종 청소년들의 체력 및 체격에 관한 자료를 이용하여 컴퓨터 시뮬레이션을 해보니 우리나라 청소년들의 나이는 1～대 인데 몸은 40대처럼 나타났다. 이러한 현상은 초등학생일수록 더 심각하게 나타났다. 잘못된 생활습관은 소아비만을 낳고 그 소아비만의 80%는 성인 비만으로 연결되어 당뇨병, 고혈압, 동맥경화, 심근경색, 돌연사를 낳는다.
- 심장질환으로 인한 20대 돌연사, 10대의 당뇨 합병증까지 등장하고 있다. 그리고 해마다 증가되는 국민건강보험 수혜자의 1인당 의료비 지출 변화 추이를 보면 1990년도에 1인당 의료비 지출은 67,000원 정도였으나 1995년에는 약 135.000원으로 증가하여 2001년도에는 무려 약 384,000원으로 1990년도에 비해 약 6배 정도 증가한 것으로 나타나고 있다.
- 이처럼 날로 증가되고 있는 국민의료비 지출은 개인의 경제손실뿐만 아니라 국가 경제손실에도 막대한 영향을 미친다. 1996년 우리나라 국민의료비 지출이 국내총생산(GDP)에 차지하는 비율은 6.0%로 나타났다. 이 통계는 전년도(95년)에 비해 무려 약 20% 증가한 것이다.
- 이대로 가다간 국제경쟁력의 저하는 물론이고 막대한 사회적 비용을 초래하는 생활습관병 시대로 빠르게 이행하게 될 것으로 보인다. 이러한 국가 경제손실을 예방하는 길은 청소년 체력 향상에 있다. 그렇다면 청소년 체력 향상에 대한 방안은 있는가? 없는가?

현황 및 문제점

- 경기도 청소년 체력을 타시도와 비교하여 살펴보면 심폐지구력, 유연성, 근지구력, 근력이 현저하게 타시도 청소년 체력에 비해 현저하게 떨어지는 것으로 나타났다. 초・중・고등학교별로 타시도와 비교하여 현황 및 문제점을 살펴보고자 한다.

1. 초등학생

- 경기도 초등학생의 경우 타 시도의 학생들과 비교해서 심폐지구력, 유연성, 근지구력, 근력이 현저하게 떨어지는 것으로 나타났다.
- 이와 같이 경기도 초등학생들이 타 시도의 학생들과 비교해 체력이 뒤떨어지는 현상이 계속될 경우, 장래 경기도민의 국민의료비 부담의 증가와 경제 생산인력의 감소로 인하여 지역사회의 경제가 침체될 것으로 생각된다.

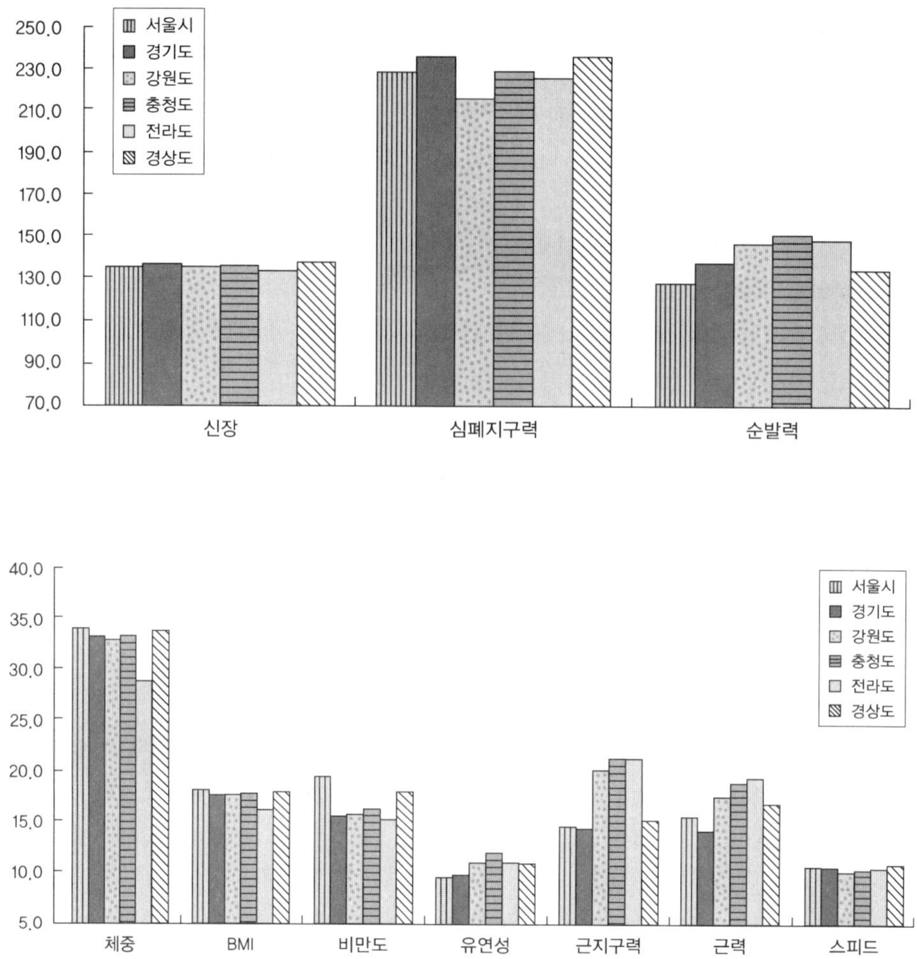

그림-1 전국 초등학생의 체격 및 체력 비교

2. 중학생

- 경기도 중학생의 경우 타 시도의 학생들과 비교해서 유연성, 근지구력, 근력이 현저하게 떨어지는 것으로 나타났다.
- 비만도는 타 시도에 비해 매우 낮은 것으로, 이는 경기도 중학생들이 자신의 외모에 지나치게 신경을 쓰고 있는 반면에 건강관련 체력의 중요한 요소인 근력 및 근지구력, 유연성의 저하로 인한 심각한 문제를 제대로 인식하지 못하는 것으로 사료된다.
- 건강관련 체력 요소에 대한 중요성을 인식시킬 수 있는 질적인 체육교육이 필요하다고 보며, 실천할 수 있는 프로그램이 시급한 실정이다.

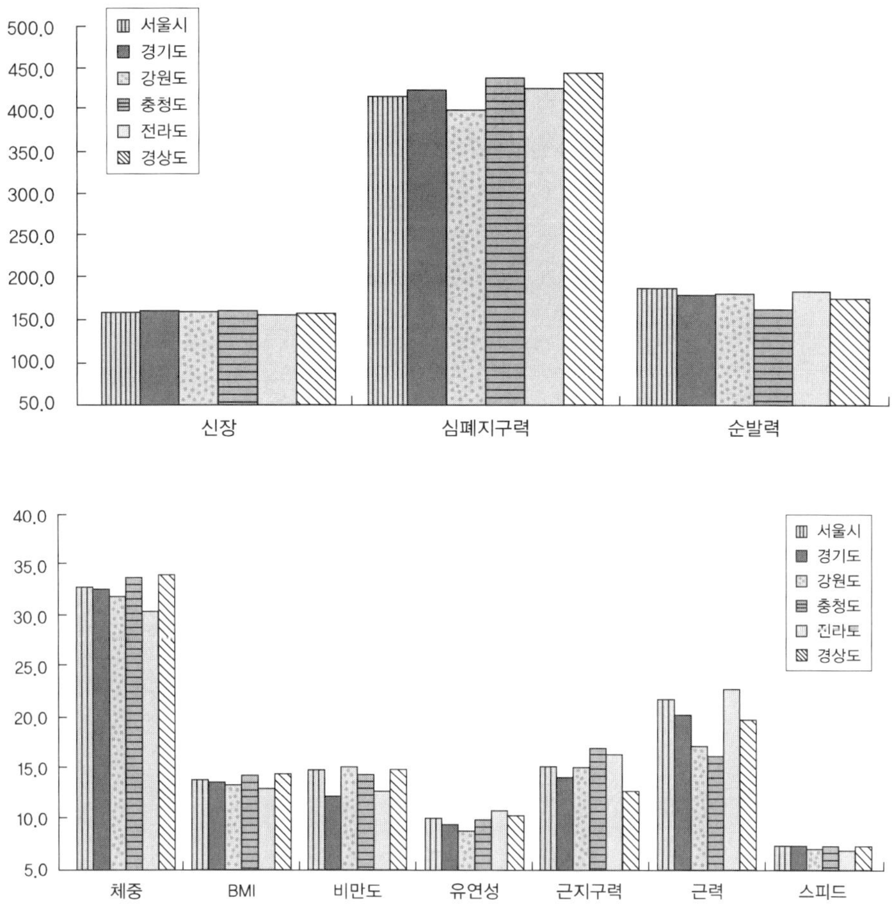

그림-2 전국 중학생의 체격 및 체력 비교

3. 고등학생

- 경기도 고등학생의 경우 타 시도의 학생들과 비교해서 유연성, 근지구력, 근력이 현저하게 떨어지는 것으로 나타났다.
- 비만도는 타 시도에 비해 매우 낮은 것으로 나타나, 이는 경기도 고등학생들이 자신의 외모에 지나치게 신경을 쓰고 있는 반면에 건강관련 체력의 중요한 요소인 근력 및 근지구력, 유연성의 저하로 인한 심각한 문제를 제대로 인식하지 못하는 것으로 사료된다.
- 따라서, 이와 같은 경기도 청소년의 근력 및 근지구력, 유연성의 약화가 성인으로 되었을 때 퇴행성 근위축으로 인한 요통 및 만성질환이 증가할 것으로 생각된다.

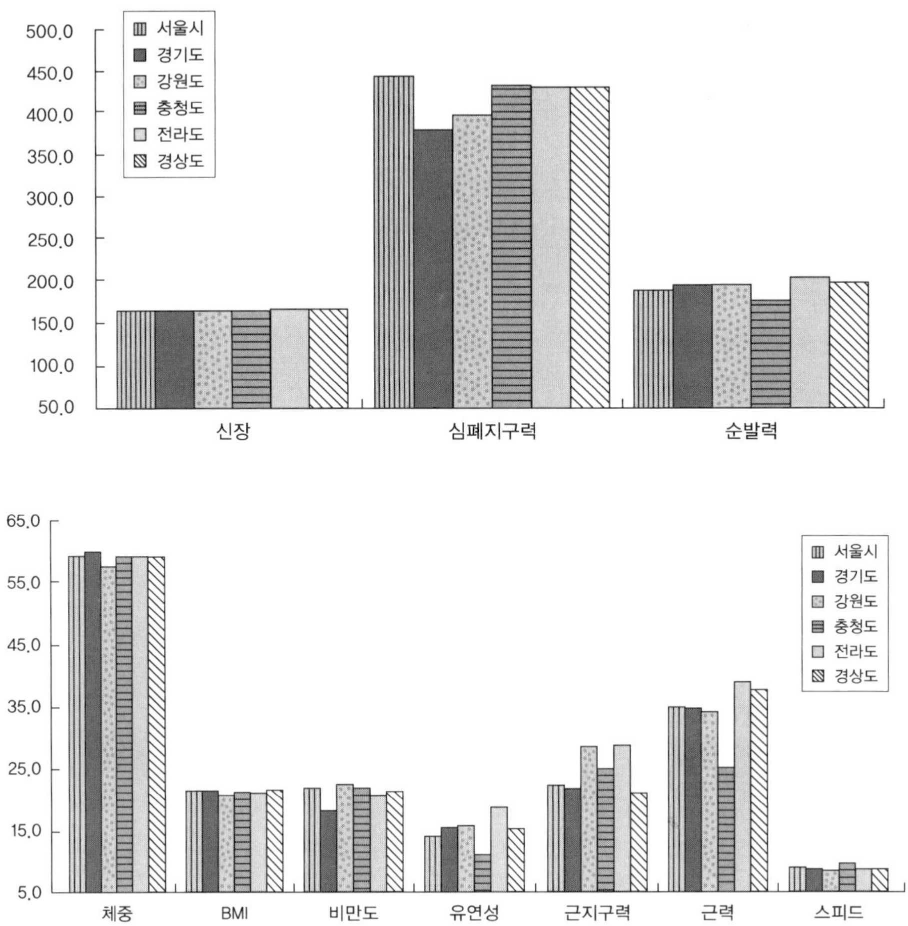

그림-3 전국 고등학생의 체격 및 체력 비교

방향

1. 청소년 체력 바로 세우기

- 경기도 청소년 체력저하에 있어서 방관하지 않아야 된다. 그리고 경기도 청소년 체력을 이대로 둘 수 없다. 왜냐하면 경기도의 미래는 청소년의 정신적·신체적 능력에 달려 있기 때문이다. 청소년을 바르게 지도하고 육성하여 사회의 건전한 일원이 되도록 교육하는 것은 지방자치 정부의 중요한 책무 중의 하나이다.
- 청소년들의 체력은 신체적 능력을 대표하는 요인으로서 일생 중 청소년기에 가장 현저하게 발달하며, 이 시기의 체력 수준은 성인기의 건강에 지대한 영향을 미친다는 점에서 그 중요성이 부각된다.

- 학교 체육교육의 가치 중에서 가장 실용적이고 중요하게 다루어져야 할 부분은 청소년의 체력 향상에 있다. 왜냐하면 규칙적인 체육활동은 이제 여러 가지 질병들을 예방하는 효과나 치료의 효과가 있기 때문이다.

2. 특기적성활동 프로그램의 다양화

- 특기적성활동 프로그램은 학창시적의 각종 체육활동(운동 신체활동)을 실천할 수 있는 동기와 방법을 제시해 주는 내용으로서, 초 · 중등학생들의 효과적이고 합리적인 체육활동을 보장하기 위한 구체적 수단이며, 체육활동의 참여 확대를 위한 필수적인 요소이다.
- 따라서, 앞으로 점증할 일반 국민의 건강증진을 위한 체육활동의 새로운 수요와 요구에 부응하기 위해서는 새롭고 다양한 프로그램의 개발 및 보급이 절대적으로 요청된다.
- 특기적성활동 프로그램의 다양화를 위해서는 지역적인 특성을 고려한 프로그램의 유형 및 특징, 학생들의 욕구 및 특성이나 개인자 혹은 기타 환경 여건 등을 세심하게 고려한 다음 다양한 형태의 프로그램을 개발 · 보급하여 일반 학생들이 언제, 어디서든지 상황에 적합한 프로그램을 선택하여 적극적으로 학교체육 활동에 참여할 수 있는 기회를 제공하여야 한다.
- 프로그램 계획시에는 학교체육관련 이론 전공자 및 일선 체육선생님, 체육관련 민간단체 등 전문가의 적극적 참여가 요구되며, 프로그램의 다양화를 추진하는데 있어서 안전성, 효과성, 흥미성 등의 기본요건을 고려해야 할 것이다(그림-4 참조).

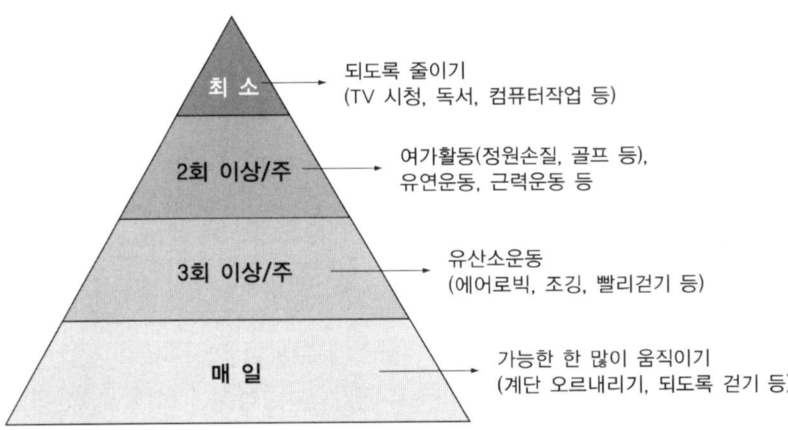

그림-4 운동 피라미드

3. 지역내 학교간 과외자율체육활동 통합 운영

- 근거리에 위치한 학교의 시설, 지도자 등을 연계한 '지역내 학교간 통합' 운영을 적극 고려한다. 일정 지역의 학교들이 학보하고 있는 시설 및 지도자 등 운영 여건을 종합적으로 고려하여 학교별로 특성화된 프로그램을 개설하고, 해당 학교의 학생들은 희망 종목에 따라 이동하여 체육특기적성활동에 참여하도록 한다.
- 과외자율체육의 학교간 통합 운영은 초·중·고등학교의 통합까지도 확장시킬 수 있을 것이다. 결국, '통합' 과외자율체육활동은 체육교사 개인이 가지고 있는 지도 역량의 활용도를 극대화하고, 학교 체육시설의 제한을 극복할 수 있는 방안이 될 수 있을 것이다.

4. 체력 향상 프로그램의 도입 및 경기도 청소년체력향상위원회 설치

- 체력은 최근의 이론에 따르면 건강관련 체력요인과 운동기능 관련 체력요인으로 구분되며, 심폐지구력, 근력 및 근지구력, 유연성, 그리고 체지방률을 포함하는 건강관련 체력요인이 상대적으로 더욱 중요시되어야 한다. 청소년기에 향상시킨 체력 수준과 체력의 중요성에 대한 인식이 향후 평생 건강에 지대한 영향을 미칠 수 있다는 점을 고려할 때, 체력운동에 대한 수업은 매학기 이루어지도록 해야 한다.
- 수업시수의 제한 등으로 한계가 있는 것은 사실이지만 일주일에 한번 심폐지구력, 근력 및 근지구력, 유연성의 향상, 그리고 적절한 체중의 유지를 위한 체력운동을 반드시 하도록 하고, 그 향상도를 매 학기, 나아가서 매 학년 측정하도록 해야 한다.
- 학생 스스로 자신의 체력수준을 진단하고 약한 체력요인을 향상시킬 수 있는 운동종목을 스스로 찾아내 실천할 수 있도록 지도해야 한다. 이를 위하여 경기도 청소년체력향상위원희를 설치해서 체력평가 및 처방을 위한 프로그램 개발·보급해야 한다.

프로그램(방안)

학교체육의 문제점들을 살펴보면 학교체육의 문제를 해결하는 근본 주체는 체육교사이다. 체육을 담당하고 있는 일선 교사부터 새로운 마음가짐으로 시들어가고 있는 우리들의 내일인 청소년을 건강하게 만들 수 있도록 노력해야 한다. 각한 청소년 체력약화에 대한 문제를 어떤 식으로 해결해야 할 것인가에 대해 다음과 같이 실천 가능한 방안을 제시하고자 한다.

1. 전교생 건강달리기 대회(안)

- 이 전교생 달리기 대회는 매월 1회 정도 실시하되 초등학생은 5~6학년만 참가하는 것이 바람직하며, 중 · 고등학생들은 전교생이 참여하여 기록에 도전하는 것보다 전원이 개인의 능력에 맞게 완주하도록 유도하는 것이 바람직하다.
- 건강달리기 대회는 매월 셋째 주 토요일을 "건강달리기의 날"로 정하여 전교생이 오전 동안 달리기 행사만 진행하는 것이 바람직하다.
- 초 · 중 · 고등학교에서 2~4km 범위에서 경쟁달리기가 아닌 전원이 완주 목표로 실행하며, 순위 결정전을 지양하고 목표 심박수에 맞춰 달리도록 지도한다. 또한, 능력에 따른 목표 심박수를 이해하고 스스로 할 수 있는 능력을 기르며, 자신의 능력에 따라 속도를 조절하며, 안전사고 예방에 유의한다.
- 안전사고에 대한 예방은 철저하게 대비하여야 하며, 심장질환 환자나 선천적으로 허약한 학생들은 제외시키는 것이 바람직하다고 사료된다.

2. 전교생 집단체조 실시(안)

- 건강 체력 요소 중에 또 하나의 중요한 것은 유연성이다. 경기도 청소년의 유연성이 타 시도에 비해 현저하게 떨어지고 있는 것으로 나타나 유연성 향상을 위하여 매주 3회 정도 전교생을 운동장에서 약 5분 정도의 집단체조를 실시하도록 한다.
- 이를 실행하기 위해서 학교장의 적극적인 추진력이 필요하며 각 담임 선생님들은 체조의 필요성에 대한 적극적인 홍보가 필요하다고 사료된다.
- 이 집단 체조의 매주 월, 수, 금요일 오전 8시 30분에 실시하여 약 5분에서 10분 정도 진행하며 체육담당 교사가 진행하여, 진행 선생님에 대해서는 인센티브제도가 바람직하다고 사료된다.
- 체조의 종류는 청소년체조, 국민체조 혹은 경기도의 정체성을 살리는 체조를 개발하여 실시하는 것도 효과적이라고 본다.

3. 가칭 "경기도 청소년체력향상위원회" 운영(안)

- 경기도 청소년 체력 향상을 위해 중요한 제안을 하고자 하는 것은 가칭 "경기도청소년체력향상위원회"의 설립이다. 이 안은 경기도 청소년들에게 '체력 향상'이라는 선물을 줄 수 있는 최고의 대안이라고 사료된다.
- 이 청소년체력 향상위원회의 역할은 경기도 청소년들의 체력 향상에 가장 큰 영향력을 발휘할 것으로 본다. 이 조직은 별도 경기도지사 산하 특별위원회 형식으로 각종 전문가들을 포함하여 운영하는 것이 필요하다고 본다.

- 이 경기도지사 산하 경기도청소년체력향상위원회를 설치하여 체력이 우수한 학생들과 우수학교, 우수교사들에게 포상하고 청소년체력 향상 및 바람직한 스포츠 활동을 하도록 장려하여야 한다.
- 이 위원회는 청소년 체력 향상을 위해 각종 프로그램을 개발하여 보급하고 각 부분에서 우수한 학생들에게 도지사가 직접 사인한 각종 증서를 수여하여, 청소년들이 체력 향상 동기를 극대화시켜야 한다고 본다.

4. 특기적성 프로그램의 다양화 운영(안)

- 학생들의 희망 종목에 따라 지역사회의 스포츠클럽에서 정기적으로 운동에 참가하고, 지도를 받도록 하는 과외자율체육활동 및 특기적성활동을 운영한다. 구체적인 추진 방안 및 주체별 업무는 다음과 같다.
- **지역생활체육협의회** : 지역생활체육협의회는 지역사회 스포츠클럽을 활용한 과외자율체육활동 및 특기적성활동 운영 희망 학교와 수용 희망 스포츠 클럽의 신청을 접수 한 후, 수용 희망 스포츠클럽의 검증을 통하여 프로그램 운영 가능성을 검토하고, 상호 연계 업무를 담당한다.
- **학교** : 학교는 희망 학생 및 종목을 조사하고, 그 결과를 바탕으로 하여 지역생활체육협의 회에 신청 의뢰한다. 프로그램 참여 희망 학생을 수용하는 지역 스포츠클럽에 대하여 우선적으로 시설을 개방한다.
- **지역 스포츠클럽** : 클럽 활동 시간 중 학생들을 대상으로 하는 프로그램을 개설하고, 클럽의 지도자를 배치한다. 프로그램 운영 결과를 정기적으로 학교에 통보한다.
- **학생** : 희망 종목에 따라 배정된 지역 스포츠클럽에 가입한다. 운동상해 보험에 의무적으로 가입함으로써, 프로그램 참여시에 발생할 수 있는 법적·재정적 문제를 최소화하도록 한다.

5. 경기도 모형 체력장부활

- 우리나라 학교체력장은 1972년도에 도입하여 실시하여 오다가 단 두 가지의 이유로 인해 1994년도 폐지되고 말았다. 그 이유 중에 하나가 첫째, 체력장 실시종목 중 오래달리기를 하던 중의 안전사고로 인한 언론으로부터의 비판여론과 둘째, 체력장실시에 대한 변별력이 문제시되어 중단되고 말았다. 또 하나의 가장 큰 폐지된 이유 중에 하나는 체력장을 이끌어 가는 현장교사나 학생들 사이에 체력장에 대한 가치인식이 결여되어 맞물린 결과라고 사료된다.
- 경기도 청소년을 위한 체력장 부활은 점점 약화되어가고 있는 청소년 체력을 향상시키는데 가장 효율적인 방안이라고 본다. 그리고 경기도가 전국에 최초로 실시되

는 가장 모범적인 모델이라고 본다.

- 운동관련 체력 검사보다는 건강관련 체력의 5가지(심폐지구력, 유연성, 신체조성, 근력, 근지구력) 중심으로 측정하여 대학입시에 반영할 수 있도록 각 대학에 장려하여 실시 할 수 있도록 유도한다. 봄 학기나 가을 학기 중 자율적으로 실시하게 하고 변별력을 높여 차등화 하는 방안을 고려하여야 한다. 체력장 부활에 대한 대대적인 홍보를 통하여 가치인식을 높여 나가야 할 것이다.

체력 향상 방법		기대효과
1. 전교생 달리기 2. 전교생 집단 체조 3. 경기도청소년체력향상위원회 운영 4. 체력장의 제도의 재 도입 5. 등산 6. 기타	➡	1. 소아성인병 예방 2. 국민 의료비 지출 감소 (국가 경제손실 감소) 3. 청소년의 자신감 향상 4. 기초체력 향상 5. 청소년 비만 감소 6. 전인적 교육 효과 7. 청소년의 건강 체력인식 고조 8. 청소년 체력 실태 파악

- 현실적으로 우리 시대 청소년은 공부와 입시에 의한 끊임없는 스트레스 속에서 혼란과 갈등을 겪고 있다. 심리적 측면에서 청소년기는 자기 정체성과 인생관 형성을 위해 근원적인 질문을 던지고 진지하게 고민하는 시기이다. 그러나 우리 청소년은 이 문제를 뒷전에 제쳐둔 채 공부와 경쟁, 성적 올리기에만 내몰림으로써 심한 정신적 동요와 불안정, 욕구불만에 시달리고 있다.
- 우리나라 청소년들의 체력이 심각한 위기 국면에 처해 있다. 경기도 청소년들도 예외는 아니다. 키와 몸무게는 많이 커지고 늘어났지만 기초체력은 31년 전에 비해 오히려 현저히 저하되고 있다. 나이는 10대인데 비하여 몸은 40대 각종 성인병이 유발되고 있다. 미래 한국의 주인공 될 청소년들의 체력향상을 위한 다양한 방안이 있어야 되겠다.
- 이러한 청소년 체력약화문제는 학교체육을 포함한 교육 전반의 구조적인 요인과 학교체육의 내부적 요인에 의해서 발생한다고 할 수 있다. 즉, 청소년들의 체력저하의 원인으로는, 사회 전반의 과도한 성취지상주의, 입시위주의 교육 풍토 등을 꼽을 수 있지만, 학교체육의 가치를 제대로 드러내고 현실화시키지 못하고 있는 학교체육 관련 주체(agents)의 책임 역시 가벼울 수 없다.

국민체육에 있어 중등 체육교육의 문제점과 개선방안

중국 고대 군사학 명저인 손자병법(孫子兵法)주에서 "적을 알고 나를 알면 100번 싸워도 위태롭지 않다(知彼知己百戰不殆)."는 이야기가 있듯이 우리나라 학교체육의 정확한 실태를 파악함으로써 성공적인 학교체육의 개선 방안을 제시할 수 있다(Kim, 1993). 최근까지 우리나라의 학교체육에 대한 문제점은 <표-1>에 나타낸 바와 같이 여러 학자들에 의해 지적된 우리나라 학교체육의 공통된 문제점들을 살펴보면 첫째, 체격은 과거에 비해 성장되었으나 체력은 급격히 양호가, 둘째 열악한 학교체육 시설로 인하여 운동장 자리다툼 등으로 비효율적인 체육수업 운영, 셋째 입시위주적 교육제도로 인한 학교체육교육의 중요성에 대한 인식결여, 넷째 제6차 교과과정(1977~2001)과 제7차 교과과정 실시로 인한 줄어든 학교체육시간, 다섯째 정규 학교수업에 불참하는 운동선수들의 특례입학과 같은 비교육적 엘리트 학교체육 운영, 여섯째 학교체육수업을 가르치지 않는 안아볼(볼이나 몇 개 던져주고 놀라고 하는 것) 체육수업 현상, 여섯째 20년 전과 같은 수준의 학교체육예산, 일곱째 초등학교 교사 대부분이 여교사로 채워져 내실 있는 체육수업의 부재, 여덟째 열기가 없는 수업운영, 마지막으로 지역사회와 연계성이 없는 학교체육 운영 등으로 지적되고 있다(현명덕, 1986;Kim, 1993; 강신복, 1994; 김진호, 1994; 김상국, 1998; 박영민외; 1999; 안민석 2000).

우리나라 교육의 목적은 지 · 덕 · 체 함양이 교육의 근본 목적임에도 불구하고 각 학교는 입시위주의 교과목을 운영하고 있고, 이로 인해 학교 체육은 학교 교과목임에도 파행적으로 운영되고 있으며 이는 어제오늘 시작도니 것이 아니다. 그럼에도 불구하고 아직까지 변변한 해결책은 물론 전체적인 방향설정마저 마련되지 못하고 있다.

표-1 선행연구에서 나타난 학교체육의 문제점

학교체육의 문제점 분석 · 관찰	문제제기의 핵심
체격은 과거에 비해 성장했으나 체력은 급격히 약화	학생기준 체력 저하
열악한 학교체육시설로 인한 비효율적 체육수업 운영	학교체육 시설 문제
입시위주적 교육제도로 인한 학교체육교육의 중요성 인식 부재	학교체육의 인식 부재
6차 및 7차 교육과정 실시로 인한 줄어든 체육시간	감축된 체육교육
정규수업을 거부하는 엘리트 운동선수 학교체육 교육의 본질을 희석	학생기준 체력 저하
학교체육수업을 가르치지 않는 안아볼 수업현상	비정상적인 엘리트 스포츠 육성
열기가 없는 체육수업	교사의 자질 부재
지역사회와 연계성 없는 학교체육 운영	지역사회와의 연계성 부재
교사의 전문적 운동기능과 교수능력부재	전문적 자질 부족

그 동안 역대 정권마다 학교체육의 정상화를 위해 노력하고자 했지만 이런저런 현실적 난관에 부딪쳐 단 한 번도 뚜렷한 성과를 거두지 못한 채 현재에 이르렀다. 체육교육은 건강한 생활을 통한 삶의 질적 향상에 기여하며, 특히 성장기에 있는 청소년의 건강유지 · 증진, 체력향상과 운동능력 증대, 그리고 사회성 발달 및 도덕성 함양에 매우 중요한 역할을 한다. 그러나 이러한 체육교육의 중요성에도 불구하고 학교체육 관련 당사자들의 입시위주의 파행적 운영속에 그 역할을 상실하고 있는 추세이며, 이는 결국 직 · 간접적으로 운동부족으로 인한 급격한 체력저하와 영양섭취로 인한 비만아 증가를 초래하고 있을 뿐만 아니라 심각한 사회문제로 대두되고 있다.

그 대표적인 현상으로서 최근 초 · 중 · 고등학생의 경우 쾌적한 환경과 식생활 개선으로 과거의 낮은 칼로리와 높은 섬유질이 함유된 식사에서 오늘날 높은 칼로리와 낮은 섬유직 식사 습관과 함께 과거에 비해 체격은 좋아졌으나, 신체 활동량의 감소로 인해 체력은 점점 약화되어 소아 및 청소년 연령층의 비만이 급격히 증가되고 있는 실정이다(이동환, 1996 문형남 등, 1992). 이는 지금의 청소년들이 성인이 되었을 때 막대한 국민 의료비 지출이 예상되며, 1997년 우리나라 국민 의료비 지출은 국내 총생산(GDP)에서 차지하는 비율은 4%로 국민 1인당 의료비지출은 587달러로 '95년도(483달러)보다 약 21%가 증가하였다(보건복지부, 1999). 이러한 국가 경계 손실을 예방하는 길은 학교체육을 통해서 운동량이 부족한 학생들에게 필요한 적당량의 신체활동 기회를 제공하고, 개인의 특성에 따른 프로그램으로 학생들의 요구를 충족시켜 학교체육의 신뢰성을 회복하여 건강 및 체력을 유지·증진하고 즐거운 삶을 영위할 수 있도록 해 주어야 한다.

그러나 학생이나 학부모들은 체육수업을 입시준비로부터의 스트레스 해소를 위한 놀이나 휴식시간 정도로 생각하고 있고, 체육교사는 열악한 수업 환경과 과중한 업무 핑계로 정상적인 체육수업을 하지 않고 있다. 결국 이러한 이유들로 인하여 체육은 학생과 학부모에게조차 외면 당할 위기에 처해있다. 이러한 체육의 위기는 체육부의 축소나 교육과정에서의 체육수업 시 수 감소, 체육예산의 삭감 등을 통해 직접적으로 나타나고 있다. 현재와 같이 학교체육의 역할과 책임이 제대로 이행되지 않고 체육의 내·외적 가치가 올바르게 전달되지 않는다면 체육교육은 학교 교육과정으로부터 추방당하는 날을 맞이하게 될지도 모르는 것이다.

이처럼 학교체육을 위험수위에까지 다다르게 한 어느 특정 원인을 개선한다고 해도 학교체육의 모든 것이 정상화되는 것은 아닐 것이다. 그러나 학교 체육교육을 위험에 처하게 한 원인을 파악함으로써 학교체육의 정상화를 위한 시발점을 찾을 수는 있을 것이다. 따라서 본고는 현재 학교체육의 실태를 파악함으로써 학교체육의 부실화와 위기를 초래환 여러 원인을 찾고, 학교체육의 개선방안을 제시하여 궁극적으로 학교체육교육의 정상화에 기여하는데 목적이 있다.

학교체육의 중요성

체육수업은 학생들이 “움직임을 학습하거나 학습하기 위해서 움직이는” 목표를 달성할 수 있도록 일련의 경험을 구성한 것으로, 체육은 학생들의 신체적 성장뿐만 아니라 지적, 정서적 측면을 포함한 전인으로서 개인의 성장과 발달에 무한하게 기여할 수 있는 교과이다. 또한, 체육교육과정은 한 개인이 일생을 통해서 신체적으로나 정신적으로 건강한 시민으로서 활동하는데 필요한 기술, 행동 그리고 지식을 가르치는 것으로서 타 교과와 구별된다.

Bloom과 Krathwohl이 교육의 목표를 인지, 정의, 심동의 세 영역으로 분류한데서도 인간의 행동이 어떤 한 가지 기능에 구속되는 것이 아니라 세 가지 영역이 서로 복잡하게 결합되어 나타나는 것으로 체육교사 뿐만 아니라 다른 교과를 담당하는 모든 교사들은 이 세 가지 영역이야말로 서로 분리도리 수 없는 불가분의 관계라는 것을 인정하고 있다. 또한, Jwett, Bain & Ennis(1995)는 체육의 목표를 체력의 발달, 기본운동의 향상, 사회적, 정서적 발달, 지적 가치의 실현의 네 차원에서 체육의 일반적 행동목표를 제시하였다. 체육이 추구하는 세 영역의 목표는 NASPE(National Association for Sport and Physical Education, 1989) 연구팀이 보고서를 통해서 제시한 신체적으로 교육 받은 사람은 다섯 가지 부분에서 준비된 사람이라고 한다. 신체적으로 교육을 받은 사람은 첫째, 다양한 신체활동에 필요한 기능을 습득해야 한다. 둘째, 신체적으로 튼튼해야 한다. 셋째, 신체활동에 참가하는 이점과 그 의미를 이해해야 한다. 넷째, 신체활동과 건강한 삶의 가치를 인정해야 한다. 다섯째, 정기적으로 신체활동에 참가해야 한다고 정의하고 있다. 즉, 학생들이 신체적 활동에 참여하였을 때의 이점을 알고 직접 정기적으로 신체활동에 참가하고 그에 따른 공헌에 중요한 가치를 부여할 수 있다면 건강한 삶의 패턴을 갖게 될 것이라는 주장이다.

NASPE가 신체적으로 교육을 받은 사람에 관해서 내린 정의를 좀더 구체적으로 살펴보면 신체적으로 교육을 받은 사람의 첫 번째 조건은 심동적 목표 가운데 운동기능의 향상고 관련되며, 두 번째 조건은 역시 중요한 심동적 목표에 포함되는 건강관련체력의 향상 및 유지와 관계되며, 세 번째 조건은 Bloom의 목표분류에서 인지적 영역의 목표에 해당되며, 네 번째 조건은 정의적 영역에 포함될 수 있다. 중요한 것은 세 번째와 네 번째의 조건 역시 첫 번째와 두 번째 조건인 운동기능의 수행이나 건강관련 체력의 향상과 관련하여 이해될 때 체육이 추구하는 지적 또는 정의적 목표로서 고유한 가치를 인정받을 수 있다.

한편, 김동진(1998)은 학교체육을 중요시해야 하는 5가지 이유로서 첫째, 운동기능은 어려서부터 길러져야 하며, 둘째, 신체적으로 성장・발달하는데 있어서 청소년의 시기가 매우 중요하며, 셋째, 체육은 사회성을 기르는데 크게 기여하며, 넷째, 앞으로 21세기는 삶의 질을 우선시하는 여가의 시대를 맞이하여 청소년들이 학교체육을 통하여 다양한 스포츠를 미리 경험하는 것은 미래 삶에 큰 영향을 미친다는 점, 다섯째, 학교체육은 엘리트 선수 양성의 지름길로서 각급 학교의 운동부는 운동에 대한 관심과 자질이 있는 학생들의 욕구를 충족시키기 때문이라고 한다.

그러나, 최근의 운동에서 신체활동으로 즉 체력증강에서 건강증진으로라는 공중 위생적 관점의 변화의 흐름 속에서 학교체육이 맡고 있는 역할이 주목받고 있는 것은 근래의 일로, 미국의 "Healthy People 2010"에서 아동 및 청년의 신체활동의 목표를 1)청소년에게 중간 정도의 운동 강도의 신체활동, 2)청소년에게 높은 강도의 신체활동, 3)학교에서 체육수업의 요구, 4)학교에서 매일의 체육, 5)체육수업에서 신체활동 및 6)TV시청에 관한 6항목으로 있고 각각의 목표치가 최근의 데이터를 참고로 해서 설정되어져 있다. "Healthy People 2010(Office of Disease Prevention and Health Promotion, U.S. Department of Health and Human Services, 2000)"에서는 구체적으로 측정된 현재의 데이터를 토대로 장래의 목표치를 설정하고 청소년의 불 활동(不活動) 경향을 방지하고자 시도하는 것으로 청소년의 신체활동에 관한 목표 6가지 항목 가운데 3가지 항목은 체육의 수업에 관한 것으로 있어 공중위생 및 보건행동에서 맡고 있는 학교체육의 역할의 중요성이 인식되고 있음을 알 수 있다.

위의 내용을 종합해 볼 때, 청소년들에게 제공되어지는 건강교육은 대부분 학교 교실 내에서 이론적인 지식이나 태도에 한정되어 배우기 때문에 아동·청소년들은 배운 내용을 실천·연습하는 공간(수업) 및 시간이 필요하며, 이러한 배운 내용을 체육수업을 통해서 실천하거나 연습할 수 있는 것으로 학교체육이 근본적으로 중요한 이유가 여기에 있다.

현행 중등학교 체육교육의 문제점

학교체육의 문제점을 나열하려면 한이 없겠지만, 그 가운데서 중요한 몇 가지를 추려 보면 다음과 같다.

1. 학교체육에 대한 잘못된 인식 및 태도

체육교육은 구 중요성에도 불구하고 행정 당국 및 일선 학교의 체육교육에 대한 철학 및 인식부재로 인하여 파행적으로 운영되고 있다. 학교장 및 체육교사의 체육에 대한 왜곡된 가치인식 및 사명감 결여로 인하여 체육수업은 다른 교과목 또는 각종 행사로 대체되고 있다. 특히, 중·고3학년 체육시간은 입시 준비를 위한 "자습시간" 혹은 적당히 "노는 시간"으로 전용되고 있다. 또한, 대부분의 학교장은 교육과정에 제시된 체육시간 배당 기준 중 최소한의 기준만을 이수화도록 자체 교육과정을 편성하기도 하고, 권장 체육시설 및 용기구의 설치 및 구입에 대해서도 대단히 인색하다. 체육교사는 심동적 영역의 목표만을 중시, 정의적 영역의 목표를 간과하고 있으며, 체육시간이 교내의 다른 목적으로 전용되는 것을 묵인하고 운동부에만 전념하는 체육교사가 적지 않다.

한편, 학교체육에 대한 우리 사회 또는 학부모들의 오도된 인식은 아직도 유교 및 숭문사상과 노작천시의 편견에서 탈피하지 못하고 입시위주의 주지 교과목에만 관심을 보임으로써 학교체육의 본질적 가치는 도외시한 채 체육을 단지 운동선수의 양성을 목표로 하는 교과목으로 인식하고 있다. 즉, 학부모들은 학교체육을 학교운동부 활동과 동일시하는 경우도 있고, 학교수업 중의 일부로서 적당히 노는 시간 혹은 체력과 기능만을 향상시키는 교과로 인식하는 경우가 적지 않다. 또한 신문이나 TV에서 학교체육의 문제를 다루면서 몇몇 특정 학교의 운동부가 재정상의 어려움으로 해체되었다는 기사에 모든 지면을 할애한다든지, 운동장 없는 학교의 신설을 발상하는 교육부의 태도 등은 그 좋은 예가 된다.

2. 체력향상을 위한 프로그램 미흡

국가의 장래는 청소년의 정신적 · 신체적 능력에 달려 있으며, 따라서 청소년을 바르게 지도하고 육성하여 사회의 건전한 일원이 되도록 교육하는 것은 국가의 중요한 책무 중의 하나이다. 특히, 체력은 신체적 능력을 대표하는 요인으로서 일생 중 청소년기에 가장 현저하게 발달하며, 이 시기의 체력 수준은 성인기의 건강에 지대한 영향을 미친다는 점에서 그 중요성이 부각된다. 이에 따라서 현행 교육과정에서도 학교 체육수업 시간에 체력 증진을 위한 운동을 하도록 규정하고 있으나, 한 학기에 일부 체력요인만을 다루고 있어 체계적인 체력 향상을 위한 운동에 미치지 못하고 있는 실정이다.

체력은 최근의 이론에 따르면 건강관련 체력요인(Health-related physical fitness)과 운동기능관련 체력요인(Skill-related physical fitness)으로 구분되며, 심폐지구력, 근력 및 근지구력, 유연성, 그리고 체지방률을 포함하는 건강관련 체력요인이 상대적으로 더욱 중요시되어야 한다. 그리고 체지방률을 포함하는 건강관련 체력요인이 상대적으로 더욱 중요시되어야 한다. 그러나 전술한 바와 같이, 한 학기에 한 가지 정도의 체력요인 만을 기타 기능관련 내용과 함께 수업을 힘으로써 모든 체력요인이 체계적으로 발달되어 가는데 한계가 있다고 사료된다.

과거에는 학생체력검사 결과를 1972년부터 고등학교 입시성적에, 그리고 1973년부터는 대학교 입시성적에 반영하기 시작하면서 모든 학생이 모든 학생이 전 학년에 걸쳐 체력 증진에 많은 노력을 경주하였으나, 1994년 이후 체력검사 성적이 대학입시에서 빠지면서 체력 증진의 중요성이 매우 희석되고 있다. 학생 시절에 향상시킨 체력 수준과 체력의 중요성에 대한 인식이 향후 평생체육에 지대한 긍정적인 영향을 미칠 수 있다는 점을 고려할 때, 이는 매우 심각한 문제라 아니 할 수 없다.

3. 중 · 고등학생의 급격한 체력 저하

최근의 학생체력검사에 의하면, 우리나라 중 · 고등학생 남녀의 발육과 영양평가의 지표가 되는 신장과 체중은 과거 1970년과 비교하여 모두 크게 향상되었다고 한다(그림-1, 그림-2).

신장의 경우, 남자 중학생은 1970년도 148.0cm에서 1999년도 160.7cm로, 여자 중학생은 148.0cm에서 156.5cm로 각각 12.7cm와 8.5cm정도 더 자란 것으로 나타났다. 또한, 남자 고등학생은 1970년도 163.5cm에서 1999년도 171.6cm로 여자 고등학생은 155.1cm에서 160.0cm로 각각 8.1cm와 4.9cm정도 성장하였다.

체중은 남자 중학생이 1970년도 40.2㎏에서 1999년도 51.6㎏으로, 여자 중학생이 40.8㎏에서 49.1㎏으로 각각 11.4㎏과 8.3㎏정도 더 늘어난 것으로 나타났다. 한편, 남자 고등학생은 1970년도 53.8㎏에서 1999년도 62,4㎏으로, 여자 고등학생은 50.6㎏에서 54.0㎏으로 각각 8.6㎏과 3.4㎏정도 증가하였다.

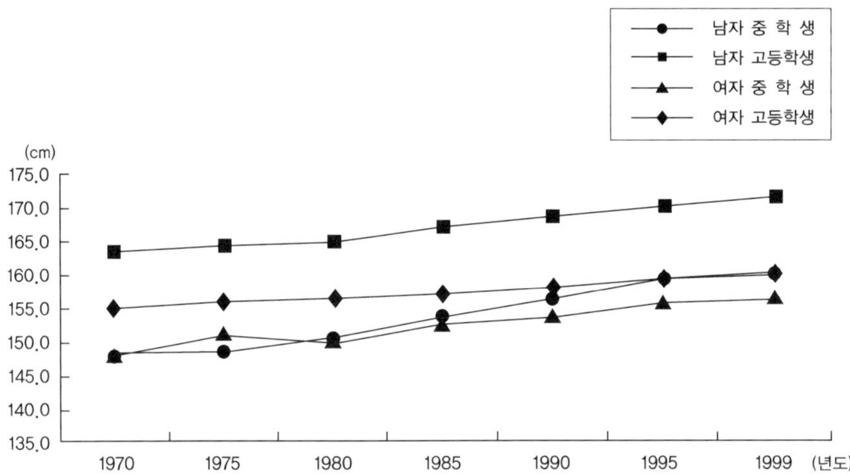

그림-1 남녀별 중 · 고등학생의 신장 변화 추이

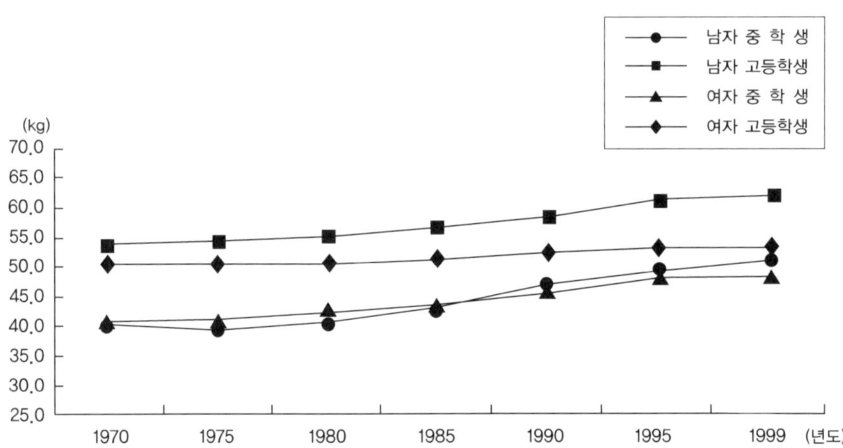

그림-2 남녀별 중 · 고등학생의 체중 변화 추이

이러한 현상은 1980년대를 기준으로 급속한 경제성장과 더불어 서구화된 식생활 및 학교급식을 통한 체계적인 영양관리가 이루어졌기 때문이라고 볼 수 있다. 그러나, 체격이 전보다 나아지면 당연히 체력도 좋아져야함에도 불구하고 [그림-3]과 같이 소아 성인병과 밀접한 관계가 있는 전신지구력의 지표인 오래달리기 능력은 과거 1970년과 비교하여 급격하게 저하되고 있는 것으로 나타났다.

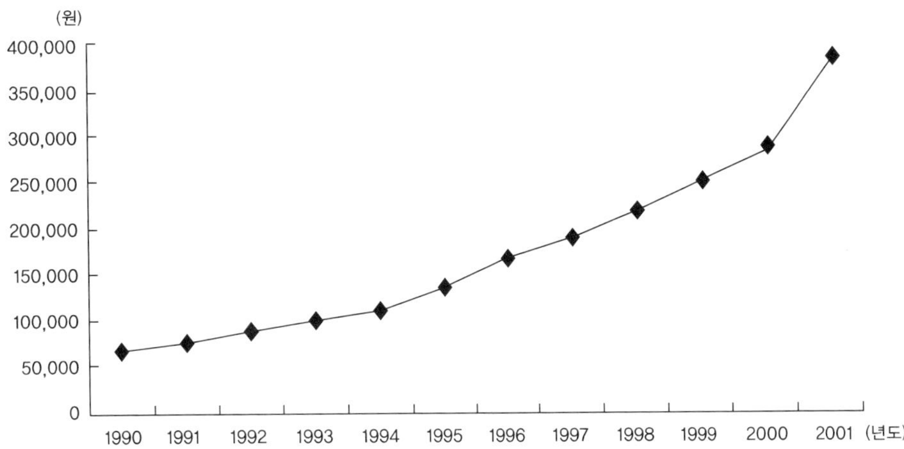

그림-3 국민건강보험 수혜자 1인당 의료비 지출 추이

이것은 급속한 도시형 문화생활로 인한 오토메이션(automation)화, 운동부족, 불건강한 생활습관 등에 의해 생기면 비만·고혈압증, 심장병 등 소아 성인병이 해마다 급증하는 것과 매우 상관이 있을 것이다. 특히, 이런 소아 성인병으로 일상생활에서 많은 불편과 장애를 가져옴으로써 청소년의 삶의 질을 저해시키고 장기간의 진료로 인해 국민의료비 증가의 한 요인으로 되고 있다고 사료된다. 그 이유로서 [그림-4]에 나타낸 바와 같이 국민건강보험 수혜자의 1인당 의료비 지출 변화 추이를 보면 1990년도에 1인당 의료비 지출은 67,000원정도로 있었으나, 1995년에는 약 135,000원으로 증가하여 2001년도에는 무려 약 384,000원으로 1990년도에 비해 약 6배정도 증가한 것으로 나타났다(조선일보, 2001; 건강보험심사평가원, 2002).

좀더 자세히 국민건강보험 수혜자의 1인당 의료비 지출 추이를 보면, 1995년도를 기점으로 하여 의료비 지출이 급격히 증가하고 있는 것을 알 수 있다. 왜 갑자기 증가하고 있을까? 이 발표자는 그 이유의 한 가지로서 청소년의 전신지구력과 밀접한 관계가 있다고 사료된다. [그림-3]에서 남녀별 중·고등학생의 오래달리기능력의 변화 추이를 보면 1985년도를 기점으로 하여 급격하게 감소하고 있는 경향을 나타내고 있다. 이는 이 시기이 청소년들이 성인으로 되는 시점인 1995년도와 거의 일치한다. 즉, 급격한 전신지구력의 저하로 인한 소아 성인병에 걸리기 쉬운 상태에 놓여져 있었던 1985년도 이후의 청소년들이 성인으로 되어서도 만성적 운동부족과 과다한 영양섭취로 인해 허혈성 심장질환, 고혈압, 당뇨병, 비만 등 생활습관병의 증가와 무관하지 않을 것이며, 이것은 곧 의료비 지출과 관련성이 높은 것을 시사하고 있는 것이다.

관병의 증가와 무관하지 않을 것이며, 이것은 곧 의료비 지출과 관련성이 높은 것을 시사하고 있는 것이다.

따라서, 운동부족과 과다한 영양섭취로 인해 신체활동량이 감소하고 있는 청소년기의 학생들이 장래 성인으로 성장하였을 때 국제경쟁력의 저하는 물론이고 막대한 사회적 비용을 초래하는 생활습관병의 시대로 더욱 이행하게 될 것으로 보인다.

4. 법정 체육시간 및 배정시간 부족

1997년 12월 30일 교육부 고시 제 1997-15호에 의거하여 제시된 교육과정에 따르면, 초등학교 3학년부터 중학교 2학년까지는 주당 3시간(한 학기에 102시간), 중학교 3학년과 고등학교 1학년은 주당 1～2시간(한 학기에 68시간), 그리고 고등학교 2, 3학년은 선택으로 수업하도록 되어 있다. 수업 시수와 관련하여 2001년도 학교체육 실태조사 및 개선방안에 관한 연구보고서에 의해 도출된 문제점을 제시하면 다음과 같다.

첫째, 설문조사에서 체육수업 시간수가 적당하냐는 질문에 대하여 적당하지 않다(25.8%)와 전혀 적당하지 않다(9.9%)가 35.7%에 이르러 상당수의 학생들이 체육 수업 시간수가 부적당하다고 응답하였다. 적당한 체육수업 시간 수에 대한 질문에서는 3시간(24.6%)과 4시간 이상(30.8%)이 절반 이상을 차지하여 많은 학생들이 현행 체육수업 시간수가 매우 부족하다고 느끼고 있는 것으로 밝혀졌다.

실제로 수업 시간이 주당 3시간이라고 하여도 전술한 바와 같이 실제학습시간이 매우 부족한 것으로 밝혀졌으며, 입시와 관련하여 주요 과목으로 인식되는 과목으로 체육수업이 대체되는 예가 상당히 많은 것으로 보고되고 있어 체육수업 시간수의 부족은 매우 심각한 문제로 대두되고 있다.

실제로 수업 시간이 주당 3시간이라고 하여도 전술한 바와 같이 실제학습시간이 매우 부족한 것으로 밝혀졌으며, 입시와 관련하여 주요 과목으로 인식되는 과목으로 체육수업이 대체되는 예가 상당히 많은 것으로 보고되고 있어 체육수업 시간수의 부족은 매우 심각한 문제로 대두되고 있다.

둘째, 체육수업 시간과 관련하여 더욱 심각한 것은 고등학교 2,3학년의 경우 체육수업이 선택으로 되면서 체육수업 자체를 안 할 가능성이 생겼다는 점이다. 아직 몇 개 학교가 체육수업을 안 하고 있는지에 대한 구체적인 자료는 없으나 현행의 입시위주의 교육풍토에서 비주지 교과목이자 비입시 교과목인 체육이 학생들의 건강과 체력향상을 위해 필요한 과목이라고 인식하고 권장되리라 기대하기는 매우 어렵다. 따라서, 고등학교 2, 3학년의 체육시간은 결과적으로 줄어들 것이라는 우려가 지배적이다. 특히, 미국이나 선진국에서는 청소년들의 체력향상을 위한 대통령 자문위원회를 두어 청소년들의 신체활동에 관한 구체적인 지침을 발표하고 있다. 또한, 대다수의 자문위원회는 매일 1시간 정도의 신체활동이 필요하다고 건의하고 있으며, 각급 학교가 이것을 실행하고 있는 것으로 우리나라의 학교체육 실정과 상당히 대조를 이루고 있다.

5. 학교체육 교사의 전문성 및 책무성의 결여

학생의 학습과정을 인도하는 교사의 역할은 교육의 질을 좌우할 만큼 이루 말할 수 없이 중요하며, 특히 우리나라와 같이 다인수 학급으로 이루어진 교육여건 속에서는 더욱 교사의 역할이 중요시된다.

체육수업의 일차적 목표는 학생에게 체육수업의 결과에 대한 신뢰룰 심어줌으로써, 수업후에 가치 있는 경험이나 결과를 얻었다는 생각을 갖게 하는 데 있다. 따라서 체육교사는 학생들로 하여금 어떠한 내용이든 간에 성취감과 만족감을 가질 수 있도록 수업을 운영해야 한다. 그러나 우리의 학교체육 현장에서는 여선히 학생의 흥미나 요구, 개인차, 교육여건 등이 무신된 채 체육교사 중심의 전통적이고 권위주의적인 체육수업이 전개되고 있으며, 체육시설 및 공간의 부족과 일부 단원중심의 수업 집중화, 과밀학급, 교육계획의 비합리성 등과 함께 체육교사의 전문성 부족의 문제가 학교체육 활성화의 저해요인으로 지적되로 있다. 일반적으로 전문성이나 책무성의 부족이라는 문제로 대변되는 학교체육 교사의 문제는 수업 시수 및 업무량의 문제, 직전 교사교육 및 현진 교사교육의 문제, 학교체육 개선을 위한 상호협력체제의 문제 등과 같은 내・외적 요인들과 구조적・제도적 요인 등이 복합적으로 작용하여 발생된다고 볼 수 있다.

6. 중앙 부처내 학교체육 전담부서의 부재

학생들의 건강한 신체활동과 여가선용을 위해 학교체육을 실시하거나, 최근 약화되는 학생들의 체력향상을 위해 일련의 조치를 취하는 것은 학교체육정책에 해당한다. 그리고 학교 체육정책은 이를 전담하는 행정 부서에 의해 수립되며, 운영과정에서의 문제점 개선을 통해 새로운 정책을 마련하는 것도 학교채육전담 행정부서의 역할이다. 이러한 학교 체육전담 부서의 존재 여부는 학생들의 체육활동을 유지 및 발전시켜나가는 데 있어 핵심적인 요소라고 볼 수 있다. 따라서 지금처럼 중앙정부 어느 부서에서도 학교체육을 전담하는 부서가 존재하지 않은 상황에서 올바르고 정상적인 학교체육의 발전을 기대하는 것은 불가능하다.

표-2 시기별 중앙정부 조직내 학교체육 담당 부서

	교육부처 존치기	체육부처 이양기	교육부처 환원기
시기	해방이후-4공화국 (1946.7.10 → 1982.3.20)	5공화국 → 6공화국 → 문민정부초기 (1982.3.20 ~ 1994.5.16)	문민정부 → 국민정부 (1994.5.16 ~ 현재)
세부내용	• 1946 문교부 교화국 체육과 • 1948 문교부 문화국 체육과 • 1961 문교부 체육국 학교체육과 • 1982.3.20 학교체육업무 체육부 이관	• 1982 체육부 체육진흥국 학교체육과 • 1990.9.10 ~ 1993.3.5 (체육청소년부) 1993.3.6 ~ 1994.5.15 (문화관광부 초기)	• 1994.5.16 교육부 지방교육지원국 학교보건체육과 • 1999.1.29 교육부 학교시설환경과 • 2001.2.1 교육인적자원부 학교정책실 학교정책과
	* 중앙부처에 학교체육 전담부서 폐지 : 1990.9 ~ 현재		

해방이후 현재까지 중앙정부 부처내 학교체육담당 부서를 나태내는 <표-2>를 통해 몇 가지 주목할 필요가 있다. 첫째, 중앙정부 부처에서 학교체육전담부서사 실제로 폐지된 시점은 1990년 체육청소년부 출범부터이다. 물론 체육청소년 체육진흥국 체육시설과에서 학교체육업무를 수행했고, 교육부 지방교육지원국 학교보건체육과에서는 보건업무와 병행하였다 할지라도 학교체육의 전담부서라고 보기는 어렵다. 둘째, 1999년 이후부터 현재까지 학교체육행정업무는 갈수록 약화되고 있다는 점이다. 1999년 1월에 정부조직 구조조정의 결과 학교시설과와 학교 보건환경과가 통합된 학교시설환경과에서 학교체육을 담당했을 시 직원이 10명 내외였고, 그나마 학교체육을 전공한 담당자가 한 명도 없었다. 당시 학교시설환경과는 학교의 교육시설을 관장하는 부서로서 채육시설을 학교시설의 일부로 간주하므로 체육관련 업무는 부차적이었다. 이러한 중앙부서 내에 체육전담 부서의 부재와 중 · 고등학교의 체육수업 시수 축소 및 학생체력장 제도 폐지는 무관하다고 볼 수 없을 것이다. 결국, 체육전담부서이 부재가 학교에서의 체육이 도외시된 배경이 되었다고 볼 수 있다.

한편, 2001년 2월 정부조직개편의 결과 직제 및 업무조정으로 학교체육업무는 학교시설환경과에서 학교정책실 학교정책과로 이관되었다. 학교정책과의 7가지 주요 업무사항 중 '학생체력검사 등 학생체육 관련사항'을 포함하므로 써 중앙부처내에서 학교

체육행정을 다루는 기능이 상당히 위축되고 있다. 학교정책과에는 정책과장 외 교육행정사무관 1명, 교육연구관 4명, 교육연구사가 있다. 교육인적자원부 전체 직원 중 단 1명만이 우리나라 학교체육 전반을 다루고 있다는 사실과 학교체육의 위기는 결코 무관하지 않다. 결국 교육인적자원부내 총 430명의 직원 중 학교체육행정 담당자가 단 1명에 불과하다는 사실은 체육전담부서의 부재가 초래한 결과이며, 이러한 행정토대에서 학교체육의 발전을 기대하는 것은 무리이다.

7. 학교체육과 사회체육의 연계인식 부족

학교와 지역사회에서 체육의 인프라가 부족한 현실에서 두 영역이 상호연계를 가지고 보완하는 것은 매우 절실하다. 그러나, 선진국과 우리 체육을 비교할 때 가장 두드러지게 나타나는 차이 가운데 한 가지가 선진국에 비해 학교체육과 사회체육의 연계가 미흡하다는 점이다. 두 영역간의 연계가 미흡한 이유는 우선적으로 학교체육과 사회체육의 연계의 필요성에 대한 인식의 부족에서 기인한다. 특히, 학교체육과 사회체육을 담당하는 행정부서가 중앙 및 지방으로 2원화되어 있는 현실도 두 영역간의 원활한 연계를 위한 지도자 지원 체계 미흡, 그리고 학교장과 교사의 소극적 자세 등으로 대변할 수 있다.

개선 방안

앞의 논의를 바탕으로 학교체육의 문제점을 해결하기 위하여 요구되는 과제를 살피면 다음과 같다.

1. 학교체육의 인식 및 태도 전환을 위한 홍보활동 강화와 인식제고

우선, 학교체육에 대한 계도 및 홍보활동 강화를 위해서는 체육에 대한 소극적이고 단편적인 홍보활동에서 탈피하여 합리적이고 효율적인 홍보체지를 확립하고 다양한 매체 및 방법이 개발되어야 한다. 이는 학교체육에 관한 홍보활동의 전반적인 계획수립 및 시행을 담당하는 홍보전담기구의 설치를 통해서 체계적이고 조직적인 홍보활동을 전개하는 것이 가장 바람직한 일이지만 현실 여건을 감안할 때 기존의 홍보체제를 정비・강화하는 방안이 보다 효과적이라 할 수 있다.

다음으로 학교체육에 대한 올바른 인식의 제고를 위해서는 학교장을 대상으로 학교체육의 가치 및 역할에 대한 교육 및 계도・홍보활동을 전개하여야한다. 일례로, 시・도 교육청은 학교장 회의시 정기적으로 체육전문가를 초빙하여 체육교육에 대한 의식을 고양시킬 수 있는 프로그램을 개발 · 운영하는 방안을 시급히 모색하여야한다. 또한, 학교에서는 체육교사가 중심이 되어 자체 연수 프로그램을 만들어 체육교과의 중요성과 새로운 체육수업 모형과 그 운영 및 방법등에 대한 토론의 장을 마련하고, 아울러 학부모를 대상으로 하여 체육교과에 대한 이해를 증진시키기 위한 교육 홍보활동을 추진해 나가야 한다. 그리고, 교육부 또는 문화관광부는 국내 · 외의 학교체육 운영 우수 사례 및 현황을 비디오테이프로 제작하여 각급 학교에 배포 하거나 언론매체를 통하여 소개하고 이에 필요한 행 · 재정적 지원 방안을 수립하고, 대한체육회와 국민체육진흥공단 등의 체육관련단체 및 기관은 학교체육의 문제를 개선하기 위한 토론의 장이나 공청회, 세미나 등을 관련 학회와 공동으로 개최하고 학교체육 실태 및 개선방안에 대한 연재시리즈 프로그램을 연중 기획 · 운영해 나가야 할 것이다.

2. 청소년 체력향상 프로그램의 도입

체력은 최근의 이론에 따르면 건강관련 체력요인(Health-related physical fitness)과 운동기능 관련 체력요인(Skill-related physical fitness)으로 구분되며, 심폐지구력, 근력 및 근지구력, 유연성, 그리고 체지방률을 포함하는 건강관련 체력요인이 상대적으로 더욱 중요시되어야 한다고 진술한 바 있다. 청소년기에 향상시킨 체력 수준과 체력의 중요성에 대한 인식이 향후 평생 건강에 지대한 영향을 미칠 수 있다는 점을 고려할 때, 체력운동에 대한 수업은 매학기 이루어지도록 해야 한다. 수업시수의 제한 등으로 한계가 있는 것은 사실이지만 일주일에 한번 심폐지구력, 근력 및 근지구력, 유연성의 향상, 그리고 적절한 체중의 유지를 위한 체력 운동을 반드시 하도록 하고, 그 향상 도를 매 학기, 나아가서 매 학년 측정하도록 해야 한다.

아울러, 1994년에 폐지된 학생체력검사 제도를 부활하여 모든 학생이 체력의 중요성을 깨닫고 삶 속에서 체력운동을 생활할 수 있도록 하여 국민체력의 증진을 위한 초석으로 삼아야 한다. 현재 우리나라 전 국민의 체격은 커지고 있으나 체력 수준은 현저하게 감소되고 있다는 사회적인 문제를 간과해서는 안 될 것이며 학교체육을 통하여 이와 같은 사회문제의 해결을 위한 방안을 찾아야 한다.

구체적인 청소년 체력향상 방안으로서, 첫 번째로 제안하고 싶은 것은 전교생 건강달리기 대회이다. 이 전교생 달리기 대회는 매월1회 정도 실시하되 초등학생은 5~6학년만 참가하는 것이 바람직하며, 중 · 고등학생들은 전교생이 참여하여 기록에 도전하는 것보다 전원이 개인의 능력에 맞게 완주하도록 유도하는 것이 바람직하다. 둘째로, 전교생 집단체조 실시이다.

2001년도 학교체육 실태조사 및 개선방안 연구보고서에 의하면 건강관련 체력의 요소 가운데 유연성은 1970년도에 비해 현저하게 떨어지고 있는 것으로 나타나 유연성 향상을 위하여 매주 3회 정도 전교생을 운동장에서 약5분 정도의 집단체조를 실시하는 것이다. 이를 실행하기 위해서 학교장의 적극적인 추진력이 필요하며 각 담임 선생님들은 체조의 필요성에 대한 적극적인 홍보가 필요하다.

셋째로, 가칭 “대통령청소년체력향상위원회”를 운영하는 것이다. 그 예로서, 미국의 대통령램을 개발하여 보급하고 있으며 각 부분에 우수한 학생들에게 대통령이 직접 사인한 각종 증서를 수여하여, 청소년들에게 체력향상의 동기부여를 극대화시키고 있다.따라서, 우리나라도 가칭 “대통령청소년체력향상위원회(President’s Council on Youth Physical Fitness Promotion)” 운영이야말로 청소년들의 체력 향상에 가장 큰 영향력을 발휘할 것으로 본다.

청소년 체력 향상프로그램 도입		기대효과
1. 전교생 달리기 2. 전교생 집단 체조 3. 대통령청소년체력향상위원회 운영 4. 체력장의 제도의 재도입 5. 기타	➡	1. 소이 성인병 예방 2. 국민 의료비 지출 감소 (국가 경제손실 감소) 3. 청소년의 자신감 향상 4. 기초체력 향상 5. 청소년 비만 감소 6. 전인적 교육 효과 7. 청소년의 건강 체력 인식 고조 8. 청소년의 체력 실태 파악

이 조직은 별도 대통령산하 특별위원회 형식으로 각종 전문가들을 포함하여 운영하는 것이 필요하다고 본다. 마지막으로, 체력장을 부활시키는 것이다. 학교체력장은 1972년도에 도입하여 실시하였으나, 1994년도에 폐지되었다. 폐지된 이유로서는 첫째, 체력장 종목 중 오래 달리기를 실시하던 중 안전사고가 발생하면서 언론으로부터 비판을 받게 되고 둘째, 체력장의 변별력이 떨어진다는 점이었다. 따라서, 운동관련 체력검사보다는 건강관련 체력의 5가지(심폐지구력, 유연성, 신체조성, 근력, 근지구력) 중심으로 측정하여 대학입시에 반영할 수 있도록 각 대학에 홍보하여 장려를 하며, 봄학기나 가을학기 중 자율적으로 실시하게 하고 변별력을 높여 차등화 하는 방안을 강구하여 체력장의 부활에 대한 대대적인 홍보를 통하여 가치인식을 높여 나가야 한다고 본다.

3. 법정 체육시간 및 배정시간 준수

2002년부터 시행될 예정인 제7차 교육과정에 따르면, 초등학교 3학년부터 중학교 2학년까지는 주당 3시간(한 학기에 102시간), 중학교 3학년과 고등학교 1학년은 주당 1～2시간(한 학기에 687시간), 그리고 고등학교 2, 3학년은 선택으로 수업하도록 되어 있다. 수업 시수와 관련하여 개선해야 할 사항은 다음과 같다.

첫째, 제7차 교육과정에서 고등학교 2,3학년의 체육을 선택으로 한 규정은 철폐되어야 한다.

우리나라와 같이 입시의 열풍이 센 나라에서 대학입시에 직접적으로 관련이 없는 체육을 선택과목으로 한다는 것은 체육 수업을 하지 않겠다는 것과 다름이 없다고 사료된다. 따라서 평생의 체력과 건강 수준을 좌우하는 청소년기에 체육수업을 선택으로 한다는 규정은 당연히 재고되고 반드시 철폐되어 최소한 1주일에 3회 이상 강제적으로라도 학생들이 신체활동에 참여할 수 있도록 기회를 제공해야 한다.

둘째, 일주일에 3회 하도록 규정되어 있는 초등학교와 중학교에서도, 체육수업은 비가 오면 노는 시간, 그리고 시험 직전에는 국어, 영어, 수학을 공부하는 시간으로 대체되는 경우가 종종 있는 실정이다.

이와 같은 예가 답습되지 않도록 각 지부 교육청에서는 체육수업 시수가 제대로 지켜지고 있는지에 대한 지도 및 감독을 철저하게 해야 한다.

4. 학교체육 교사의 책무성 강화

체육교사가 명확한 체육프로그램을 개발・실천하고, 학생・학부모・교육 행정가들의 체육에 대한 인식을 개선하는데 주체적이고도 능동적인 역할을 수행하려면 무엇보다 체육교사는 항상 자신의 책무성을 분명히 인식하고 있어야하며, 제도적으로 교사의 책무성을 지속적으로 강화할 수 있는 장치들이 마련되어야 한다.

체육교사로서의 책무성을 강화하기 위한 방안은 크게 다양한 체육교육 프로그램의 보급을 통한 내적 강화방안과 인센티브 등을 통한 외적 강화방안으로 나누어 볼 수 있다.

첫째, 체육교사의 책무성을 내적으로 강화하기 위해서는 학생중심이나 이해중심 체육교수 모형 등의 개발과 보급이 활발히 이루어져야 한다. 즉, 대다수 종목의 실기교육을 담당하는 체육교사로 하여금 지도역량의 한계와 부족감을 느끼게 하던 기존의 기능중심 교수모형 일변도에서 탈피하여, 실기종목의 유형에 따른 기본적인 이해를 바탕으로 학생들의 탐구학습을 강화함으로써 실기교육에 대한 교사부담을 줄이고 질 높은 체육교육을 추구할 수 있는 새로운 체육교수모형을 개발・보급하는 일 필요하다.

둘째, 체육교사의 책무성을 외적으로 강화하기 위해서는 객관적인 교사평가를 통해 책무성을 묻는 방안과 함께, 노력하는 체육교사에게는 적절하고 체계적인 보상을 부여하는 인센티브 제도를 확립하는 방안도 마련되어야 한다. 즉, 객관적인 체육수업장학을 통한 평가와 지도 및 연구 실적에 대한 평가 등을 바탕으로 체육교사의 책무성 이행여부를 물을 수 있는 체육교사 평가제도가 연구·시행되어야 하며, 수업연구 발표나 세미나 등의 학회활동, 다양한 연수활동 등에 적극적으로 참여하여 자신의 책무성을 강화하고 활동결과가 우수한 체육교사에게는 포상이나 승급, 성과급 지원 등과 같은 보상을 부여하는 인센티브 제도를 확립해야 할 것이다.

5. 중앙 부처내 학교체육 전담부서 설치

중앙부처 중 학교체육을 담당하는 교육인적자원부내에 학교체육 전담 부서가 존재하지 않는 한 지속적이고, 효율적인 학교체육행정은 극히 제한적이다. 학교체육행정전담 부서는 다음의 몇 가지 측면에서 반드시 필요하다. 첫째, 학교체육행정업무가 시도교육청으로 이관되었다 할지라도 국가차원에서 학교체육의 기본 정책 방향은 중앙정부에서 수립된다고 할 때 이러한 중앙정부의 정책결정은 우리나라 학교체육 전반에 지대한 영향을 미친다. 전국 약 10,300개를 상회하는 초·중·고등학교의 학교체육을 전체적으로 관리하고 발전시키는 정책을 좌우하는 것이 중앙정부부처라는 것을 감안하면 중앙 부처내에 학교체육을 전담하는 부서가 존재해야 하는 것은 이론의 여지가 없다. 초등학교의 체육예산이 전무하고, 중등학교의 학교당 체육예산이 300만원 내외에 불과하여 20년전과 유사한 수준의 열악한 학교체육예산 현실은 체육전담부서의 부재와 무관하지 않다. 둘째, 학교체육의 범위는 일반학생들의 교과 교육 및 방과후 활동, 시설관리 및 확충, 학생선수 관리 및 육성 등 다양한 범주를 포함한다. 그리고 관리의 범위는 전국 초·중·고등학교에 해당한다. 이러한 학교체육 업무를 중앙부서에서 세밀하게 챙기지 않으면 중앙의 정책의 일선학교까지 제대로 전달되지 못할 것이다. 아무리 이상적인 학교체육 지침이 하달될지라도 인선의 학교까지 전달되는 동안 사문화될 가능성이 크다 '운동부관리·운영지침(체육82144~389)'이 대표적인 경우이다. 이 지침에 의하면 선수들의 훈련은 방과 후, 휴일, 방학기간 중에 실시하도록 하며 대회출전으로 인한 수업 결손은 학교장 책임하에 보충수업을 실시하도록 하고 있으나, 이것을 준수하는 학교는 거의 없다. 따라서 중앙의 학교체육에 관한 정책방향의 실현정도를 각 학교단위에서 달성할 수 있도록 하기 위해서는 양 영역이 상호 연계에 필요한 행정적 체계와 역량을 구비하지 않으면 어느 일방의 주도하에 진행되어 바람직한 결과를 기대하기 힘들다. 따라서 학교체육을 담당하는 부서 여부는 사회 체육부분과 연계를 위해서도 반드시 필요하다.

6. 학교체육과 사회체육의 연계

지역주민의 생활체육복지를 책임지고 있는 지방 자치단체와 체육시설설치가 용이한 여유 부지를 확보하고 있는 학교측이 공동으로 체육관 등의 생활체육시설을 설치하고, 더 나아가 민간부문의 투자까지 유치된다면 학교체육시설 확충과 더불어 지역사회 체육시설 확보에 매우 효율적인 방법이 될 수 있다.

이를 성공적으로 수행하기 위해서는 첫째, 지방자치단체와 학교간의 협력에 의한 체육시설 설치시 일차적인 문제는 부지 소유자인 학교측과 재원조달자인 지방단체간에 빚어질 수 있는 사후 권리설정의 문제이다. 다시 말해 학교측이 소유하고 있는 부지에 지방자치단체가 재원을 투입하여 체육시설을 건립할 경우 건립된 시설에 대한 소유 및 관리운영권이 어디에 귀속될 것인지에 대한 문제가 발생하는데 이는 당사자간의 협약에 의해 결정되어야 할 것이다. 다시 말해 자치단체는 학교부지를 활용하여 지역주민이 체육시설을 이용할 수 있게 하고, 학교는 지자체의 재원을 바탕으로 조성한 체육시설을 학교체육교육 활성화에 활용한다는 상호간의 목적을 달성할 수 있도록 하는 내용의 협약을 체결하여 건립 및 운영에 나가야 할 것이다.

둘째, 학교부지내 체육시설건립에 대한 민간의 출지를 유도하는 데에는 학교의 교육환경을 저해하지 않는 범위에서 민간의 투자수익을 확보해 줄 수 있는 조건을 설정하는 것이 관건이며, 이에 관하여는 현행 「민자유치촉진법」 등에 근거를 두고 건립대상 체육시설의 특성을 충분히 검토하여 민간의 체육시설추자가 이루어질 수 있도록 추천해야 할 것이다.

교육인적자원부가 2001년부터 추진하고 있는 <학교용지 확보 등 교육환경 개선방안>에 의하면 민간자본을 유치해 수영장, 체육관 등의 시설을 갖춘 학교 건립을 적극 유도하는 내용을 포함하고 있다. 또 지자체와 시도교육청이 50%식 출연해 학교용지를 마련하도록 ‘학교용지 확보에 관한 특례법 시행령’이 개정되면 지역과 함께하는 학교체육관 건립이 확산될 것으로 전망한다. 그러나 이러한 계획은 신설학교에만 제한하고 있지만, 기존 학교의 경우에도 운동장의 면적이 여유 있거나 학교장의 적극적인 의지가 있는 학교를 시범적으로 선정하여 지역과 함께 하는 학교체육관 및 수영장 건립이 필요하다.그 대표적인 예로서, 서울 성동구에 위치한 금호초등학교의 경우가 학교와 지자체가 협력하여 체육관을 건립하는 금호초등학교 <열련금호교육문화관>은 학교에서 부지를 제공하고, 총 사업비 57억원 중 서울특별시가 80%에 해당하는 46억, 성동구가 20%에 해당하는 11억을 부담하였다. 학교와 지자체가 연계하여 학교체육시설과 생활체육시설을 동시에 마련하는 금호초등학교의 사례는 학교체육과 사회체육의 연계를 위해 더욱 확산되어야 할 것으로 보인다.

1992년 이후 학교에 수영장을 지어 학생과 주민들이 함께 사용하고 있는 종로구 덕수초등학교도 유사한 사례에 해당한다. 학생들은 일주일에 한시간씩 수영수업을 필수적으로 받도록 하고 있으며, 주민들의 경우 오전 7시부터 오후 1시 사이에 수영장을 이용하는데 일일 평균 이용자는 유료 490명, 무료 225명 등 715명으로 시설 활용율은 100%를 보이고 있다.

결론

이상과 같이 21세기 학교체육을 발전적인 방향으로 이끌어 내는 걸림돌로 작용하고 잇는 현 문제점을 도출하고 개선 방안을 모색하여 보았다. 학교교육에 있어서 체육교과는 건강한 생활을 통한 삶의 질적 향상에 기여하며, 특히 성장기에 있는 청소년의 건강증진, 체력향상과 운동능력 신장, 그리고 사회성 발달 및 도덕성 함양에 매우 중요한 역할을 하는 체육교육의 현시적 중요성에도 불구하고 그 동안 정부나 국민에 의해 왜곡된 교육현실을 극복하고 체육교육이 국가, 사회적 책무를 다하기 위해서는 첫째, 학교체육에 대한 인식 및 내노 전환을 위한 홍보전담기구를 설치해야 할 것이다. 이것은 체육에 대한 국민 계도·홍보는 소극적이고 단편적인 홍보활동에서 탈피하여 일반체육에 관한 홍보활동의 전반적인 계획수립 및 시행을 담당하는 홍보 전담기구의 설치를 통해서 합리적, 효율적인 홍보체제를 확립하고, 다양한 매체 및 방법을 활용함으로써 그 효과를 극대화하는 방향으로 전개되어야 할 것이다. TV, 라디오, 신문, 잡지 등과 같은 대중매체는 학교체육의 가치 및 필요성과 같은 일반적 이론 내용뿐만 아니라, 학교체육의 역할 및 우수학교 사례 선정과 관련된 세부적 냉용을 효과적으로 전달할 수 있는 가장 용이한 매체이다. 대중매체를 통한 학교체육의 국민 계도 및 홍보는 매체자체의 대중성, 지속성, 정확성, 경제성, 시간성, 공간성 등의 장점 및 특성을 고려한 효율적인 매체활용 전략이 요구된다. 이러한 매체활용 전략에는 먼저 건전한 체육문화 형성에 스포츠가 기여하는 기능에 대하여 책자나 팜플렛 등으로 홍보한다. 그 다음 캐치프레이즈를 정하여 TV, 라디오, 신문 등에 지속적으로 홍보를 실시한다. 홍보전담기구에서 학교체육의 인식 및 태도 전환을 위한 홍보시에는 홍보메시지 개발, 홍보매체 개발, 홍보 지원업체 선정, 스티커 제작 배포 등의 업무도 수행해야 할 것이다.

둘째, 학교체육 및 특기적성활동 프로그램을 다양화할 필요가 있다. 교체육 특기적성활동 프로그램은 학창시절의 각종 체육활동(운동, 신체활동)을 실천할 수 있는 동기와 방법을 제시해 주는 내용으로서, 초·중학생들의 효과적이고 합리적인 체육활동을 보장하기 위한 구체적 수단이며 체육활동의 참여 확대를 위한 필수적인 요소이다. 따라서, 앞으로 점증할 일반 국민의 건강증진을 위한 체육활동의 새로운 수요와 요구에 부응하기 위해서는 새롭고 다양한 프로그램의 개발 및 보급이 절대적으로 요청된다, 학교체육 및 특기적성활동 프로그램 다양화를 위해서는 지역적인 특성을 고려한 프로그램의 유형 및 특징, 학생들의 욕구 및 특성이나 개인차 혹은 기타 환경 여건 등을 세심하게 고려한 다음 다양한 형태의 프로그램을 개발·보급하여 일반 학생들이 언제, 어디서든지 상황에 적합한 프로그램을 선택하여 적극적으로 학교체육 활동에 참여할 수 있는 기회를 제공하여야 한다, 프로그램 계획시에는 교육부, 문화관광부, 학교체육 관련 이론 전공자 및 일선 체육선생님, 체육관련 민간단체 등 전문가의 적극적 참여가 요구되며, 프로그램의 다양화를 추진하는데 있어서 안정성, 효과성, 흥미성 등의 기본 요건을 고려해야 할 것이다.

셋째, 체육시설의 정보망을 구축하는 것이다. 컴퓨터, 네트워크, 인터넷의 급속한 발전과 활용도의 증가는 학교체육 부분에서도 예외가 될 수 없다. 일선 초·중등학교 중심으로 민간단체 조직간에도 네트워크 구축과 체계적인 정보망 구축이 모든 분야에서 이루어져야 한다. 또한, 구체적인 체육시설의 정보망과 학교체육에서 운하는 체육프로그램과 체육시설 현황을 적절히 연결할 수 있는 효율적인 시설물 관리와 프로그램의 정보화 구축이 이루어져야 한다. 그리고 이에 앞서 체육관련 학교, 공공, 체육시설의 database 작업과 정부, 지방자치단체들이 체육시설물에 대한 정보를 각종 정보망을 일선 학교장 체육교사에게 서비스가 이루어져야 할 것이다.

넷째, 학교체육 교사의 처우 개선 및 양성기관 교육과정 개발 위원회를 설치하는 것이다. 정규수업 및 선수지도, 학생지도, 학교행사 주관 등과 같은 과중한 체육교사의 업무 부담을 경감시켜야 할 것이다. 또한, 운동부를 육성하는 학교에서는 학생선수 관리를 위한 전담코치를 둠으로써 체육교사의 업무부담 및 수업 결손을 축소시키고, 선수양성 실적관리에 전념하는 체육교사가 정과체육 교육에 충실한 교사보다 지나치게 우대 받는 인사정책은 개선되어야 한다. 다음으로, 체육교사 양성기관의 교육과정 현황 파악 및 통일되고 일관성 있는 교육 과정과 교사의 전문지식 구조와 교수방법을 개발할 수 있는 양성기관 교육과정 개발 위원회를 설치하는 것이다. 이 위원회에서는 교육과정, 교수방법 등 정보교환을 위한 학교간 현장 체육지도 교사 교과협의회를 지역별로 설치 운영한다. 초기에는 시범지역을 선정하여 운영하고 시범지역에 대한 재정적 지원을 해주는 것이다.

다섯째, 학교체육 행정의 일원화된 시스템을 구축하는 것이다. 중앙정부 단위에서 사회체육을 담당하는 문화관광부와 학교체육을 담당하는 교육인적자원부의 해당 부서간의 협의체를 구성·운영함으로써 학교체육 행정의 일원화된 시스템을 통해서 단기적으로 시급한 전국체전과 소년체전 관련 업무 협조 사안을 논의하여 대안을 만들 수 있을 것이다. 또한, 정부는 안전한 체육활동을 위해 학생인원에 따른 면적을 고려한 운동장의 확보와 체육관 건립 등 학습효과를 극대화될 수 있도록 체육진흥기금 지원을 통해서 학교체육 활성화를 위한 방안을 강구해야 할 것이다.

여섯째, 학교체육과 생활체육지도자의 연계망을 구축하는 것이다. 학교체육 자체를 위해서 뿐만 아니라 학교와 지역사회 체육과의 원활한 연계를 위해서도 중앙정부 부처 내 체육전담부서의 존치가 시급하며, 자원체육지도자 제도를 마련하여 부족한 체육지도 인력을 효율적으로 충원하고 원활한 수급체계를 구축하기 위해서는 잠재적 체육 인력이라 할 수 있는 생활체육지도자를 적극적으로 활용해야 할 것이다. 자원체육지도자 활동의 본질적 특성은 자발성에 있다. 그러나 자원체육지도자의 활용을 극대화하기 위해서는 자원체육지도자가 자원봉사자 활동을 하는데 보람을 줄 수 있는 기본적인 배려가 필요하며, 자원체육지도자 활동의 활성화를 위해서는 자원봉사로 불이익이 없도록 국가적, 사회적으로 자원체육지도자에 대한 다양한 지원제도가 마련되어야 할 것이다.

이러한 학교체육을 정상화하기 위한 의식개혁과 체육정책의 개발을 통해서 학교체육의 모든 것이 정상화되는 것은 아니지만, 학교체육의 정상화를 위한 시발점을 찾을 수 있을 것이다.

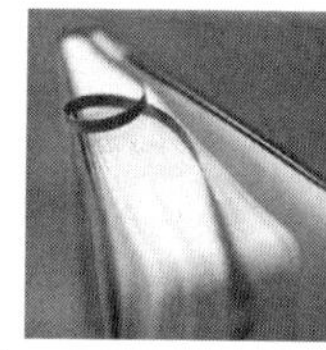

참고문헌

강신복(1994), 국가경쟁력 강화와 학교체육. 13회 국민체육진흥 세미나.

건강보험심사평가원(2002). 2001 건강보험심사 통계지표, 건강보험심사평가원.

고광현(1999). 20세기 스포츠 되돌아보기. 스포츠과학, 68호, 2-7. 국민체육진흥공단 체육과학연구원.

권숙동(1998). 학교체육실태; 특활기능탈피 정규교과서로 원상회복 필요. 대한 체육회.

김경숙(1999). 방과후 체육활동 활성화를 통한 학교체육과 사회체육의 연계성 검토에 관한 연구. 한국사회체육학회지.

김경숙외 3인(1995). 지역사회스포츠의 창조와 전개 과정. 대강출판사.

김경숙외 5인(2001). 학교체육과 지역사회체육의 협력을 통한 아동 및 청소년체육의 발 전방안 모색을 위한 연구. 한국사회체육학회지.

김동진(1998). 21세기를 향한 체육의 발전 방향 정책토론회, 서울대학교 체육연구소,19-30.

김상국(1995). 한국 고등학교 체육수업의 운동참여시간 분석. 한국체육학회지.

김상국(1998). 교사의 수업지도 방식이 학생의 수업태도에 미치는 영향. 한국체육학회지.

김정환(1997). 스포츠 교육학 : 평생체육의 관점에서 본 학교체육수업의 문제점개선을 위한 연구. 한국체육학회지.

김재현(1997). 체육교육과정에 대한 교사의 관심도와 활용도 연구. 서울대학교 대학원.

김조택외 1인(1999). 학교체육 평가의 문제와 개선방안. 한국체육측정평가학회지.

김진호(1994). 학교체육의 내실화 방안. 한국체육학회 9회 국민체육진흥 세미나.

김현미, 홍영미, 김경희, 유정현(1996). 지방간이 합병된 비만아에서의 혈중 지질 농도에 관한 연구. 소아과 39(6): 803-810.

류호상(1997). 학교체육을 정상황하자. 한국체육학회회보.

문형남, 홍수정, 서성제(1992). 서울지역의 학동기 소아 및 청소년의 비만증 이환율 조사, 한국 영양학회지 25(5): 413-418.

문화관광부(2000). 국민체육참여실태조사. 문화관광부.

문화체육부(1993). 학생체력검사제도 개선 연구. 문화체육부.
박명기(1999). 학교체육발전을 위한 정책적 과제. 스포츠과학, 68호, 8-16. 국민체육진흥공단 체육과학연구원.
방진태(1992). 사회체육의 진흥을 위한 학교체육의 역할 및 그 대한에 관한 연구. 대한체육회; 학교체육연구논문집.
보건복지부(1999). 국민건강영양실태조사, 보건복지부.
손천택외 1인(1996). 학교체육프로그램으로서 건강 체력의 가치 제고. 한국스포츠교육학회지.
송광태외 2인(1998). 공공체육시설의 효율적 관리 방안. 한국체육과학연구원.
송명환(1991). 산업사회 비안간화 체육교과를 찾아야. 대한체육회.
신세호(1988). 체육교육의 문제점과 개선방향, 대한체육회, 체육, Vo1243, 136-139.
안민석(2000). 학교체육과 지역사회체육의 연계운영 사례연구.38회 한국체육학회 학술발표회.
안홍석,박진경,이동환,백인경,이종호,이양자(1994). 일부 비만 아동 및 청소년에 대한 임상 영양학적 조사연구. 한국영양학회지 27(1) : 79-89.
오희영(1999). 고등학교 체육교수시간 활용형태와 관심분석. 서울대학교 대학원.
유병희(1988). 학교체육과 사회체육의 연계방안. 대한체육회.
유승희외 11인(2001). 학교체육 실태조사 및 개선방안, 국민체육진흥공단 체육과학연구원.
윤승평(1999). 중학교 체육수업에서 학교수준의 교육과정과 실천적 교육과정의 비교. 서울대학교 대학원.
윤여탁외 1인(2001). 사회변화에 따라 형성된 신체적 담론이 학교체육에 끼친 영향. 한국체육학회지.
이동환(1996). 비만아의 진단과 관리, 소아과 39: 1055-1065.
이병준(1999). 체육교사의 교수행동에 대한 학생의 인식과 선호도 연구. 서울대학교 대학원.
이용훈(2000). 생활체육 활성화를 위한 학교체육시설의 실태분석 및 활용방안. 한국유산소운동과학회지.
이재용(1996). 체육교사의 사회화와 체육교사 교육 개선을 위한 제언. '96한국스포츠교육학회 학술대회. 9-19.
이진희(2001). 사회체육 진흥을 위한 학교체육 정책방향에 관한 고찰. 한국여가레크레이션학회지.
이춘원(1991). 체육시간은 있으되 체육수업은 없는 학교체육 위기 탈피해야. 대한체육회.

전호문(1995). A Literature Study on Reassessment of Present Physical Education Program. 한국체육학회지.

전호문(1995). 현 학교체육 프로그램 강화를 위한 문헌적 연구. 한국체육학회지 '95국제 스포츠과학 학술대회.

정상원,임종호(1996). 경영학적 관점에서 접근한 학교체육의 효율적 운영에 대한 고찰. 한국사회체육학회지.

정상원(2000). 최근의 교육환경 변화에 따른 학교체육의 발전적 학습방향과 실제적 방안 모색. 한국사회체육학회지.

조미혜(2001).학교체육에서의 통합 교육과정 "즐거운 생활"의 문제점 및 대안. 한국여성체육학회지.

조선일보(2001). 작년 평균 진료비 국민 1인당 28만원. 2001년 4월 3일자.

체육청소년부(1992). 학생체력검사 제도 개선 연구. 체육청소년부.

최원배(1993). 학교체육과 생활체육과의 관련성 연구. 한양대학교 교육대학원 석사학위 논문.

학회자료(1996). 학교체육 이대로 안된다. 한국체육학회회보.

학회자료(1997). 학교체육 활성화 방안. 한국체육학회회보.

한부현, 김덕희, 박유경, 이종호, 김호성(1995). 청소년기 학생들의 비만도 및 합병증. 소아과 38(4) : 520-528.

홍진표(2000). 학교체육 경험과 지속적 스포츠 참가정도의 관계. 한국스포츠사회학회지.

황현자(1997). 학교체육 현장에서는 무엇을 가르쳐야 하나? 한국체육학회보.

American Academy Pediatrics(1987). Physical fitness and the schools. Pediatrics. 80(3), 449-450.

American Association of Health, Physical Education and Recreation(1958). Youth Fitness Test Manual.

Bar-Or, O.(1987). A commentary to children and fitness: A public health perspective. Research Ouarterly for Exercise and Sport. 58, 304-307.

Blair, S. N, Clark, D. G, Cureton, K. J, & Power, K.J.(1989). Exercise and fitness in childhood: lmplications for a lifetime of health. In C.V. Gisofli & D.V.Lamp(Eds), Perspectives in exercise science and sports medicine: Youth, exercise, and sport. (pp.401-430). Indianapolis, IN : Benchmark Press.

Byer, C. & Shainberg, L.(1991). Living well-health in your hands. New York: Harper Collins Publisher.

Cooper K. H.(1991). Kid fitness. New York, NY: Bantam Books.

Heahka S, Buhl K, Heymsfield SB.(1994). Obesity : Clinical evaluation of body composition and expenditure. In : Blackburn 히, Kanders BS, ed. Obesity pathophsiology psychology and treatment, pp39-45, Chapman & Hall.

Houlihan, B.(1997). Patterns of government involvement in sport. In B. Houlihan, Sport policy and politics. London: Routeldge.

Jeweett, A, Bain, L, Ennis, C.(1995). The curriculum process in physical education(2nd ed.) Dubuque, IA : WCB Brown Bench Mark.

Kim.S.K(1993). Analysis of pupil motor engagement time(MET) in physical education class. Doctoral Dissertation, Columbia University.

N/A(1995). Keynote Speech-21세기를 위한 학교체육의 방향과 진로. 한국체육학회지.

N/A(1995). Trends and Direction of school-Based Physical Education for the 21th Century. 한국체육학회지.

NASPE.(1989). NCATE/NASPE Physical perspective. RQES, 58, 4, 321-325.

Office of Disease Prevention and Health Promotion, U. S. Department of Health and Human Services(2000) Healthy People 2010(On-line). Available : http://www.health.goy/healthpeople/.

Pi-Sunyer FX.(1991). Health impications of obesity. Am J Clin Nutr 53(6) : 1595s-1603s.

President's Council on Physical Futness and Sport(1988). The President Physical Fitness Program. Washington, D.C.

Ross, J.G,Dotson, C.O,& Gilbert, G. G.(1985). Are kinds getting appropriate activity? Journal of Physical Education, Recreation and Dance, 56(1), 82-85.

Safrit, M. J, & Wood, T. M.(1995). Introduction to measurement in Physical Education and exercise science(3rd Ed). St. Louis, MO: Mosby.

USDHHS.(1997). CDC's guidelines for school and community programs to promotor lifelong physical activity among young people. Atlanta, GA : Center for Disease Control and Prevention, Division of Adolescent and School Health.

Veal, M. L.(1986). A descriptive study of pupil assessment in secondary physical education. Unpublished doctoral dissertation, Columbia University.

한국 청소년의 체격 및 체력의 변화 : 문제점과 개선방안

김상국 · 세종대학교 교수

서론

우리나라 청소년들의 체력이 심각한 위기 국면에 놓여 있다. 체격적인 요소인 신장과 몸무게는 커지고 늘어났지만, 청소년들이 일상생활을 효율적으로 감당해낼 기초체력은 지난 과거 30년에 비해 현저하게 약해지고 있다. 작금에 처해 있는 우리나라 청소년들의 체력은 단순한 이야기로 "속빈강정" 혹은 "덩치만 큰 약골"이다.(김상국, 2005) 이 말의 의미는 체격은 커지는 반면에 체력은 오히려 약화되어가는 심각성을 꼬집는 표현이다. 최근 문화관광부(2003)가 3년마다 실시하는 국민체력조사 실태조사 결과에 따르면 한국인의 50세 이상 남성들은 청소년과 비슷한 체격조건을 갖췄지만, 기초체력은 청소년들보다 훨씬 좋은 것으로 나타났다.

학교체육 실태조사 및 개선방안(2001)의 연구결과에 의하면 우리나라 청소년들의 오래달리기 능력이 70년대에 비해 무려 25~30%가까이 현저하게 저하되었다고 나타났다. 그렇다고 70년대의 우리나라 청소년들의 체격이나 체력이 그 당시 다른 국가의 청소년과 비교해서 우수한 편은 아니었는데 말이다. 특히 오래달리기 능력은 즉 유산소성 능력은 청소년들의 현재 건강상태를 나타낼 뿐만 아니라 미래의 건강상태와 직접 관련이 있기 때문이다.

왜 우리는 지금 청소년 체력약화에 주목해야 하나? 최근 의료통계 자료 분석에 의하면 생활습관병의 발병률에 청소년들까지 가세하고 있기 때문이다. 생활습관병은 현대 산업과 과학이 어우러져 만들어낸 인공적 병원체인 운동부족, 영양불균형, 음주와 흡연, 스트레스 등이 주요 발병원인이다. 이로 인해 국민 의료비 지출이 날로 증가하고 있는 추세이다.

특히 초 · 중등학생의 경우, 쾌적한 환경과 식생활 개선으로 과거의 낮은 칼로리와 높은 섬유질이 함유된 식사에서 최근 높은 칼로리와 낮은 섬유질의 식사습관과 함께 과거에 비해 체격은 좋아졌으나, 신체활동량의 감소로 인해 체력은 점점 약화되어 아동 및 청소년 연령층의 비만도가 급격히 증가되고 있는 실정이다(이동환, 1996; 문형남 등, 1992). 1984년 남학생의 비만 빈도가 9.0%에서 1994년에는 19.0%로 증가하였고, 여학생의 경우 7.0%에서 16.0%로 증가하여 10년만에 2배 이상의 증가를 보였다. 청소년 비만은 성인 비만으로 진행되면서 고혈압, 당뇨병, 고지혈증 등과 같은 소아 성인병의 위험 요인들이 조기에 발현될 수 있으며, 호흡기와 피부, 관절 등도 비만과 관련된 합병증이 한층 빈번하게 동반된다(한부현 등, 1995; 김현미 등, 1996).

이는 지금의 청소년들이 성인으로 되었을 때 막대한 국민 의료비의 지출이 예상되며, 1997년 우리나라 국민 의료비의 지출은 국내 총생산(GDP)에서 차지하는 비율이 4.0%로, 국민 1인당 의료비의 지출이 587달러로 1995년도의 483달러보다 약 21.0%가 증가하였다(보건복지부, 1999). 이런 추세는 개인의 경제적 손실뿐만 아니라 막대한 국가 경제의 손실을 초래할 것으로 예상되기 때문에 운동량이 부족한 현대 산업사회의 청소년 학생들에게 학교체육을 통해서 건강 및 체력을 유지 · 증진시킬 수 있는 대책이 절실히 요구되고 있는 실정이다.

이 연구의 의의는 한국 청소년들의 체격과 체력에서 나타난 심각성을 분석하여 날로 급증하는 청소년들의 생활습관병을 예방과 청소년 체력증진을 도모하고자하는데 그 가치가 있다. 따라서 이 연구의 목적은 우리나라 청소년들의 체격과 체력의 시대적 변화에 나타난 문제점을 분석하여 그 대안을 마련하고자 하는데 있다.

연구방법

이 연구는 "학교체육 실태조사 및 개선방안(김상국, 2001)"과 "국민체력실태조사(국민체육진흥공단 체육과학연구원, 2004)"의 연구 데이터를 활용 및 가공하여 분석한 내용을 제시하고자 한다.

연구결과

1. 청소년의 신장과 체중 그리고 BMI의 변화

[그림-1]은 우리나라 청소년의 신장 변화 추이를 보여주는 것이다. 남학생의 경우 초등학교 5학년은 1970년대 131.4cm에서 1980년대 137.4cm, 1990년대 142.0cm, 2000년대 143.2cm로 약 30년 사이에 11.8cm정도, 초등학교 6학년은 1970년 135.6cm에서

1980년대 143.2cm, 1990년대 147.2cm, 2000년대 149.9cm로 약 30년 사이에 14.3cm정도 각각 신장이 증가한 것으로 나타났다. 중학교 1학년은 1970년대에 143.6cm에서 1980년대 148.8cm, 1990년대 154.2cm, 2000년대 157.7cm로 약 30년 사이에 14.1cm정도, 중학교 2학년은 1970년대에 148.5cm에서 1980년대 155.3cm, 1990년대 160.9cm, 2000년대 163.8cm로 약 30년 사이에 15.3cm정도, 중학교 3학년은 1970년대에 153.0cm에서 1980년대 160.7cm, 1990년대 165.6cm, 2000년대 169.0cm로 약 30년 사이에 16.0cm정도 신장이 자란 것으로 나타났다. 고등학교 1학년은 1970년대에 161.2cm에서 1980년대 165.3cm, 1990년대 169.4cm, 2000년대 171.6cm로 약 30년 사이에 10.4cm정도, 고등학교 2학년은 1970년대에 164.1cm에서 1980년대 167.7cm, 1990년대 170.8cm, 2000년대 172.2cm로 약 30년 사이에 8.1cm정도, 고등학교 3학년은 1970년대에 166.4cm에서 1980년대 168.8cm, 1990년대 171.6cm, 2000년대 173.7cm로 약 30년 사이에 7.3cm정도 신장이 증가하였다.

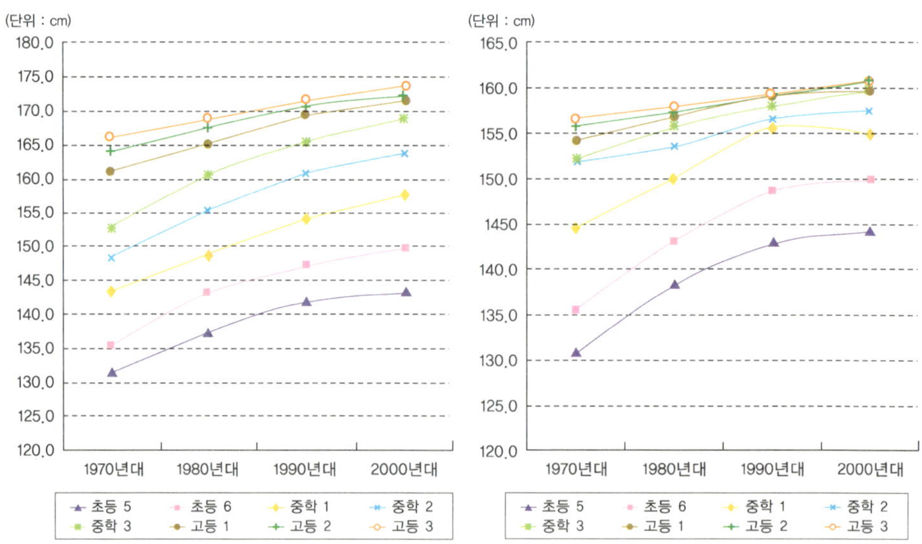

그림-1 우리나라 청소년의 신장 변화 추이(좌측: 남학생, 우측: 여학생)

한편, 여학생의 경우는 초등학교 5학년이 1970년대 130.9cm에서 1980년대 138.3cm, 1990년대 142.9cm, 2000년대 144.3cm로 약 30년 사이에 13.4cm정도, 초등학교 6학년은 1970년 135.6cm에서 1980년대 143.1cm, 1990년대 148.6cm, 2000년대 150.0cm로 약 30년 사이에 14.4cm정도 각각 신장이 증가한 것으로 나타났다. 중학교 1학년은 1970년대에 144.7cm에서 1980년대 150.0cm, 1990년대 155.7cm, 2000년대 155.1cm로 약 30년 사이에 10.4cm정도, 중학교 2학년은 1970년대에 151.9cm에서 1980년대 153.5cm, 1990

년대 156.5cm, 2000년대 157.5cm로 약 30년 사이에 5.6cm정도, 중학교 3학년은 1970년대에 152.2cm에서 1980년대 155.7cm, 1990년대 158.0cm, 2000년대 159.7cm로 약 30년 사이에 7.5cm정도 신장이 자란 것으로 나타났다. 고등학교 1학년은 1970년대에 154.2cm에서 1980년대 156.9cm, 1990년대 159.4cm, 2000년대 159.5cm로 약 30년 사이에 7.3cm정도, 고등학교 2학년은 1970년대에 155.9cm에서 1980년대 157.3cm, 1990년대 159.1cm, 2000년대 160.8cm로 약 30년 사이에 4.9cm정도, 고등학교 3학년은 1970년대에 156.7cm에서 1980년대 157.9cm, 1990년대 159.3cm, 2000년대 160.8cm로 약 30년 사이에 4.1cm정도 신장이 증가하였다.

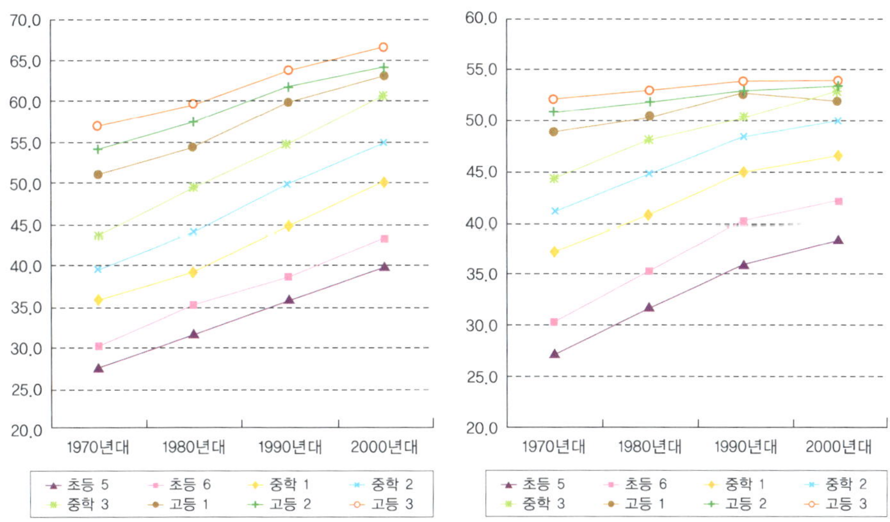

그림-2 우리나라 청소년의 체중 변화 추이(좌측: 남학생, 우측: 여학생)

[그림-2]는 우리나라 청소년의 체중 변화 추이를 나타낸 것이다. 남학생의 경우 초등학교 5학년은 1970년대 27.5kg에서 1980년대 31.6kg, 1990년대 35.7kg, 2000년대 39.8kg으로 약 30년 사이에 12.3kg정도, 초등학교 6학년은 1970년 30.3kg에서 1980년대 35.2kg, 1990년대 38.7kg, 2000년대 43.3kg으로 약 30년 사이에 13.0kg정도 각각 체중이 증가하였다. 중학교 1학년은 1970년대에 35.9kg에서 1980년대 39.2kg, 1990년대 44.9kg, 2000년대 50.3kg으로 약 30년 사이에 14.4kg정도, 중학교 2학년은 1970년대에 39.5kg에서 1980년대 44.2kg, 1990년대 50.0kg, 2000년대 55.0kg으로 약 30년 사이에 15.5kg정도, 중학교 3학년은 1970년대에 43.8kg에서 1980년대 49.6kg, 1990년대 54.9kg, 2000년대 60.7kg으로 약 30년 사이에 16.9kg정도 체중이 증가한 것으로 나타났다. 고등학교 1학년은 1970년대에 51.1kg에서 1980년대 54.5kg, 1990년대 59.9kg, 2000년대

63.1kg으로 약 30년 사이에 12.0kg정도, 고등학교 2학년은 1970년대에 54.3kg에서 1980년대 57.5kg, 1990년대 61.8kg, 2000년대 64.2kg으로 약 30년 사이에 9.9kg정도, 고등학교 3학년은 1970년대에 57.1kg에서 1980년대 59.7kg, 1990년대 63.8kg, 2000년대 66.6kg으로 약 30년 사이에 9.5kg정도 체중 증가를 보였다.

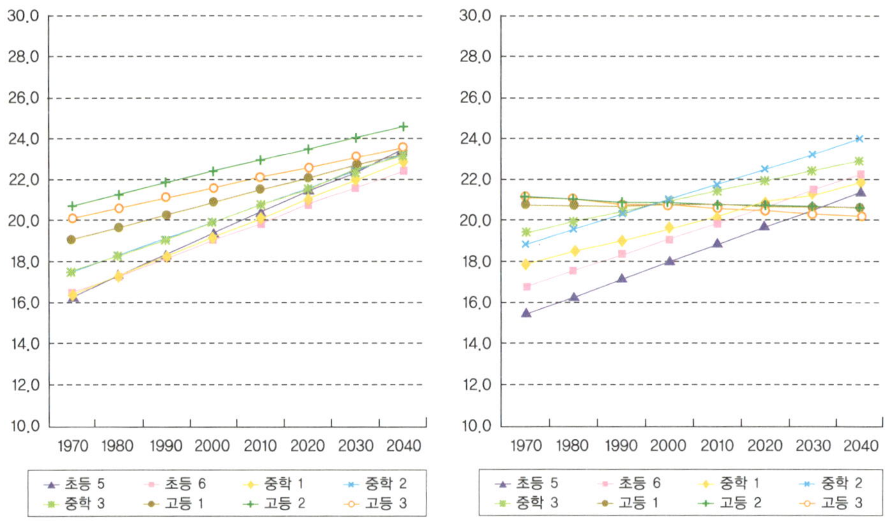

그림-3 다중회귀분석에 의한 우리나라 청소년의 BMI 변화 추이 예측(좌측: 남학생, 우측: 여학생)

한편, 여학생의 경우 초등학교 5학년은 1970년대 27.2kg에서 1980년대 31.7kg, 1990년대 35.8kg, 2000년대 38.3kg으로 약 30년 사이에 11.1kg정도, 초등학교 6학년은 1970년 30.3kg에서 1980년대 35.3kg, 1990년대 40.2kg, 2000년대 42.2kg으로 약 30년 사이에 11.9kg정도 각각 체중의 증가를 보였다. 중학교 1학년은 1970년대에 37.2kg에서 1980년대 40.9kg, 1990년대 45.2kg, 2000년대 46.7kg으로 약 30년 사이에 9.5kg정도, 중학교 2학년은 1970년대에 41.1kg에서 1980년대 44.9kg, 1990년대 48.5kg, 2000년대 50.0kg으로 약 30년 사이에 8.9kg정도, 중학교 3학년은 1970년대에 44.4kg에서 1980년대 48.2kg, 1990년대 50.4kg, 2000년대 53.0kg으로 약 30년 사이에 8.6kg정도 체중이 증가한 것으로 나타났다. 고등학교 1학년은 1970년대에 48.9kg에서 1980년대 50.4kg, 1990년대 52.7kg, 2000년대 51.9kg으로 약 30년 사이에 3.0kg정도, 고등학교 2학년은 1970년대에 50.9kg에서 1980년대 51.8kg, 1990년대 53.0kg, 2000년대 53.5kg으로 약 30년 사이에 2.6kg정도, 고등학교 3학년은 1970년대에 52.2kg에서 1980년대 53.0kg, 1990년대 53.9kg, 2000년대 53.8kg으로 약 30년 사이에 1.6kg정도의 체중이 증가한 것으로 나타났다.

이런 결과를 토대로 청소년의 각 연도별 신장과 체중 데이터를 이용 비만도의 지표인 BMI를 계산하여 다중회구분석을 한 결과는 [그림-3]에 제시하였다. [그림-3]에 제시한 바와 같이, 남학생의 경우는 초등학교 5학년의 BMI가 1970년대 16.3에서 1980년대 17.3, 1990년대 18.4, 2000년대 19.4, 2010년대 20.5, 2020년대 21.5, 2030년대 22.5, 2040년대 23.6으로, 초등학교 6학년은 1970년대 16.5에서 1980년대 17.3, 1990년대 18.2, 2000년대 19.0, 2010년대 19.9, 2020년대 20.7, 2030년대 21.6, 2040년대 22.4로 각각 증가할 것으로 예측되었다.

중학교의 경우는 1학년이 1970년대 16.5에서 1980년대 17.4, 1990년대 18.3, 2000년대 19.3, 2010년대 20.2, 2020년대 21.1, 2030년대 22.1, 2040년대 23.0으로, 2학년은 1970년대 17.5에서 1980년대 18.3, 1990년대 19.2, 2000년대 20.0, 2010년대 20.8, 2020년대 21.7, 2030년대 22.5, 2040년대 23.3으로, 3학년은 1970년대 17.6에서 1980년대 18.4, 1990년대 19.2, 2000년대 20.0, 2010년대 20.8, 2020년대 21.6, 2030년대 22.4, 2040년대 23.2로 각각 증가 추세를 나타낼 것으로 예측되었다.

고등학생의 경우는 1학년이 1970년대 19.1에서 1980년대 19.7, 1990년대 20.3, 2000년대 20.9, 2010년대 21.5, 2020년대 22.1, 2030년대 22.8, 2040년대 23.4로, 2학년은 1970년대 20.8에서 1980년대 21.4, 1990년대 21.9, 2000년대 22.5, 2010년대 23.0, 2020년대 23.6, 2030년대 24.1, 2040년대 24.7로, 3학년은 1970년대 20.2에서 1980년대 20.7, 1990년대 21.2, 2000년대 21.7, 2010년대 22.1, 2020년대 22.6, 2030년대 23.1, 2040년대 23.6으로 각각 예측되었다.

한편, 여학생의 경우는 초등학교 5학년이 1970년대 15.4에서 1980년대 16.3, 1990년대 17.1, 2000년대 18.0, 2010년대 18.8, 2020년대 19.7, 2030년대 20.5, 2040년대 21.4로, 초등학교 6학년은 1970년대 16.8에서 1980년대 17.5, 1990년대 18.3, 2000년대 19.1, 2010년대 19.9, 2020년대 20.7, 2030년대 21.4, 2040년대 22.2로 각각 비만도가 높아질 것으로 예측되었다.

중학생의 경우는 1학년이 1970년대 17.9에서 1980년대 18.5, 1990년대 19.1, 2000년대 19.7, 2010년대 20.2, 2020년대 20.8, 2030년대 21.4, 2040년대 22.0으로, 2학년은 1970년대 18.9에서 1980년대 19.6, 1990년대 20.3, 2000년대 21.1, 2010년대 21.8, 2020년대 22.5, 2030년대 23.3, 2040년대 24.0으로, 3학년은 1970년대 19.4에서 1980년대 19.9, 1990년대 20.4, 2000년대 20.9, 2010년대 21.4, 2020년대 21.9, 2030년대 22.4, 2040년대 22.9로 증가할 것으로 예측되었다.

그러나 고등학생의 경우는 1학년이 1970년대 20.8에서 1980년대 20.7, 1990년대 20.7, 2000년대 20.7, 2010년대 20.7, 2020년대 20.7, 2030년대 20.6, 2040년대 20.6으로, 2학년은 1970년대 21.1에서 1980년대 21.0, 1990년대 21.0, 2000년대 20.9, 2010년대

20.8, 2020년대 20.8, 2030년대 20.7, 2040년대 20.6으로, 3학년은 1970년대 21.1에서 1980년대 21.0, 1990년대 20.9, 2000년대 20.8, 2010년대 20.6, 2020년대20.5, 2030년대 204, 2040년대 20.2로 각각 감소할 것으로 예측되었다.

2. 청소년의 체력 변화 추이

[그림-4]는 우리나라 청소년의 50m달리기 변화 추이를 보여주는 것이다. 남학생의 경우 초등학교 5학년은 1980년대 9.3초에서 1990년대 9.4초, 2000년대 9.5초로 약 20년 사이에 0.2초정도, 초등학교 6학년은 1980년대 8.9초에서 1990년대 9.1초, 2000년대 9.1초로 약 20년 사이에 0.2초정도 각각 50m달리기 기록이 느려진 것으로 나타났다.

중학교 1학년은 1980년대 8.2초에서 1990년대 8.5초, 2000년대 8.9초로 약 20년 사이에 0.7초정도, 중학교 2학년은 1980년대 8.2초에서 1990년대 8.2초, 2000년대 8.3초로 약 20년 사이에 0.1초정도, 중학교 3학년은 1980년대 7.8초에서 1990년대 8.0초, 2000년대 8.2초로 약 20년 사이에 0.4초정도 50m달리기 능력이 떨어졌다.

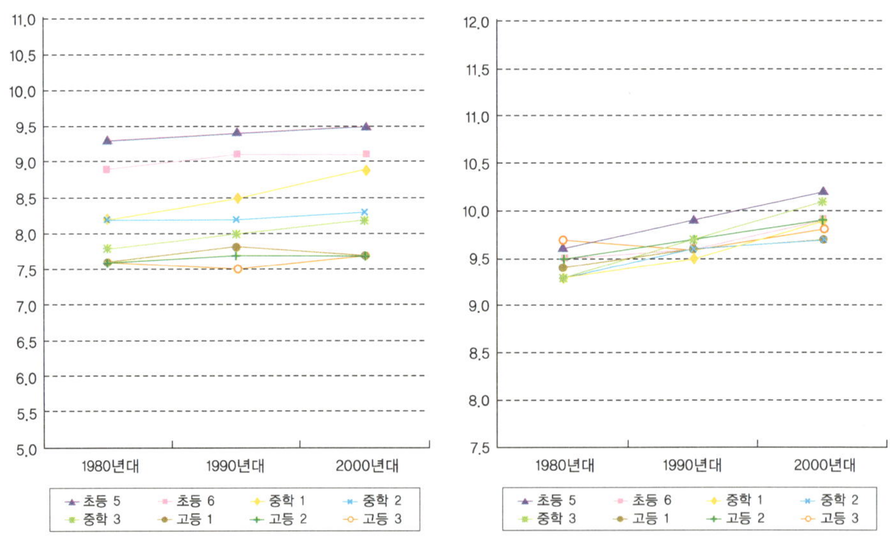

그림-4 우리나라 청소년의 50m달리기 변화 추이(좌측: 남학생, 우측: 여학생)

고등학교 1학년은 1980년대 7.6초에서 1990년대 7.8초, 2000년대 7.7초로 약 20년 사이에 0.1초정도, 고등학교 2학년은 1980년대 7.6초에서 1990년대 7.7초, 2000년대 7.7초로 약 20년 사이에 0.1초정도, 고등학교 3학년은 1980년대 7.6초에서 1990년대 7.5초, 2000년대 7.7초로 약 20년 사이에 0.1초정도 50m달리기 기록이 느려졌다. 한편, 여학생은 초등학교 5학년은 1980년대 9.6초에서 1990년대 9.9초, 2000년대 10.2초로 약 20년 사이에 0.6초정도, 초등학교 6학년은 1980년대 9.5초에서 1990년대 9.6초, 2000년대 9.9초로 약 20년 사이에 0.4초정도 각각 50m달리기 기록이 느려진 것으로 나타났다. 중학교 1학년은 1980년대 9.3초에서 1990년대 9.5초, 2000년대 9.9초로 약 20년 사이에 0.6초정도, 중학교 2학년은 1980년대 9.3초에서 1990년대 9.6초, 2000년대 9.7초로 약 20년 사이에 0.4초정도, 중학교 3학년은 1980년대 9.3초에서 1990년대 9.7초, 2000년대 10.1초로 약 20년 사이에 0.8초정도 50m달리기 능력이 떨어졌다. 고등학교 1학년은 1980년대 9.4초에서 1990년대 9.6초, 2000년대 9.7초로 약 20년 사이에 0.3초정도, 고등학교 2학년은 1980년대 9.5초에서 1990년대 9.7초, 2000년대 9.9초로 약 20년 사이에 0.4초정도, 고등학교 3학년은 1980년대 9.7초에서 1990년대 9.6초, 2000년대 9.8초로 약 20년 사이에 0.1초 정도 50m달리기 기록이 느려졌다.

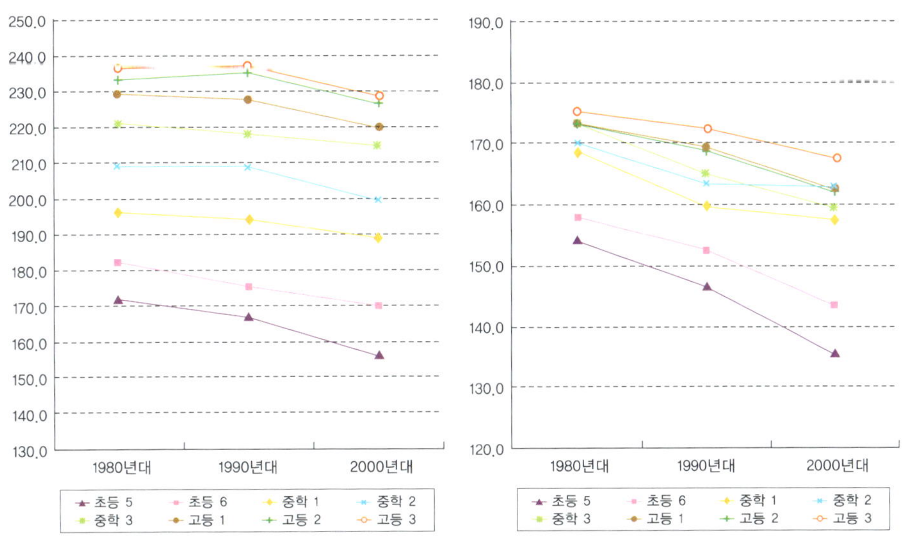

그림-5 우리나라 청소년의 제자리멀리뛰기 변화 추이(좌측: 남학생, 우측: 여학생)

[그림-5]는 우리나라 청소년의 제자리멀리뛰기 변화 추이를 보여주는 것이다. 남학생의 경우 초등학교 5학년은 1980년대 178.1cm에서 1990년대 166.7cm, 2000년대 155.9cm로 약 20년 사이에 15.9cm정도, 초등학교 6학년은 1980년대 182.1cm에서 1990년대 175.3cm, 2000년대 170.0cm로 약 20년 사이에 12.1cm정도 각각 제자리멀리뛰기 기록이 저하된 것으로 나타났다. 중학교 1학년은 1980년대 196.1cm에서 1990년대 194.1cm, 2000년대 189.1cm로 약 20년 사이에 7.0cm정도, 중학교 2학년은 1980년대 209.1cm에서 1990년대 208.6cm, 2000년대 199.4cm로 약 20년 사이에 9.7cm정도, 중학

교 3학년은 1980년대 220.9cm에서 1990년대 218.0cm, 2000년대 214.5cm로 약 20년 사이에 6.4cm정도 제자리멀리뛰기 능력이 떨어졌다. 고등학교 1학년은 1980년대 229.1cm에서 1990년대 227.5cm, 2000년대 219.8cm로 약 20년 사이에 9.3cm정도, 고등학교 2학년은 1980년대 233.1cm에서 1990년대 235.4cm, 2000년대 226.4cm로 약 20년 사이에 6.7cm정도, 고등학교 3학년은 1980년대 236.6cm에서 1990년대 236.9cm, 2000년대 228.6cm로 약 20년 사이에 8.0cm정도 제자리멀리뛰기 기록이 저하되었다. 한편, 여학생은 초등학교 5학년은 1980년대 154.0cm에서 1990년대 146.4cm, 2000년대 135.5cm로 약 20년 사이에 18.5cm정도, 초등학교 6학년은 1980년대 158.2cm에서 1990년대 152.4cm, 2000년대 143.4cm로 약 20년 사이에 14.8cm정도 각각 제자리멀리뛰기 기록이 떨어졌다.

중학교 1학년은 1980년대 168.8cm에서 1990년대 159.9cm, 2000년대 157.6cm로 약 20년 사이에 11.2cm정도, 중학교 2학년은 1980년대 170.0cm에서 1990년대 163.6cm, 2000년대 162.9cm로 약 20년 사이에 7.1cm정도, 중학교 3학년은 1980년대 173.4cm에서 1990년대 165.1cm, 2000년대 159.5cm로 약 20년 사이에 13.9cm정도 제자리멀리뛰기 능력이 떨어졌다. 고등학교 1학년은 1980년대 173.3cm에서 1990년대 169.3cm, 2000년대 162.5cm로 약 20년 사이에 10.8cm정도, 고등학교 2학년은 1980년대 173.2cm에서 1990년대 168.7cm, 2000년대 162.0cm로 약 20년 사이에 11.2cm정도, 고등학교 3학년은 1980년대 175.3cm에서 1990년대 172.4cm, 2000년대 167.5cm로 약 20년 사이에 7.8cm정도 제자리멀리뛰기 기록이 떨어졌다.

[그림-6]은 우리나라 청소년의 오래달리기 변화 추이를 보여주는 것이다. 남학생의 경우 초등학교 5학년은 1990년대 413.7초에서 2000년대 450.0초로 약 10년 사이에 36.3초정도, 초등학교 6학년은 1990년대 403.3초에서 2000년대 434.7초로 약 10년 사이에 31.4초정도 각각 오래달리기 능력이 저하된 것으로 나타났다.

중학교 1학년은 1980년대 349.7초에서 1990년대 368.8초, 2000년대 403.0초로 약 20년 사이에 53.3초정도, 중학교 2학년은 1980년대 343.2초에서 1990년대 357.0초, 2000년대 402.1초로 약 20년 사이에 58.9초정도, 중학교 3학년은 1980년대 331.5초에서 1990년대 352.7초, 2000년대 387.4초로 약 20년 사이에 55.9초정도 오래달리기 기록이 느려졌다.

고등학교 1학년은 1980년대 326.7초에서 1990년대 356.7초, 2000년대 349.6초로 약 20년 사이에 22.9초정도, 고등학교 2학년은 1980년대 326.8초에서 1990년대 340.7초, 2000년대 344.1초로 약 20년 사이에 17.3초정도, 고등학교 3학년은 1980년대 317.0초에서 1990년대 342.7초, 2000년대 343.7초로 약 20년 사이에 26.7초정도 오래달리기 기록이 저하되었다. 한편, 여학생은 초등학교 5학년은 1990년대 470.0초에서 2000년대

486.1초로 약 10년 사이에 16.1초정도, 초등학교 6학년은 1990년대 461.0초에서 2000년대 476.3초로 약 10년 사이에 15.3초정도 각각 오래달리기 기록이 떨어졌다. 중학교 1학년은 1980년대 408.0초에서 1990년대 452.4초, 2000년대 469.3초로 약 20년 사이에 61.3초정도, 중학교 2학년은 1980년대 414.2초에서 1990년대 456.3초, 2000년대 472.0초로 약 20년 사이에 57.8초정도, 중학교 3학년은 1980년대 421.2초에서 1990년대 457.7초, 2000년대 473.6초로 약 20년 사이에 52.4초정도 오래달리기 능력이 떨어졌다. 고등학교 1학년은 1980년대 433.3초에서 1990년대 468.0초, 2000년대 469.6초로 약 20년 사이에 36.3초정도, 고등학교 2학년은 1980년대 432.8초에서 1990년대 467.9초, 2000년대 451.6초로 약 20년 사이에 18.8초정도, 고등학교 3학년은 1980년대 435.9초에서 1990년대 451.5초, 2000년대 464.0초로 약 20년 사이에 28.1초정도 오래달리기 능력이 떨어지는 것으로 나타났다.

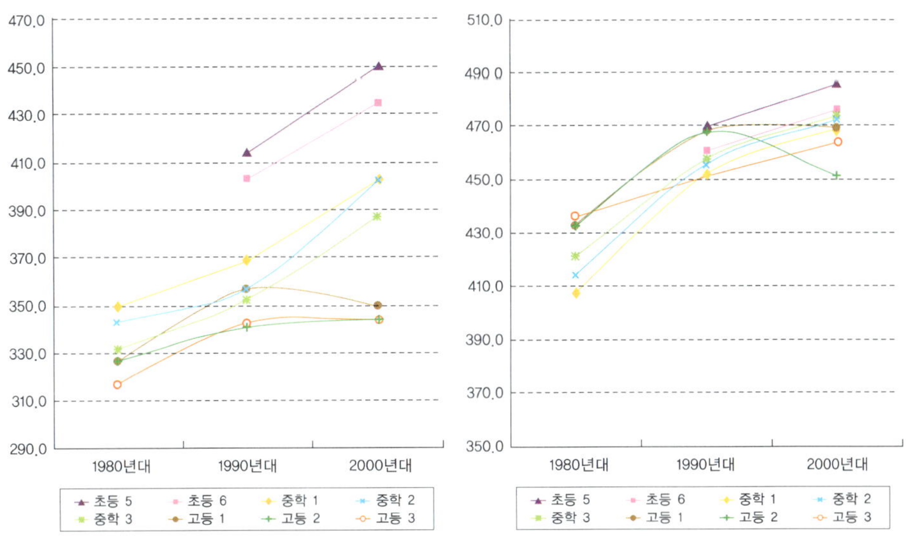

그림-6 우리나라 청소년의 오래달리기 변화 추이(좌측: 남학생, 우측: 여학생)

[그림-7]은 우리나라 청소년의 윗몸일으키기 변화 추이를 보여주는 것이다. 남학생의 경우 초등학교 5학년은 1990년대 32.7회에서 2000년대 31.5회로 약 10년 사이에 1.2회정도 줄어든 반면 초등학교 6학년은 1990년대 34.4회에서 2000년대 34.6회로 약 10년 사이에 0.2회 증가하였다. 중학교 1학년은 1990년대 37.2회에서 2000년대 36.3회로 약 10년 사이에 0.9회 정도, 중학교 2학년은 1990년대 40.2회에서 2000년대 38.4회로 약 10년 사이에 1.8회 정도, 중학교 3학년은 1990년대 41.0회에서 2000년대 40.5회로 약 10년 사이에 0.5회 정도 각각 윗몸일으키기 능력이 약해진 것으로 나타났다.

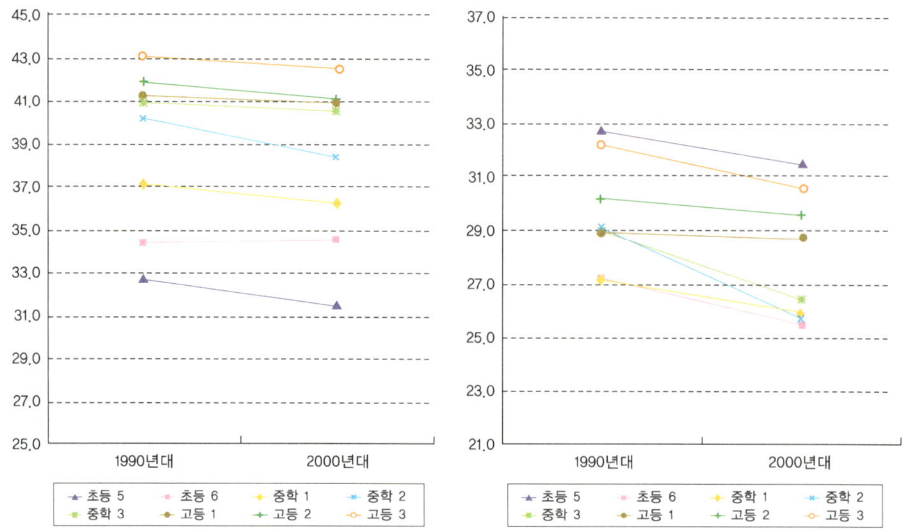

그림-7 우리나라 청소년의 윗몸일으키기 변화 추이(좌측: 남학생, 우측: 여학생)

고등학교 1학년은 1990년대 41.3회에서 2000년대 40.9회로 약 10년 사이에 0.4회정도, 고등학교 2학년은 1990년대 41.9회에서 2000년대 41.1회로 약 10년 사이에 0.8회정도, 고등학교 3학년은 1990년대 43.1회에서 2000년대 42.5회로 약 10년 사이에 0.6회 정도 각각 윗몸일으키기 능력이 저하되었다. 한편, 여학생은 초등학교 5학년은 1990년대 32.7회에서 2000년대 31.5회로 약 10년 사이에 1.2회 정도, 초등학교 6학년은 1990년대 27.2회에서 2000년대 25.5회로 약 10년 사이에 1.7회정도 각각 윗몸일으키기 기록이 감소하였다.

중학교 1학년은 1990년대 27.2회에서 2000년대 25.9회로 약 10년 사이에 1.3회정도, 중학교 2학년은 1990년대 29.1회에서 2000년대 25.7회로 약 10년 사이에 3.4회정도, 중학교 3학년은 1990년대 29.0회에서 2000년대 26.4회로 약 10년 사이에 2.6회정도 각각 윗몸일으키기 능력이 약해진 것으로 나타났다. 고등학교 1학년은 1990년대 28.9회에서 2000년대 28.7회로 약 10년 사이에 0.2회 정도, 고등학교 2학년은 1990년대 30.2회에서 2000년대 29.6회로 약 10년 사이에 0.4회 정도, 고등학교 3학년은 1990년대 32.2회에서 2000년대 30.6회로 약 10년 사이에 1.6회 정도 각각 윗몸일으키기 능력이 저하되었다.

논의 및 결론

우리나라 청소년들의 체격 및 체력의 과거 30년 동안 변화를 살펴보면, 신장은 과거 70년도에 비해 약 10%로 정도 증가되었으며, 체중은 약 30% 정도나 증가되었다. 그러나 체력검사의 대표적인 지표인 오래달리기 능력이 70년대에 비해 약 25~30%가량 현저하게 저하되었다.

이러한 변화는 과거와 다른 생활습관의 변화와 깊은 관련이 있는 것으로 분석된다. 바람직하지 못한 생활습관 중에 하나는 청소년에 둘러싸고 있는 여러 가지 환경으로 인한 신체활동량 부족이 주요 원인이다. 우리나라 청소년들은 과거 30년 전에 비해 영양섭취량과 육류, 패스트푸드, 가공식품 등이 늘면서 체격은 현저하게 커진 반면, 입시위주 혹은 학업위주의 생활습관으로 인해 신체활동량이 점점 감소함에 따라 체력수준이 점점 약화되어가고 있다.

특히 최근에 우리나라 청소년들의 신장은 전년도에 비해 감소된 현상을 그 심각성을 더해 주고 있다. 이러한 문제는 주로 3가지로 분석되는데, 그 첫 번째는 청소년들의 활동량이 감소함에 따라 성장판에 자극의 감소와 관련이 있다. 운동할 때에 근육이 수축하면서 성장판을 압박하는 것을 보면 마치 초인종을 눌려주는 것처럼 작용하게 되는데 성장점을 자극하면 전기적인 신호가 뇌로 보내지게 되는 것이다. 이렇게 운동으로 성장점을 자극하는 신호가 뇌로 전달되면 성장호르몬의 분비가 높아지게 된다. 둘째, 학업위주의 주변 분위기로 인하여 수면양이 점점 줄어들었기 때문으로 분석된다. 성장호르몬은 밤 11시부터 새벽 2시까지 평소보다 40배 이상 분비된다. 그러나 입시를 앞둔 청소년들은 수면을 취해야 할 이 시간에 책상에 앉아있기 때문에 성장호르몬의 분비가 원활하지 못한 결과로 분석된다. 마지막으로 맞벌이 부부가 늘어나면서 무절제한 음식섭취와 과중한 학습부담으로 인한 신체활동량 부족이 한 원인으로 지적된다.

최근 청소년 체력검사에 의하면, 우리나라 청소년의 발육과 영양평가의 지표가 되는 신장과 체중은 과거 1970년과 비교하여 모두 크게 향상되었다고 한다. 체격이 전보다 나아지면 당연히 체력도 좋아져야함에도 불구하고, 소아 성인병과 밀접한 관계가 있는 전신지구력의 지표인 오래달리기 능력은 1972년과 비교해 남녀 청소년 모두 크게 떨어진 것으로 나타났다.

이러한 현상은 국민의료비지출과 동시에 국가경제 손실로 이어지는 심각한 상태에 놓여 있다. 청소년들의 체력 저하는 급속한 도시형 문화생활로 인한 오토메이션(automation)화, 운동부족, 건강하지 못한 생활습관 등으로 기인된다. 이러한 현상은 비만 · 고혈압증 · 심장병 등 소아 성인병이 해마다 급증하는 것과 상관관계가 매우 높다. 이러한 소아 성인병은 청소년들의 삶의 질을 저해시키고 장기간의 진료로 인해 국민의료비 증가의 한 요인으로 되고 있다.

따라서, 운동부족과 과다한 영양섭취로 인해 신체활동량이 감소하고 있는 청소년기의 학생들이 장래 성인으로 성장하였을 때는 국제경쟁력의 저하는 물론이고 막대한 사회적 비용을 초래하는 생활습관병의 시대로 이행하게 될 것으로 보인다.

청소년 체력향상 방안

체력은 최근의 이론에 따르면 건강관련 체력요인(Health-related physical fitness)과 운동기능 관련 체력요인(Skill-related physical fitness)으로 구분되며, 심폐지구력, 근력 및 근지구력, 유연성, 그리고 체지방률을 포함하는 건강관련 체력요인이 상대적으로 더욱 중요시되어야 한다.

구체적인 청소년 체력향상 방안으로 첫째 전교생 건강달리기 대회이다. 전교생 달리기 대회는 매월 1회 정도 실시하되 초등학생은 5~6학년만 참가하는 것이 바람직하며, 중·고생들은 전교생이 참여하여 기록에 도전하는 것보다 개인의 능력에 맞게 완주하도록 유도하는 것이 바람직하다. 둘째 전교생의 집단체조 실시이다. 매주 3회 정도 전교생이 운동장에서 약 5분 정도의 집단체조를 실시하는 것이다. 이를 실행하기 위해서는 학교장의 적극적인 추진력이 필요하며, 담임 선생님들은 체조의 필요성에 대한 적극적인 홍보가 필요하다. 셋째 가칭 "대통령청소년체력향상위원회(President's Council on Youth Physical Fitness Promotion)" 운영이야말로 청소년들의 체력향상에 가장 큰 영향력을 발휘할 것으로 본다. 이 조직은 별도의 대통령산하특별위원회 형식으로 각종 전문가들을 포함하여 운영하는 것이 필요하다고 본다.

마지막으로 체력장을 부활시키는 것이다. 체력장 측정 항목은 운동관련 체력검사보다는 건강관련 체력의 5가지(심폐지구력, 유연성, 신체조성, 근력, 근지구력) 중심으로 대학입시에 반영할 수 있도록 각 대학에 홍보하고 장려해야 하며, 봄학기나 가을학기 중 자율적으로 실시하게 하고, 변별력을 높여 차등화 하는 방안을 강구하여 체력장의 부활에 대한 대대적인 홍보를 통해 가치인식을 높여 나가야 한다고 본다. 그리고 비만군에 속해있는 학생들을 특별하게 관리해줄 맞춤형 운동처방 프로그램을 개발하여 학생, 교사, 학부모 등이 수시로 체격과 체력에 관계되는 누적 데이터를 통하여 효율적으로 관리할 수 있는 방안이 요구된다.

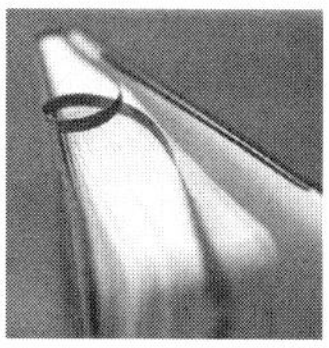

참고문헌

김상국(1995). 한국 고등학교 체육수업의 운동참여시간 분석. **한국체육학회지**. 34(3). pp.218-230.

김상국(1998). 교수의 수업지도 방식이 학생의 수업태도에 미치는 영향. **한국체육학회지**. 37(3). 421-432.

김상국(2000). 한국인의 웰니스에 대한 생활양식 측정도구 개발. **한국체육학회지**, 39-4. 한국체육학회.

김상국(2001). **학교체육 실태조사 및 개선방안**. 서울: 국민체육진흥공단 체육과학연구원.

김상국(2002). 국민체육에 있어 중등체육교육의 문제점과 개선방향. **제21회 국민체육진흥세미나발표논문집**. 한국체육학회

김상국(2202). 학교체육 바로서야 국가 바로 서. **체육**, 4-6. 대한체육회.

김상국, 이광욱, 정일호, 정구인(2002). 현행 학교체육 시설의 문제점 및 개선방안. **한국체육과학회지**. 11(2). 391-403.

김상국(2002). 학교체육 무엇이 문제인가? **시민체육**(3). 서울특별시체육회.

김상국(2003). 나이 10대 몸 40대, 그저 바라보고만 있어야 하는가. **체육**, 6. 대한체육회.

김상국(2003). 학교체육이 바로서야 생활습관병으로인한 경제손실 줄인다. **국민생활체육**, 11. 국민새왈체육협의회.

김상국(2003). 신체활동과 생활습관병. **2003년 대한임상건강증진학회 추계학술대회발표논문집**. 대한임상건강증진학회.

김상국(2003). 학교체육을 살리기를 위한 다섯 가지 방안. **시민체육**(12). 서울특별시체육회.

김상국(2005). 신체활동과 청소년 라이프스타일. **시민체육**, 1. 서울시체육회.

김진호(1994). 학교체육의 내실화 방안. **한국체육학회**. 9회 국민체육진흥세미나.

김현미, 홍영미, 김경희, 유정현(1996). 지방간이 합병된 비만아에서의 혈중 지질농도에 관한 연구. **소아과**. 39. 803-810.

문형남, 홍수정, 서성제(1992). 서울지역의 학동기 소아 및 청소년의 비만증 이환율 조사. **한국영양학회지**. 25(5). 413-418.

문화관광부(2001). 국민체력실태조사. 서울: 문화관광부.

박영민(1999). 학교체육 진흥방안에 관한 연구. 서울: 고려대학교 스포츠과학연구소 논총 제9집.

보건복지부(1999). 국민건강영양실태조사. 서울: 보건복지부.

안민석(2000). 학교체육과 지역사회 체육의 연계운영 사례 연구. 한국체육학회. 34회 한국체육학회 학술 발표회.

이동환(1996). 비만아의 진단과 관리. 소아과. 39. 1055-1065.

한부현, 김덕희, 박유경, 이종호, 김호성(1995). 청소년기 학생들의 비만도 및 합병증. 소아과. 38. 520-528.

현명덕(1986). 국민체육진흥과 학교체육의 방향. 서울: 5회 국민체육진흥세미나.

시민체육(2002). 무너지는 학교체육, 그 대안은 없는가? I, 시민체육, 1. 서울특별시체육회.

시민체육(2002). 무너지는 학교체육, 그 대안은 없는가? II, 시민체육, 1. 서울특별시체육회.

日本文部科學省(2002). 兒童生徒の體力・運動能力調査報告書. 日本: 日本文部科學省.

Diez, W.H. & Robinson, T.N.(1998). The use of the body mass index as a measure of overweight in children and adolescents. *J Pediatr*, 132. 191-193.

Fugia, S.S. & Crittenden, K.S.(1990). Toward culture and population specific norms for self-reported depressive symptomatology. *The International Journal of Social Psychology*, 36, 83-92.

Ogura, Y.(1987). Examination hell: Japanese education's most serious problem. *The College Board Review*, Summer 144. 8-11, 26-29.

Popkin, B.M. & Doak, C.M.(1998). The obesity epidemic is a worldwide phenomenon. *Nutr Rev*, 56(4). 106-114.

Rohlen, T.R.(1983). Japan's high schools, Berkely: University of California Press.

Schoolland, K.(1990). *Shogun's ghost: The dark side of Japanese education.* New York: Bergin & Garvey.

Sung, H., Lubin, B., Yi, J.(1992). Reliability and validity of the Korean Youth Depression Adjective Check List(Y-DACL). *Adolescence*, 27. 527-533.

연구소 소개

〈연구소 주요사업 실적〉

사업 기간	발행처	사업내용
1998	한국산업안전공단	근로자를 위한 건강증진체조 개발 및 보급
1999	한국전자통신연구원	팀장 경영 관리연수 : 건강증진교육
1999	(주)세진컴퓨터 (주)에스콰이어 수원공장 (주)LG 전자 평택공장	근로자를 위한 건강증진체조 개발 및 보급
1999~2000	한국산업간호학회	한국산업간호학회 전국 각 시도지부 건강증진교육 실시
1999~2000	(주)ASE Korea	근로자 건강증진 컨설팅
1999~2001	(주)기아자동차	화성공장 근로자 건강증진교육
2000	안양보선소, 동작보건소, 강북보건소	청소년 비만아를 위한 운동교육, 여성건강을 위한 골다공증 교육
2000	(주)현대자동차 남양연구소	연구직 사원들을 위한 건강증진체조 개발 및 보급
2000	(주)삼성전자 (주)P&G 천안공장 (주)하나은행 사원연수	근로자를 위한 건강증진체조 개발 및 보급
2000	국민건강보험공단	건강증진사업 교육
2001	삼성제일병원 및 대한여성건강학회 서울시 및 이화여자대학교 간호대학	전문교육 : 여성건강을 위한 골다공증 교육
2002	(주)동부건설-청주	근로자를 위한 건강증진체조 개발 및 보급
2002~2006	(주)기아자동차	기아자동차근로자건강증진교육
2003	체육과학연구원	학교체육 실태조사 및 개선방안
2003	(주)삼성 에버랜드	조리사원들의 근골격계질환 예방 및 건강증진 프로젝트 에버랜드 사원건강증진 프로젝트
2003	(주)현대자동차	근로자를 위한 건강증진체조 보급
2006	서울시정개발연구원	서울시민의 생활체육 참여 실태 및 건강인식에 관한 조사 연구과제 수행
2008	한국학술진흥재단	기초연구과제 수행
2000~현재	송파보건소, 광진보건소	여성건강을 위한 골다공증 교육

〈주요 연구실적 및 수상내용〉

1998	한국체육학회지	한국인의 웰니스(Wellness)에 대한 생활양식 측정도구 개발
2002~2003	한국한술진흥재단	대학강의 콘텐츠 개발 웰니스(Wellness) : 운동과 건강증진(한국학술진흥재단 정 우수 연구 연구 성과 사례선정(2006))
2003	한국학술진흥재단	체육교수행동 검사개발
2008	국제저명학술지(SSCI)등재	Exercise Reduces C-reactive Protein and Improves Physical Function in Automotive Workers with Low Back Pain
2008	보건복지부 후원 한국일보, 스포츠 한국 주최	2008 대한민국 국민건강문화 대상 연구소 부문 대상

〈세종대학교 국민건강증진연구소 소장 소개〉

1992년 미국 Columbia 대학교에서 교육학 박사학위를 취득했으며, 한국체육학회 총무, 국제이사, 학술위원장, 국민생활체육협의회, 국민건강보험공단 및 한국산업안전공단 등에서 자문위원, 전문위원으로 봉사하고 있으며, 세종대학교에서 체육부장, 학생처장, 소비자생활협동조합 이사장 등을 역임하였다. 또한, 2007~2008년도 컬럼비아대학교 방문교수, 니카라과 단기선교사로 활동한 바 있으며 2008~2009년 동안은 세방학원(서일대학) 관선이사, 대한체육회, 서울시체육회 편집위원으로 활동하였으며 현재는 서울시 카누연맹 부회장이며, 스포츠 칼럼리스트로 활약하고 있으며 세종대학교 체육학과 교수 및 국민건강증진연구소 소장으로서 근로자 및 지역사회 건강증진 관련 연구들을 수행하고 있다.

학교체육 무엇이 문제인가?

2009년 12월 15일 초판 1쇄 발행

편저자 • 세종대학교 국민건강증진연구소
발행자 • 최 봉 조
발행처 • 진샘미디어
주 소 • 서울시 은평구 역촌동 58-9
부호아파트 102동상가 5호
전화 • 02)353-4421 / FAX 02)353-4431
Home-page • www.jinsaem.co.kr

신고번호 • 제311-2005-000025호
ISBN 978-89-92887-10-6

정가 15,000원